高等教育立体化精品系列规划教材

# 用友T3
# 财务软件应用
# 立体化教程

◎ 薛光来 王晓红 马宏艳 主编

◎ 吕宝军 牟晓娜 王仕卿 副主编

人民邮电出版社

北 京

**图书在版编目（CIP）数据**

用友T3财务软件应用立体化教程 / 薛光来，王晓红，
马宏艳主编. -- 北京：人民邮电出版社，2015.6
高等教育立体化精品系列规划教材
ISBN 978-7-115-38350-1

Ⅰ. ①用… Ⅱ. ①薛… ②王… ③马… Ⅲ. ①财务软
件－高等学校－教材 Ⅳ. ①F232

中国版本图书馆CIP数据核字(2015)第023685号

## 内 容 提 要

本书主要讲解用友财务软件的相关应用，包括认识会计电算化和用友 T3、建立账套和管理用户、设置会计核算基础资料、筹集资金、管理现金及现金等价物、购入生产及管理物资、核算物资的使用和减少、核算职工薪酬、期末核算损益并结账，以及填制和分析会计报表等知识。本书最后还安排了综合实训内容，以进一步提高学生对知识的应用能力。

本书采用项目式、分任务讲解，根据应用中可能涉及的业务，分成十个项目，每个项目包含一至三个任务。每个任务主要由任务目标、相关知识和任务实施 3 个部分组成，然后再进行强化实训。每个项目的最后还有常见疑难解析，并安排了相应的练习和实践。本书着重于对学生实际应用能力的培养，将职业场景引入课堂教学，因此可以让学生提前进入工作的角色。

本书适合作为高等院校财会专业及会计电算化等相关专业的教材，也可作为各类社会培训学校相关专业的教材使用，同时还可供会计初学者以及办公人员自学使用。

◆ 主　　编　薛光来　王晓红　马宏艳
　　副主编　吕宝军　牟晓娜　王仕卿
　　责任编辑　王　平
　　责任印制　焦志炜

◆ 人民邮电出版社出版发行　　北京市丰台区成寿寺路 11 号
　　邮编　100164　电子邮件　315@ptpress.com.cn
　　网址　http://www.ptpress.com.cn
　　北京虎彩文化传播有限公司印刷

◆ 开本：787×1092　1/16
　　印张：15.5　　　　　　　　　　2015 年 6 月第 1 版
　　字数：342 千字　　　　　2024 年 8 月北京第 8 次印刷

定价：42.00 元（附光盘）

读者服务热线：(010)81055256　印装质量热线：(010)81055316
反盗版热线：(010)81055315
广告经营许可证：京东市监广登字 20170147 号

# 前　言

近年来，随着院校课程改革的不断发展，以及会计电算化软件的不断升级，目前市面上很多教材涉及的软件版本和教学结构等很多方面已不再适应教学。

有鉴于此，我们认真总结了教材的编写经验，用了2~3年的时间深入调研各地、各类院校的教学需求，组织了一批优秀的、具有丰富教学和实践经验的作者团队编写了本套教材，以帮助各类高等院校培养优秀的技能型人才。

本着"工学结合"的原则，我们在教学方法、教学内容和教学资源3个方面体现了自己的特色。

## 教学方法

本书精心设计了"情景导入→任务讲解→上机实训→常见疑难解析与拓展→课后练习"5段教学法，将职业场景引入课堂教学，以激发学生的学习兴趣，然后在任务的驱动下，实现"做中学，做中教"的教学理念，最后有针对性地总结了常见问题并给予解答，可让学生通过练习全方位地提升专业技能。

● 情景导入：以情景对话的方式引入项目主题，介绍相关知识点在实际工作中的应用情况及其与前后知识点的联系，让学生了解学习这些知识点的必要性和重要性。

● 任务讲解：以实践为主，强调"应用"。每个任务先指出要做什么实例，制作的思路是怎样的，需要用到哪些知识点，然后讲解完成该实例应必备的基础知识，最后按步骤详细讲解任务的实施过程。与此同时，在讲解过程中穿插有"操作提示""知识补充"和"职场法则"3个小栏目。

● 上机实训：结合任务讲解的内容和实际工作需要给出操作要求，提供适当的操作思路及步骤提示，要求学生独立完成操作，充分训练学生的实际操作能力。

● 常见疑难解析与拓展：精选出学生在实际操作和学习中经常会遇到的问题并进行解答，通过拓展知识板块，学生可以深入、综合地了解一些提高性的应用知识。

● 课后练习：结合该项目的内容给出难度适中的上机操作题。通过练习，学生可以强化、巩固所学知识，做到温故而知新。

## 教学内容

本书的教学目标是循序渐进地帮助学生掌握用友财务软件在实务中的应用，以及实操做账的相关知识。全书共有10个项目，可分为如下几个方面。

● 项目一：主要讲解会计电算化的基本知识，包括会计电算化的概念、发展历程、会计电算化软件的分类，会计工作的基本流程，以及用友T3标准版会计核算软件的功能模块和操作界面。

● 项目二至项目三：主要讲解做账前的准备工作，包括创建账套、新增操作员并设置权限，在账套中录入公共档案和总账资料等。

- **项目四至项目九**：主要讲解使用用友软件进行日常账务处理的方法，包括筹集资金、管理现金及现金等价物、购入生产及管理物资、核算物资的使用及减少、核算职工薪酬、期末核算损益及结账。

- **项目十**：主要讲解报表的填制与分析，包括编制与分析资产负债表、利润表，以及分析财务指标等相关知识。

## 教学资源

本书的教学资源包括以下 3 方面的内容。

（1）配套光盘。

本书配套光盘中包含图书中实例涉及的素材文件、各章节实训的操作演示动画。同时，为了方便大家报考全国会计从业无纸化考试，本书配套光盘还提供了针对"会计电算化"科目的模拟试题库，模拟试题库中含有丰富的会计电算化考试试题，涵盖了单项选择题、多项选择题、判断题和实务操作题等多种题型，可自动组合出不同的试卷进行测试。另外，本书还提供了两套完整的模拟试题，以便学生测试和练习。

（2）教学资源包。

本书配套制作的教学资源包，包括PPT教案和教学教案（备课教案、Word文档），以便老师顺利开展教学工作。

（3）教学扩展包。

教学扩展包中包括方便教学的拓展资源，包含用友畅捷通T3教育专版操作演示视频、常用会计科目介绍及常用会计分录等实用会计资料。

特别提醒：上述教学资源包和教学扩展包可通过访问人民邮电出版社教学服务与资源网（http:// www.ptpedu.com.cn）搜索下载，或者发电子邮件至dxbook@qq.com索取。

本书由薛光来、黑龙江民族职业学院王晓红、陇东学院马宏艳任主编，辽宁水利职业学院吕宝军、吉林农业科技学院牟晓娜和北京联合大学生物化学工程学院王仕卿任副主编。薛光来编写了项目一并统审全稿，马宏艳编写了项目二、项目五和项目六，王晓红编写了项目三和项目四，吕宝军编写了项目六和习题答案，牟晓娜编写了项目七和项目八，王仕卿编写了项目九和项目十，丘青云编写了综合上机实训内容，参加编写工作的还有秦屹、刘念和宋明隆。虽然编者在编写本书的过程中倾注了大量心血，但恐百密之中仍有疏漏，恳请广大读者及专家不吝赐教。

编者

2015年4月

# 目 录 CONTENTS

## 项目四 筹集资金 61

## 项目五 管理现金及现金等价物 75

## 项目六 购入生产、管理物资 93

## 项目七 核算物资的使用和减少 121

## 项目八　核算职工薪酬　145

## 项目九　期末核算损益并结账　167

## 项目十 填制和分析会计报表 195

## 附录一 综合上机实例 223

## 附录二 课后练习参考答案 237

目录

# PART 1

# 项目一
# 认识会计电算化和用友T3

## 情景导入

阿秀：小白，你对会计软件了解吗？

小白：不是很了解，我只知道用友、金蝶这两个比较出名的软件，而且还没有机会进行实践。

阿秀：会计软件的种类较多，比如安易王、浪潮财务软件等。但不管什么财务软件，它们都是会计电算化的重要组成部分，借助于它们，企业可以将精力主要放在管理上，及时掌握企业经济活动的动向，从而提高运作效率。

小白：会计电算化的作用这么大呀！

阿秀：是的，不过它是在发展了半个多世纪之后才达到今天的水平的，在中国，它也有30多年的历史了。

小白：哦，那它是怎么样一步步发展起来的呢？

阿秀：别着急，下面就跟我一起学习会计电算化和会计软件吧。

## 学习目标

● 了解会计电算化信息系统
● 了解实现会计电算化的流程
● 掌握会计电算化的概念
● 掌握会计电算化的发展历程

## 技能目标

● 掌握用友T3相关模块的功能
● 掌握企业实现会计电算化所需的相关基础信息

# 任务一　了解会计电算化

在市场经济环境下，信息和管理对于企业的健康、长远发展具有关键作用，而会计电算化可推动企业提高信息化水平和管理效率。

## 一、任务目标

本任务主要掌握会计电算化的概念和发展历程，了解会计电算化信息系统、电算化实现流程、会计软件核算与手工核算的异同。

## 二、相关知识

### （一）会计电算化的概念和发展历程

会计电算化的含义有狭义和广义之分。狭义的会计电算化是指以电子计算机为主的信息技术在会计工作中的应用；广义的会计电算化是指与实现会计工作信息化相关的所有工作，具体包括会计信息化的系统规划、会计信息人才的培训和培养、会计软件的开发与应用、会计电算化的制度建设等。

会计电算化的产生与计算机技术密切相关。20世纪中期，西方一些工业发达国家开始将计算机技术运用于经济领域，特别是会计领域，企业的内部管理水平得到了很大的提升，随之取得了显著的经济效益。我国的会计电算化工作是从1979年在长春第一汽车制造厂开始试点。1981年8月，在财政部、中国会计学会等单位召开的"财务、会计、成本应用电子计算机"专题讨论会上，正式提出了"会计电算化"的概念。

总体来看，我国会计电算化的发展可分为以下3个阶段。

● **会计核算电算化阶段**：该阶段从1979年到20世纪90年代中期，主要特征是用计算机替代手工操作，实现会计核算的自动化或半自动化，提高了会计工作的效率。

● **会计管理电算化阶段**：1996年4月，中国会计学会在会计电算化研讨会上提出了会计软件应由"核算"型向"管理"型发展。管理型会计软件成为这一阶段的潮流，推动了企业财务与业务等流程的结合，实现了企业内部信息的共享和传递。

● **会计决策电算化阶段**：20世纪末至今，随着网络和电子商务等信息技术领域的快速发展，会计电算化迎来了互联网时代，财务、业务决策的软件实现了即时反映经营、管理和服务等信息的强大功能，将企业的财务控制延伸到业务前沿，发挥了管理决策的作用。

### （二）会计电算化信息系统

会计电算化信息系统由计算机硬件、软件、财会及计算机人员、电算化管理制度和数据组成，是一个组织处理会计业务与会计数据，为企业内外有关人员提供会计信息并进行辅助管理的人机系统。其具体构成如下。

● **计算机硬件**：硬件是电算化系统进行数据输入、处理、存储、输出和传递的各种电子设备，主要有输入设备（如键盘）、数据处理设备（如主机）、数据存储设备

（如硬盘）、数据输出设备（如打印机）等。企业应根据自身的经济实力、业务量、发展战略等因素决定硬件的组合方式，主要可采用3种类型：单机系统、多用户系统与网络系统。对于单机系统，同一时刻只能供一个用户使用；对于多用户系统，它有一台主机和多个终端，各个终端可同时输入数据，由主机集中对数据进行处理；对于网络系统，它通过通信线路连接多台计算机，可实现软件、硬件资源的共享。确定硬件构成模式后，应选择具体的硬件设备，主要考虑CPU、内存和硬盘的相关参数，同时要考虑系统升级的可能性和频率，以免过于频繁地更换设备。

● **计算机软件**：软件是保证电算化系统运转的一套程序，一般分为系统软件和应用软件。系统软件主要包括操作系统、数据库管理系统、计算机语言系统等。应用软件主要指自行研制开发或从外部购买的商品化会计软件。

● **财会及计算机人员**：会计电算化从业人员一般要求是会计和计算机的复合型人才，具体包括系统管理人员、系统分析与设计人员，以及操作人员等。由于会计和计算机两个领域的知识更新速度快，因此需要从业人员不断进行培训才能满足企业管理的需要。

● **电算化管理制度**：会计电算化正常、有效地运转需要制度的保障。电算化管理制度的内容具体包括岗位责任制度、操作管理制度、计算机软硬件和会计数据管理制度、电算化会计档案管理制度等。

## （三）实现会计电算化的流程

会计电算化的实施是一项系统工程，它的开展可分为准备阶段、模拟业务阶段和新流程建设阶段。下面对各个阶段进行具体介绍。

● **准备阶段**：建立信息化领导小组，对实施电算化的成本效益进行分析，制订实施电算化的规划和人员分工；选择会计电算化系统的管理人员，建立会计主管、系统管理员、数据录入、审核记账和数据分析等岗位；购置并安装硬件、软件，调试并使电算化系统正常运转；对相关人员进行上机培训，使其熟悉会计软件的功能和操作。

● **模拟业务**：在手工核算系统和会计软件核算系统的过渡期间，新旧系统的切换方式主要有3种：（1）试运行转换，即经过试运行和审核验收后，直接使用电算化系统取代手工系统；（2）分步骤转换，即逐步转换电算化会计信息系统的各个子系统；（3）并行转换，即新系统投入运行后，仍保留手工系统，将新系统的运行结果与手工系统的处理结果进行比对，以检验系统的正确性和完整性。

● **新流程建设阶段**：实施电算化后，企业对经济事项和业务数据的处理方式发生了根本性变化，需要重新制定相应的工作流程和管理制度。例如，采用无纸化方式传递业务及会计资料时，为了减少人为因素的不利影响，提高数据的传递速度和效率，就有必要重新统一业务单据和报销凭证等的格式，统一单、票、证等的填写要求，规范审批和报销流程等。

**（四）会计软件核算系统与手工会计核算系统的异同**

会计软件核算系统是手工会计核算系统在信息时代的必然替代品，不过两者在本质上都是人类对经济业务或事项的处理方法和思维方式，都属于会计信息系统。具体而言，两者的相同点如表1-1所示。

表1-1　会计软件核算和手工会计核算的相同点

| 相同点 | 具体内容 |
|---|---|
| 数据的特点 | 数量大，结构复杂 |
| 对数据的要求 | 全面、完整、真实、准确 |
| 目标 | 通过记录和核算企业的经济业务，为管理和决策提供会计信息，提高企业的经济效益 |
| 会计理论和方法 | 遵守共同的会计和财务制度，执行相同的会计准则，都采用复式记账方法 |
| 基本程序 | 都需经过数据的采集、加工处理、存储和传递、输出报表等程序，同其他子系统（固定资产、现金管理等）联系紧密 |
| 会计档案 | 生成的会计信息档案都必须妥善保存，以便相关方查询 |

会计软件核算系统是电算化发展趋势的必经之路，它比手工会计核算系统更适应现代企业管理的需要。具体而言，两者的不同点如下。

**1. 数据收集方式不同**

手工会计核算系统下，数据的收集较为单一，即先取得原始凭证，审核后再填制记账凭证，审核记账凭证然后生成总账和明细账，最后手工计算编制会计报表。

在会计软件核算系统下，会计人员根据原始凭证或汇总原始凭证，以键盘输入、语音输入和扫描仪扫描数据录入等多种方式将数据输入到计算机中形成记账凭证。数据的收集可前移到生产、销售等环节，可以通过自动装置或现场终端直接输入计算机，实现即时反映产销数据的目的，从而提高了数据的传输速度和效率。

**2. 数据处理方式不同**

手工会计核算系统下，企业通常根据业务量的大小，在考虑人、财、物分管的内部监督要求的情况下，分别安排分管现金、往来业务、费用和存货等的人员登记明细账和总账，这种账务处理模式在登记时很容易造成数字错误，从而导致在对账程序上花费大量人力物力。

在会计软件核算系统下，会计科目、固定资产、存货、往来单位、业务或责任归属部门等都统一编号，相关数据可由计算机成批、实时地自动汇总、核对，一般不会出现归类错误、数据加总错误等问题，因此具有较高的准确率和可靠性。

**3. 会计数据的存储方式不同**

手工会计核算系统下，会计信息以纸质的形式存放，需要的纸张多、空间大、保管难度较大；而在会计软件核算系统下，会计信息以电子数据的形式保存在磁盘等介质中，不再需要大量的纸张和档案保存空间，从而简化了保管。

# 任务二　初识用友T3并了解ABC公司的概况

用友T3是由"用友通2005"发展而来，其版本演变过程经过【通2005】→【通10.0】→【通10.1】→【通10.2】→【通10.3】→【用友T3】。用友T3主要面向广大中小企业用户，它是一套完全基于SOA架构的中小企业管理软件，有助于提升中小企业的信息化水平。

## 一、　任务目标

本任务主要介绍用友T3的基本界面和功能，并以ABC公司为例，介绍企业的基本信息，为后面正式使用用友T3对该公司进行实际账务处理打下基础。

## 二、　相关知识

### （一）认识用友T3的操作界面

用友T3的界面主要包括登录界面和工作界面（进入工作界面需要创建和登录账套，具体操作将在"项目二"中讲解），登录界面如图1-1所示。

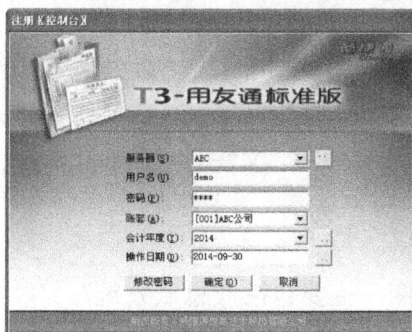

图1-1　用友T3的登录界面

要熟练、快速地应用用友T3，就需要掌握其工作界面（也称主界面）各组成部分的分布及其相关功能。用友T3工作界面各组成部分如图1-2所示。

用友T3工作界面中各组成部分的含义如下。

#### 1. 标题栏

标题栏位于程序窗口的上方，主要用于说明当前程序和窗口控制，包括程序图标、名称和窗口的控制按钮。具体介绍如下。

● **程序图标**：标题栏的最左侧是程序图标 ，单击该图标可移动窗口、改变窗口的大小，或者最大化、最小化和关闭窗口，双击该图标可关闭窗口。

● **程序名称**："T3-用友通标准版"为程序的名称，双击名称可改变窗口的大小。

● **窗口控制按钮**：标题栏右侧为窗口控制按钮，单击"最小化"按钮 可以将程序窗口最小化；单击"最大化/还原"按钮 可以将程序窗口充满整个屏幕或以窗口方式显示；单击"关闭"按钮 可以关闭程序。

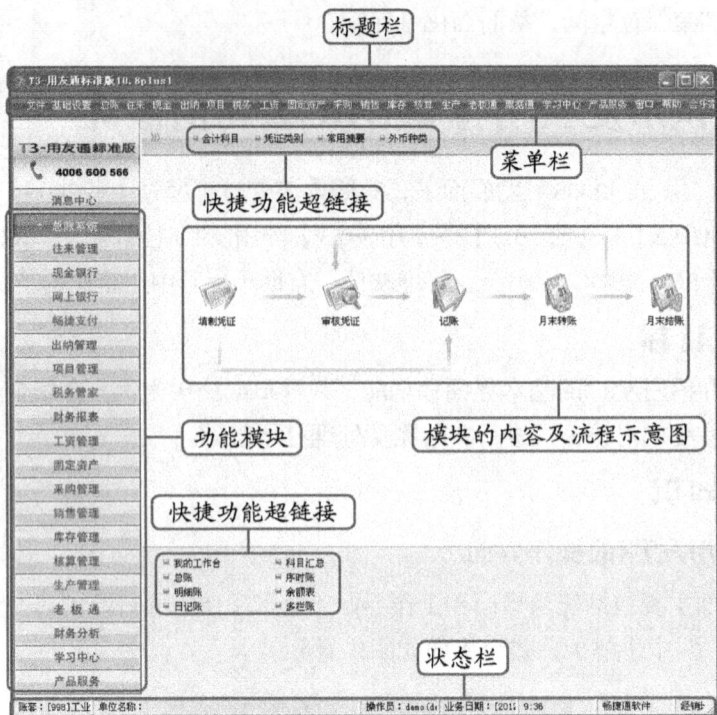

图1-2 用友T3的工作界面（主界面）

### 2. 菜单栏

菜单栏位于标题栏下方，主要包括"文件""基础设置""总账""往来""现金"等菜单。

### 3. 功能模块

功能模块位于窗口的左侧，主要包括"总账系统""往来管理""现金银行""项目管理""财务报表"等功能（因进入工作界面的人员的权限不同，显示的功能模块会有不同）。

### 4. 快捷功能超链接

快捷功能超链接分别位于菜单栏下方和状态栏上方，是用友T3的人性化设置，通过这些超链接可直接打开相应页面。每个功能模块都有"我的工作台"超链接，单击该链接可设置需要显示的账表或功能，具体如图1-3所示。

### 5. 模块的内容及流程示意图

单击某一个功能模块进入后，窗口中间位置将显示模块的具体内容和该模块的流程示意图，通过该示意图可直观地了解所在模块的信息处理流程。单击示意图中的功能超链接，可快速进行相关操作。

### 6. 状态栏

状态栏位于用友T3工作界面的最下方，用于显示账套名称、单位名称、操作员、业务日期、电脑系统时间和软件名称。双击状态栏的任一位置，可以更换操作员进行系统登录。

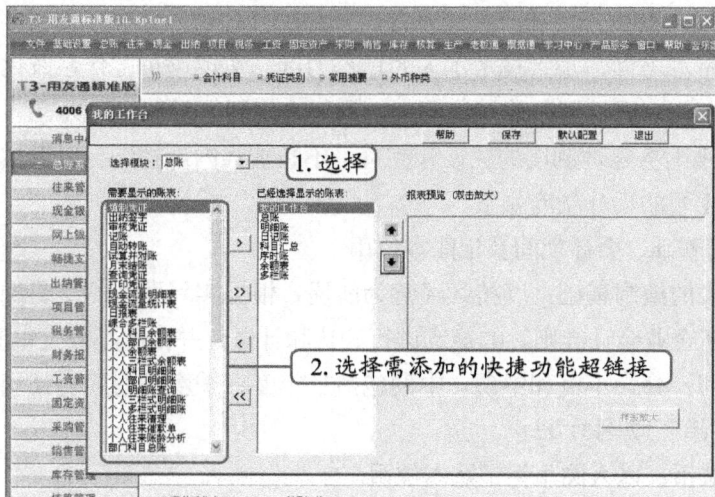

图1-3 设置"我的工作台"

## （二）认识用友T3的功能模块

用友T3标准版的功能模块覆盖了企业财务、业务、决策3个管理层次，具体介绍如下。

### 1. 财务层次

财务层次以总账系统为核心，包括往来、现金、项目、工资管理、固定资产等。总账系统提供凭证处理、账簿管理、个人往来款管理、部门管理、项目核算和现金银行管理等功能；往来系统提供往来查询功能；现金系统提供出纳管理功能；项目系统提供项目管理功能；工资管理系统用于核算和发放员工的工资，并提供银行代发和代扣税功能；固定资产系统提供计提折旧、资产评估和资产盘亏盘盈等处理功能。

### 2. 业务层次

业务层次包括购销存和核算系统。采购管理系统提供采购订单、入库和发票结算等处理功能；销售管理系统提供销售订单、发货、出库和开票等处理功能；库存管理系统可以帮助管理日常的存货出入库业务，有效地改善存货的占用情况；核算管理系统按照直接入库、暂估入库、销售出库等流程核算存货成本。

### 3. 决策层次

决策层次以财务报表为核心，包括财务分析等。其中，财务报表系统提供企业财务报表的编制以及与其他系统交换信息等功能；财务分析系统能够系统地分析企业的经营情况和财务情况，从而提供制定预算并考核预算的执行情况等功能。

## （三）ABC有限责任公司概况

ABC有限责任公司（以下简称ABC公司）是一家从事空调生产与销售业务的企业，为增值税一般纳税人，适用的增值税税率为17%，企业所得税税率为25%，税后利润按10%提取法定盈余公积。

作为一家专注于空调产品生产与销售的中型电器制造商，ABC公司致力于为全国消费者提供技术领先、品质卓越的空调产品。该公司的中央空调在国内市场的占有率一直保持在

1%左右，居于行业中游位置。在产品策略方面，ABC公司致力于技术创新，推动产品的多元化发展；在人力资源方面，加大技术工人的培养力度，实现培训工作系统化、培训方式实操化、培训内容标准化；同时通过绩效管理决定员工的薪酬、晋升和淘汰等。

ABC公司注重财务管理制度的建设和完善，不断加强内部控制，以期实现公司治理的有效运转。该公司主要的会计制度如下。

1. **报表编制基础、会计期间及记账本位币**

- **财务报表的编制基础**：以持续经营为前提，根据实际发生的交易和事项，按照2006年的《新企业会计准则》的规定进行确认和计量，并在此基础上编制财务报表。
- **会计期间**：分为年度和中期。中期包括半年度、季度和月度。公司会计年度为每年1月1日起至12月31日止。
- **记账本位币**：以人民币为记账本位币。

2. **会计计量属性**

以权责发生制为记账基础，初始价值以历史成本为计量原则。以公允价值计量且其变动记入当期损益的金融资产和金融负债、可供出售金融资产和衍生金融工具等。采购时超过正常信用条件延期支付的存货、固定资产等，以购买价款的现值计量；发生减值损失的存货以可变现净值计量，其他减值资产按可收回金额（公允价值与现值孰高）计量；盘盈资产等按重置成本计量。

3. **现金及现金等价物的确定标准**

现金，是指企业库存现金以及可以随时用于支付的存款。现金等价物，是指企业持有的同时具备期限短（一般指从购入日起不超过3个月内到期）、流动性强、易于转换为已知金额现金、价值变动风险很小的投资。

4. **应收款项**

应收款项（包括应收账款和其他应收款）按合同或协议价款作为初始入账金额。ABC公司采用账龄分析法计提坏账准备，具体计提比例如表1-2所示。

表1-2　坏账准备计提比例表

| 账龄 | 应收账款计提比例（%） | 其他应收款计提比例（%） |
|---|---|---|
| 1年以内（含） | 5.00 | 5.00 |
| 1至2年（含） | 20.00 | 20.00 |
| 2至3年（含） | 50.00 | 50.00 |
| 3年以上 | 100.00 | 100.00 |

5. **存货**

- **存货的分类**：分为原材料、在产品、半成品、产成品、低值易耗品五大类。
- **发出存货的计价方法**：采用先进先出法，按计划成本计价，月末按当月成本差异，将计划成本调整为实际成本。
- **存货跌价准备的计提方法**：资产负债表日，存货按照成本与可变现净值孰低计量，对成本高于其可变现净值的，计提存货跌价准备，计入当期损益。

● **盘存制度**：采用永续盘存制。

● **低值易耗品和包装物的摊销方法**：领用时按一次摊销法摊销。

6. 固定资产

固定资产分为房屋及建筑物、机器设备、电子设备、运输设备等，按照成本进行计量，采用年限平均法计提折旧。按固定资产的类别、使用寿命和预计净残值率确定的年折旧率如表1-3所示。

表1-3　固定资产折旧信息

| 固定资产类别 | 预计净残值率 % | 预计使用年限 | 年折旧率 % |
|---|---|---|---|
| 房屋、建筑物 | 3~5 | 15~30 年 | 3.17~6.47 |
| 机器设备 | 5~10 | 10 年 | 9~9.5 |
| 电子设备 | 5~10 | 3~5 年 | 18~31.67 |
| 运输设备 | 5 | 5~6 年 | 15.83~19 |
| 其他 | 5~10 | 5 年 | 18~19 |

7. 其他

● **营业税**：税率3%-5%，按照公司应税收入为基数缴纳。

● **城市维护建设税**：税率5%-7%，按照应交流转税为税基缴纳。

● **教育费附加**：税率3%，按照应交流转税为税基缴纳。

● **企业所得税**：适用税率25%。

● **小数点后保留位数**：精确到小数点后两位，尾数按业务需要调整。

● **借款利息支付时间**：根据借款合同，短期借款利息均按月支付。

# 常见疑难解析

**问：如何选择会计软件？**

答：会计软件是实现会计电算化的主要途径。基于成本等因素，企业选用某软件后一般不会轻易变动，因此应慎重选择。在选择会计软件时，应考虑以下几方面：（1）能满足企业会计核算与会计管理的需要；（2）会计软件需要的计算机硬件和软件环境，包括计算机硬件、网络体系结构以及操作系统和数据库等；（3）会计软件售后服务，会计信息系统是一个连续运行的系统，不能间断，一旦系统中断正常运行，会给用户带来重大的损失。

**问：电算化条件下如何保证会计数据的安全？**

答：由于会计数据一般涉及企业的核心信息，非经法律规定或企业制度批准，企业一般不会也不能轻易向外公布，因此必须建立严格的电算化管理制度。在电算化条件下，数据的显示、输出与手工核算不同，呈现出载体微型化、载体容量巨大、传输便捷快速等特点，如果被病毒感染或恶意复制，则可能导致企业的商业秘密为人所知，影响企业的正常运营。

鉴于此，企业可采取以下措施保障数据安全：（1）明确岗位分工，同一人不得同时在不相容岗位；（2）装有会计软件的电脑应专机专用，不得进行不相关操作；（3）操作员密码应注意保密和保存，防止泄露或遗失，且应定期更换；（4）非经允许，不得擅自复制会计数据；（5）及时备份数据。

## 拓展知识

### 1. 安装用友T3的方法

用友T3可在用友公司的官方网站上下载。在企业正式运行该软件前，可先采用试用版，以实现企业实际情况与该软件的逐渐磨合、适应。用友T3的具体安装方法如下。

- **检查工作**：检查电脑名称（即登录用友T3的服务器名称），以保证其为全英文（或全拼音）。若不是，则需要更改名称。
- **安装数据库**：用友T3的运行必须依赖相应的数据库——SQL Server 2000。将安装盘放入光驱中，按照安装向导的提示进行相关操作。
- **安装数据补丁程序**：安装好SQL Server 2000后，还不能保证用友T3正常运行，需要安装SQL Server 2000 Service Pack 4补丁程序，按照安装向导的提示进行相关操作。
- **安装软件**：双击"用友通标准版"文件夹中的"AutoRun"图标，按照系统安装向导进行安装。程序安装完成后，系统将提示重新启动电脑，重启电脑后即可使用用友T3进行相关操作。安装界面如图1-4所示。

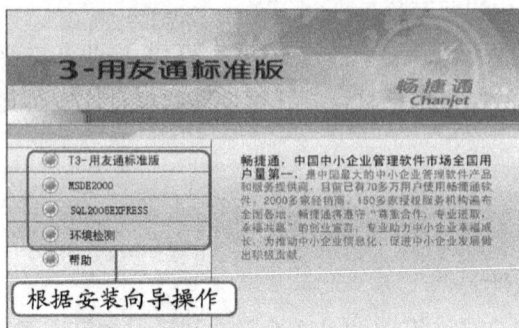

图1-4　安装用友T3软件

**操作提示**　更改计算机名称时，首先在"我的电脑"图标上单击鼠标右键，在弹出的快捷菜单中选择"属性"选项，打开"系统属性"对话框后，单击"计算机名"选项卡中的 更改(C)... 按钮，打开"计算机名称更改"对话框，在"计算机名"文本框中输入新的计算机名称即可，如图1-5所示。重新启动计算机后，将显示新的计算机名称。

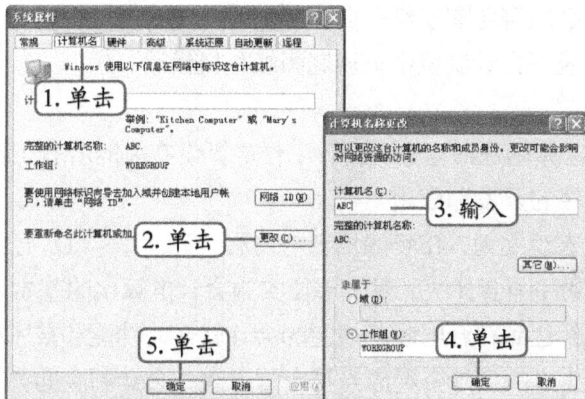

图1-5 检查计算机名称

### 2. 会计电算化信息系统与ERP系统的关系

ERP是Enterprise Resource Planning（企业资源规划）的缩写，它将企业的运营流程看作是一个紧密连接的供应链，包括供应商、制造工厂、分销网络和客户等，对采购、生产、成本、库存、分销、运输、财务、人力资源进行规划，从而达到最佳资源组合，取得最佳效益。而会计电算化信息系统是ERP系统的初级阶段，在ERP系统中主要属于总账模块，与其他业务处理系统之间是信息传递和共享的关系。

# 课后练习

### 1. 单选题

（1）我国会计电算化工作于（ ）开始。

A. 20世纪50年代　　B. 20世纪60年代　　C. 20世纪70年代　　D. 20世纪80年代

（2）"会计电算化"一词始于（ ）。

A. 1981年　　　　B. 1974年　　　　C. 1989年　　　D. 1993年

（3）会计电算化简单地说就是（ ）在会计工作中的应用。

A. 会计理论　　B. 会计准则　　C. 会计法规　　D. 计算机技术

（4）下列功能模块中，不属于会计核算软件的是（ ）。

A. 工资核算系统　　　　　　　　　B. 生产计划管理系统

C. 应收账款核算系统　　　　　　　D. 应付账款核算系统

（5）构成计算机电子的或者机械的物理实体称为（ ）。

A. 主机　　　　　　　　　　　　　B. 计算机软件系统

C. 计算机硬件系统　　　　　　　　D. 外设

（6）《会计核算软件基本功能规范》中规定，会计核算软件中采用的总分类会计科目名称、编号方法，必须符合以下（ ）说法。

A. 编号必须为三位数字

B. 名称不得超过4个汉字

C. 名称及编号都必须符合国家统一会计制度的规定

D. 不能增加国家统一会计制度中未规定明细科目代码

**2. 多选题**

（1）广义的会计电算化是指与实现会计工作电算化有关的所有工作，包括（　　）。

A. 会计电算化软件的开发和应用　　　　　　　　B. 会计电算化人才的培训

C. 会计电算化的宏观规划、市场的培育与发展　　D. 会计电算化的制度建设

（2）《中华人民共和国会计法》对于单位实施会计电算化的基本要求有（　　）。

A. 使用的会计软件达到符合财政部规定的会计软件的功能和技术标准

B. 用电子计算机生成的会计资料应当符合国家统一会计制度的要求

C. 生成的会计资料应当满足监管部门的要求

D. 使用的会计软件必须为用友T3软件

（3）关于会计电算化意义的说法，正确的是（　　）。

A. 提高工作效率　　　　　　　　　　　　B. 促进会计工作职能转变

C. 提高会计工作职能　　　　　　　　　　D. 仅仅是替代手工完全记账、编表工作

**3. 判断题**

（1）普及会计电算化，就是要求会计人员掌握计算机技术，达到自己会编写会计软件系统的水平。　　　　　　　　　　　　　　　　　　　　　　　　　　　（　　）

（2）会计电算化将提高会计核算的水平和质量。　　　　　　　　　　　（　　）

（3）会计电算化后，手工会计时的一切控制手段在电算化系统中完全适用。　　（　　）

# PART 2

# 项目二
# 建立账套和管理用户

## 情景导入

阿秀：小白，你知道企业是在哪里做账的吗？

小白：知道，是在账套上吗？

阿秀：嗯，是的，账套就是企业做账的平台。只有建立了账套，才能进行账务处理。

小白：是不是只要登录了用友软件，就可以使用它的全部功能了呢？

阿秀：那可不是。每个登录人员的岗位不同，操作的权限也就不同。使用软件权限最大的是系统管理员和账套主管，他们可以在系统管理界面中设置用户和分配其权限。

小白：哦，没想到涉及这么多操作，看来我得打起十二分精神来认真学习了。

## 学习目标

- 熟悉系统管理界面
- 熟悉账套的作用
- 掌握账套的新建、修改、备份
- 掌握对操作员及其权限的设置

## 技能目标

- 根据企业的基本信息创建账套
- 设置操作员
- 设置操作员权限

## 任务一　创建ABC公司财务账套

一个账套一般对应一个会计主体，只有建立了账套，才能对会计主体的经济事项进行核算，反映其经营成果和财务状况。

### 一、任务目标

本任务主要了解系统管理模块、账套的内容和作用，以及对账套进行相关操作，包括新建、修改、备份、恢复和删除账套等。通过本任务的学习，熟悉系统管理模块的作用，掌握账套的生成、修改和删除。图2-1所示为系统管理界面。

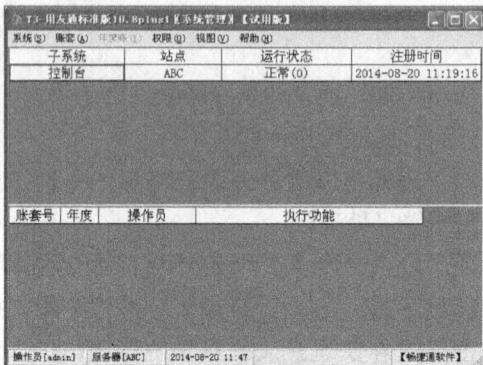

图2-1　系统管理界面

### 二、相关知识

#### （一）系统管理与账套的关系

在系统管理中，用户可以统一管理账套，包括新建、修改、删除、备份账套，以及新建年度账等，并根据企业的不同岗位分配不同的角色，进行新建操作员和分配权限等操作。因此，系统管理是用友T3的"掌门人"，只有系统管理正常运行，才能保证财务数据的录入和输出工作的顺利完成。系统管理与账套的关系如图2-2所示。

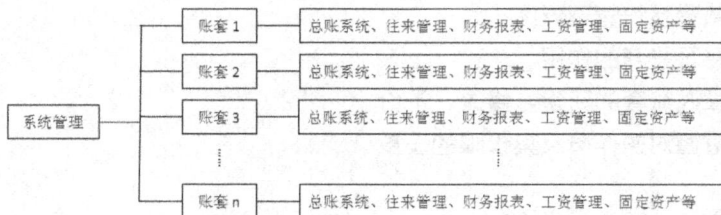

图2-2　系统管理与账套的关系

#### （二）账套的填写内容

账套需填写的内容主要包括账套信息（账套号、账套名称、账套路径、启用会计期）、单位信息（单位名称、单位地址、联系电话等）、企业性质、会计科目编码方案、记账本位币、账套主管姓名等。

## 三、任务实施

> **【案例1】** 2014年1月1日，ABC公司在做好会计电算化的所有准备工作后，拟建立一个新账套。该账套的相关信息如表2-1所示。

表2-1　账套初始信息

| 项目 | 具体内容 |
|---|---|
| 账套信息 | 账套号：003；账套名称：ABC 公司 2014；<br>账套路径为系统默认；启用会计期：2014 年 8 月 |
| 单位信息 | 单位名称：ABC 有限责任公司；<br>单位简称：ABC 公司 |
| 核算类型 | 本币代码：RMB；本币名称：人民币；<br>企业类型：工业；行业性质：2007 年新会计准则；<br>账套主管：demo；按行业性质预置科目 |
| 基础信息 | 对存货、客户、供应商进行分类管理，无外币核算业务 |
| 业务流程 | 采购与销售流程均按标准流程 |
| 分类编码方案 | 科目编码级次为 4222，其他项目为系统默认 |
| 数据精度定义 | 保持系统默认值 |
| 启用的子系统 | 老板通、固定资产、总账、核算、工资管理、购销存管理 |

### （一）注册并进入系统管理

建立账套需在系统管理模块中进行，其具体操作如下。（🎬微课：光盘\微课视频\项目二\注册并进入系统管理.swf）

**STEP 1**　单击 <开始> 按钮，在弹出的菜单中选择【所有程序】/【T3系列管理软件】/【T3】/【系统管理】菜单命令，如图2-3所示。

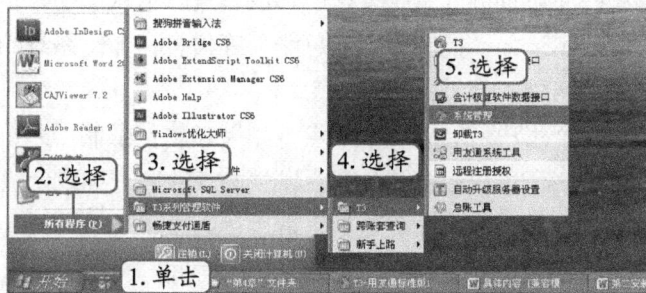

图2-3　选择菜单命令

**STEP 2**　打开"T3—用友通标准版〖系统管理〗"对话框，选择【系统】/【注册】菜单命令，如图2-4所示。

**STEP 3**　打开"注册〖控制台〗"对话框，"服务器"保持系统默认状态，在"用户名"文本框中输入"admin","密码"文本框保持为空,然后单击 [确定(0)] 按钮,如图2-5 所示。

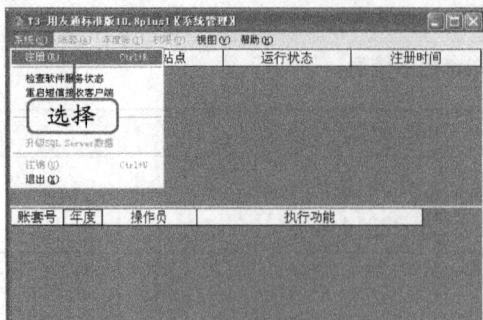

图2-4　选择菜单命令　　　　　　图2-5　设置用户名和密码

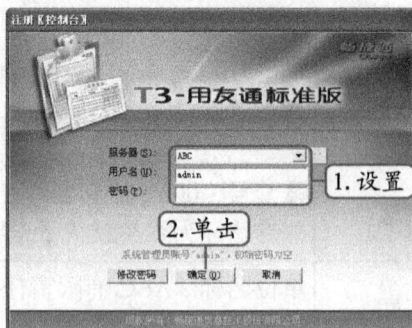

**STEP 4** 打开"T3—用友通标准版〖系统管理〗"对话框(以下简称"系统管理"对话框),此时将显示子系统、注册时间等信息,如图2-6所示。

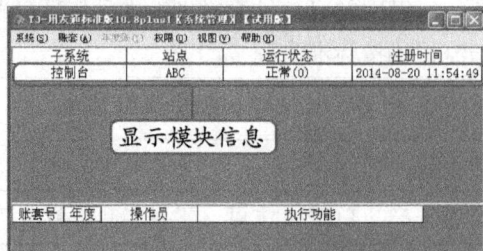

图2-6　注册成功

"T3—用友通标准版〖系统管理〗"对话框在系统管理员或账套主管注册之后,界面会发生一些变化。例如,通过比较图2-4和图2-6,可以发现后者多了几项内容,这些内容的具体功能介绍如下。

- **子系统**:注册且进入系统管理后,或者进入总账、往来管理等子模块后,子系统将显示诸如"控制台""总账"等信息,即子系统的功能是显示正在运行的模块名称。
- **站点**:一个用户名对应一个站点,如果T3软件限制子系统只能有一个用户,则使用另一个用户名登录时就会发生站点冲突,导致无法继续操作。
- **运行状态**:显示相关系统是否正常运行。
- **注册时间**:显示登录或进入相关系统的时间。

### (二)新建和修改账套

注册并启动系统管理后,系统管理员即可进行账套的相关操作。下面建立以"ABC公司2014"为账套名称的新账套,其具体操作如下。(📀微课:光盘\微课视频\项目二\新建和

修改账套.swf）

**STEP 1** 在"系统管理"对话框中选择【账套】/【建立】菜单命令,如图2-7所示。

**STEP 2** 打开"创建账套"对话框,对"已存账套"下拉列表框保持默认状态;在"账套号"文本框中输入"003";在"账套名称"文本框中输入"ABC公司2014","账套路径"保持默认状态;在"启用会计期"文本框中输入"2014年8月",然后单击 下一步(2) 按钮,如图2-8所示。

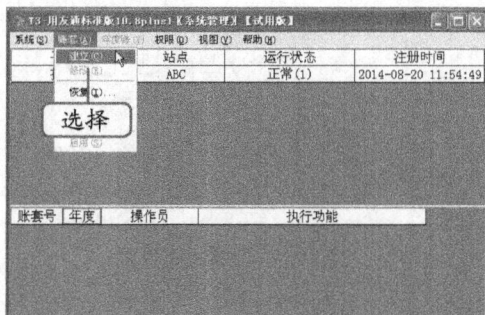

图2-7 选择菜单命令

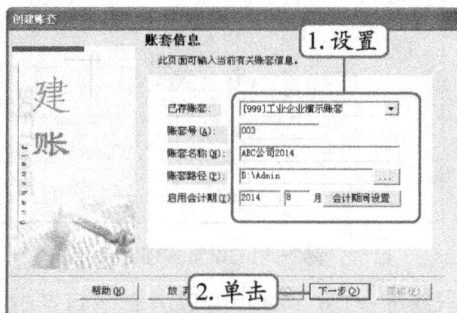

图2-8 设置账套信息

**操作提示** 在"启用会计期"文本框中,除了可以直接输入数字外,还可以单击其右侧的 会计期间设置 按钮,打开"会计月历-建账"对话框,在"启用年度"和"月度"数值框中选择相应的数字。

**STEP 3** 打开"单位信息"对话框,在"单位名称"文本框中输入"ABC有限责任公司";在"单位简称"文本框中输入"ABC公司",然后单击 下一步(2) 按钮,如图2-9所示。

**STEP 4** 打开"核算类型"对话框,对"核算类型"进行设置。在"本币代码"文本框中输入"RMB";在"本币名称"文本框中输入"人民币";在"企业类型"下拉列表框中选择"工业"选项;在"行业性质"下拉列表框中选择"2007年新会计准则"选项;在"账套主管"下拉列表框中选择"[demo]demo"选项;单击选中"按行业性质预置科目"复选框,然后单击 下一步(2) 按钮,如图2-10所示。

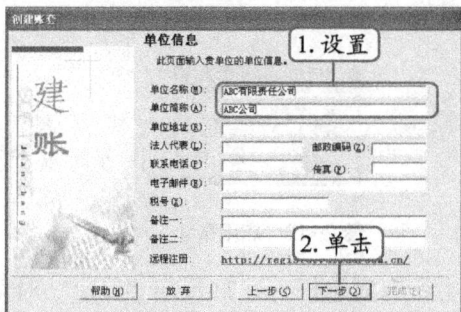

图2-9 设置单位信息

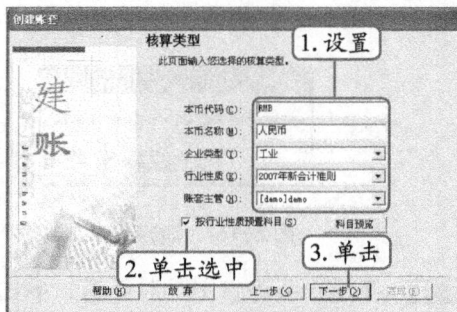

图2-10 设置核算类型

**STEP 5** 打开"创建账套"对话框,单击选中"存货是否分类""客户是否分类""供应商是否分类"复选框，然后单击 下一步(2) 按钮，如图2-11所示。

**STEP 6** 打开"创建账套"对话框，在"采购流程"栏、"销售流程"栏中都单击选中"标准流程"单选项，然后单击 完成(F) 按钮。在打开的提示对话框中，单击 是(Y) 按钮，如图2-12所示。

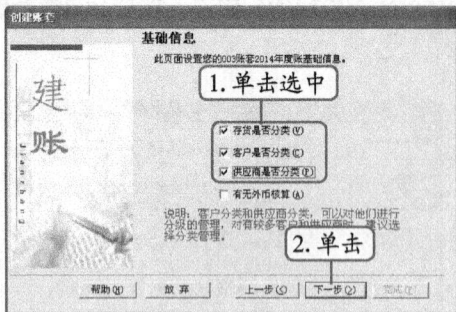

图2-11 设置基础信息

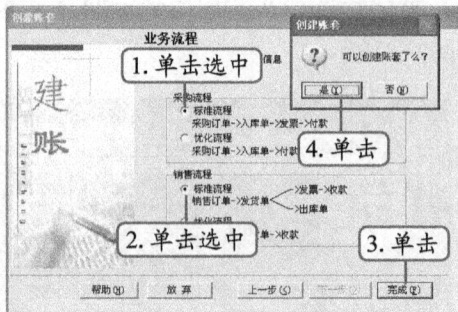

图2-12 设置业务流程

**STEP 7** 打开"分类编码方案"对话框，将科目编码级次的第2级、第3级和第4级均设置为"2"，然后单击 确认 按钮，如图2-13所示。

**STEP 8** 打开"数据精度定义"对话框，按照系统默认的数据进行设置，然后单击 确认 按钮，如图2-14所示。

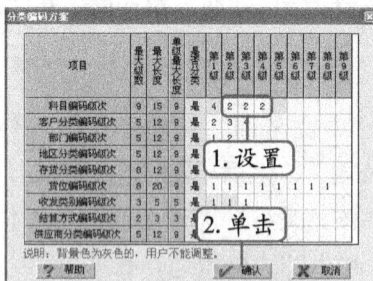

图2-13 设置分类编码

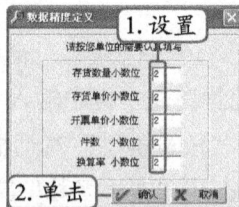

图2-14 设置数据精度

**STEP 9** 打开提示对话框，单击 确定 按钮，完成新账套的创建，如图2-15所示。

**STEP 10** 此时再次打开提示对话框，单击 是(Y) 按钮，系统将立即启用账套，如图2-16所示。

图2-15 完成新账套创建

图2-16 启用账套

**STEP 11** 打开"系统启用"对话框，单击选中所有复选框，在打开的"日历"对话框中将启用会计期间都设置为"2014年8月1日"，然后单击 确定 按钮，如图2-17所示。

**STEP 12** 打开提示对话框，单击 是(Y) 按钮，如图2-18所示。

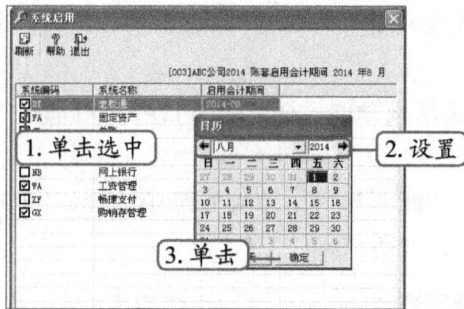

图2-17 选择启用子系统　　　　　　　　　图2-18 确认启用系统

**STEP 13** 重新打开"系统管理"对话框，选择【系统】/【注册】菜单命令。打开"注册〖控制台〗"对话框，"服务器"保持系统默认状态，在"用户名"文本框中输入"demo"，在"密码"文本框中输入"demo"，在"账套"下拉列表框中选择"[003]ABC公司2014"选项，在"会计年度"下拉列表框中选择"2014"选项，然后单击 确定(0) 按钮，如图2-19所示。

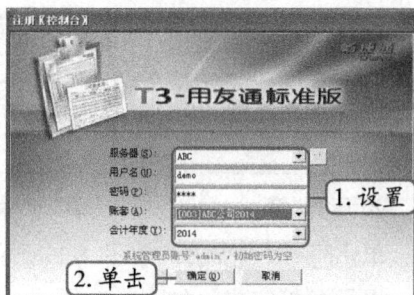

图2-19 以demo的身份进入账套

**STEP 14** 在"系统管理"对话框中选择【账套】/【修改】菜单命令，在打开的"修改账套"对话框中可修改相关项目，完成后依次关闭对话框和窗口即可，如图2-20所示。

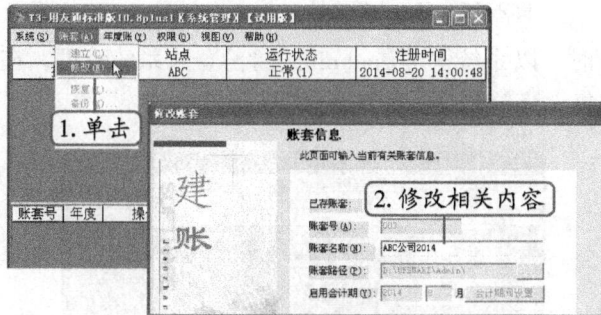

图2-20 修改账套信息

### （三）备份和恢复账套

为了防止因意外情况而导致数据的丢失，保证软件数据的安全与完整，企业需对账套进行备份、恢复等操作，即将软件记录的业务和核算的数据以文件的形式存储到不同的载

体，如软盘、光盘等。其具体操作如下。（微课：光盘\微课视频\项目二\备份和恢复账套.swf）

**STEP 1** 以系统管理员admin的身份登录系统管理，在"系统管理"对话框中选择【账套】/【备份】菜单命令，如图2-21所示。

**STEP 2** 打开"账套输出"对话框，在"账套号"下拉列表框中选择"[003]ABC公司2014"选项，然后单击 确认(Q) 按钮，如图2-22所示。

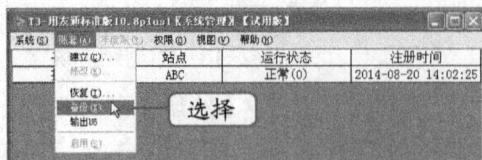

图2-21　选择菜单命令　　　　　　　　图2-22　选择输出账套

**STEP 3** 系统开始压缩数据，稍后将打开"选择备份目标："对话框，在其中选择保存输出账套数据的位置，此处选择d盘，然后单击 确认(Q) 按钮，如图2-23与图2-24所示。

图2-23　显示压缩进度　　　　　　　　图2-24 选择备份目标

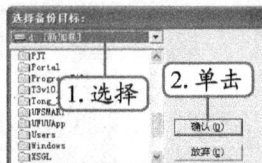

**STEP 4** 打开提示对话框，单击 是(Y) 按钮，如图2-25所示。

**STEP 5** 打开提示对话框，提示备份完成，如图2-26所示。

图2-25　备份为新文件　　　　　　　　图2-26　完成备份

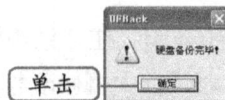

**STEP 6** 恢复账套时，以系统管理员admin的身份登录系统管理，在"系统管理"对话框中选择【账套】/【恢复】菜单命令，如图2-27所示。

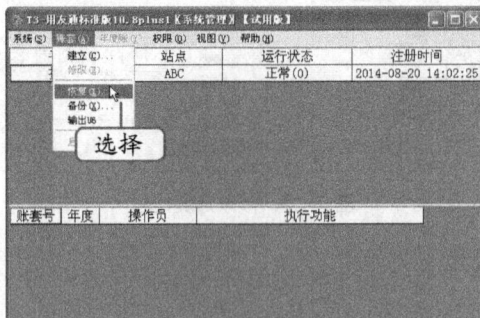

图2-27　选择菜单命令

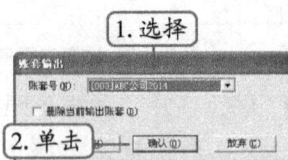

**STEP 7** 打开"恢复账套数据"对话框，选择存放在d盘的"ABC公司2014"的备份文件"UF2KAct.Lst"，单击 打开(Q) 按钮，如图2-28所示。

图2-28 选择路径和备份文件

**STEP 8** 打开提示对话框，单击 是(Y) 按钮，如图2-29所示。

**STEP 9** 打开提示对话框，提示成功恢复账套，单击 确定 按钮，如图2-30所示。

图2-29 确认恢复账套

图2-30 提示成功恢复账套

## （四）删除系统的多余账套

当系统中的账套很多时，可将不再需要的账套删除，以提高操作效率。删除账套与备份账套类似，其具体操作如下（假定删去DE公司的账套）。（📀微课：光盘\微课视频\项目二\删除系统多余账套.swf）

**STEP 1** 以系统管理员admin的身份登录系统管理，在"系统管理"对话框中，选择【账套】/【备份】菜单命令。

**STEP 2** 打开"账套输出"对话框，在"账套号"下拉列表框中选择需删除的账套，此处选择"[004]DE公司"选项，单击选中"删除当前输出账套"复选框，然后单击 确认(Q) 按钮，如图2-31所示。

**STEP 3** 按照备份账套的流程进行操作，最后打开提示对话框，单击 是(Y) 按钮后即删除账套，如图2-32所示。

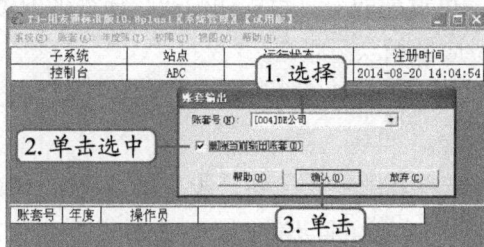

图2-31 选择需删除的账套

图2-32 完成删除账套

## 任务二 新增操作员和设置权限

操作员是指拥有登录系统的权限并进行相关操作的人员，像前面涉及的admin和demo都是操作员。对操作员的权限进行管理，目的是避免无关人员进入系统，界定操作员的岗位分工、经济责任，以及保护操作员的合法权益。

### 一、 任务目标

本任务将为ABC公司新增3个操作员，并分别为他们赋予相应的权限。系统管理员拥有所有的操作权限，而账套主管需要由系统管理员进行指定，账套主管可对所在账套内的所有操作员指定权限，设置结果如图2-33所示。

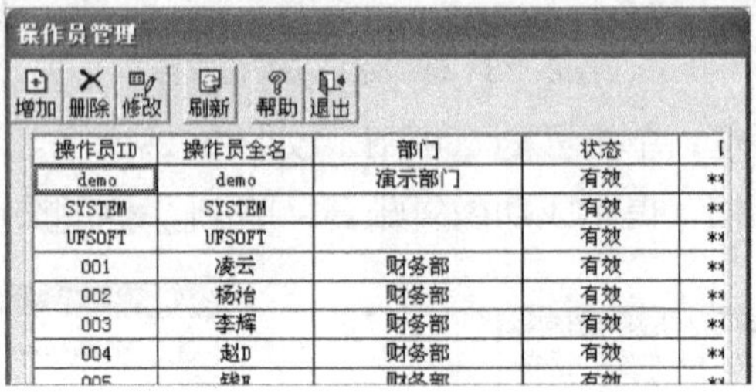

图2-33  管理操作员

### 二、 相关知识

#### （一）会计电算化岗位及主要职责

根据企业的实际情况，会计电算化岗位主要分为以下几个类别。

● **电算化主管**：一般为软件中的账套主管（会计主管），负责系统的初始化设置，分配各岗位操作员的权限。此外，电算化主管可兼任审核员。

● **系统管理员**：一般为技术人员，负责硬件、软件的维护，管理系统数据。

● **会计员**：即软件中的一般操作员，负责将审核过的原始凭证输入到计算机，并进行对账、记账、打印输出账簿等操作。

● **出纳员**：负责现金及现金等价物的收支、保管工作。

#### （二）会计电算化岗位设置原则

每个会计岗位有不同的经济责任，电算化岗位也不例外。严格的会计电算化制度有利于企业的规范运行，保证会计信息安全、可靠地取得、生成和传递，使得各岗位人员的责任与权限明确。具体来说，设置电算化岗位应遵循以下原则。

● **事责一致**：即相关经济事项都有对应的人员进行处理，相关人员的责任与事项的重要性相符合。

● **内部牵制**：每一项经济业务不能完全由一人经办，钱、账、物应分管，凭证填写和审核不能同为一人、系统管理员与账套主管不能同为一人等。

● **工作流程化**：建立健全凭证制度、经济事项审批制度等，保证审批、取得凭证、报销费用等过程产生的会计信息合法合规。

## 三、任务实施

【案例2】根据电算化岗位制度安排，ABC公司财务部、采购部相关人员可登录用友T3进行操作，相关操作员的具体信息如表2-2所示。

表2-2　电算化岗位信息

| 操作员ID | 操作员全名 | 部门 | 口令 | 职务／权限 |
|---|---|---|---|---|
| 004 | 甄实 | 财务部 | 20140801 | 账套主管／所有权限 |
| 005 | 韩萍 | 财务部 | 20140802 | 出纳／现金管理、出纳签字 |
| 006 | 汤芹 | 财务部 | 20140803 | 会计员／总账、销售、往来、公共目录、采购、应收款（审核主管的凭证）、核算、应付管理 |
| 007 | 任国英 | 财务部 | 20140804 | 会计员／总账 |
| 008 | 厉有为 | 财务部 | 20140805 | 会计员／总账、公共目录、固定资产、库存管理 |
| 009 | 郝楠 | 采购部 | 20140806 | 采购主管／公共目录、采购（审核采购订单） |
| 010 | 严光荣 | 采购部 | 20140807 | 采购员／公共目录、采购 |
| 011 | 铁毅强 | 采购部 | 20140808 | 采购员／公共目录、采购 |
| 012 | 司徒平 | 采购部 | 20140809 | 采购员／公共目录、采购 |

### （一）增加操作员

企业电算化岗位增加人员时，应在用友T3软件的系统管理中进行设置。下面进行操作员的设置，其具体操作如下。（🎬微课：光盘\微课视频\项目二\增加操作员.swf）

**STEP 1** 以系统管理员admin的身份登录，打开"系统管理"对话框，选择【权限】/【操作员】菜单命令。

**STEP 2** 打开"操作员管理"对话框，单击左上方的的🔲按钮，打开"增加操作员"对话框，在"编号""姓名""口令""确认口令"和"所属部门"文本框中分别输入"004""甄实""20140801""20140801""财务部"，然后单击[增加]按钮，如图2-34所示。

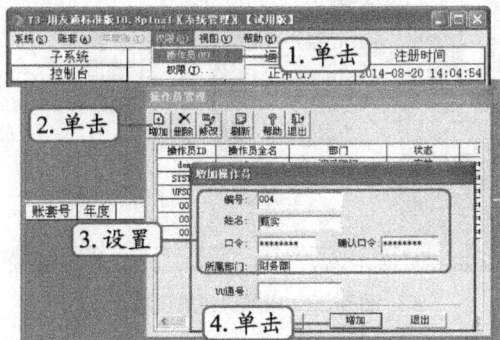

图2-34　增加操作员

**STEP 3** 按照上述同样的方法，根据表2-2的内容，在"增加操作员"对话框中设置其余操作员的相关信息。

**STEP 4** 单击"增加操作员"对话框中的 退出 按钮，新增加的操作员信息将显示在列表中。单击"操作员管理"对话框中的 按钮，退出该对话框。

### （二）设置操作员权限

增加操作员后，应根据各自的职务赋予相应的权限，其具体操作如下。（ 微课：光盘\微课视频\项目二\设置操作员权限.swf）

**STEP 1** 在"系统管理"对话框中选择【权限】菜单命令后，打开"操作员权限"对话框。在左侧的操作员列表中选择"004 甄实"，在右上方"账套"下拉列表框中选择"[003] ABC公司2014"选项，在"年度"下拉列表框中选择"2014"选项，单击选中"账套主管"复选框。

**STEP 2** 打开提示对话框，单击 是(Y) 按钮，确认设置甄实为账套主管，如图2-35所示。

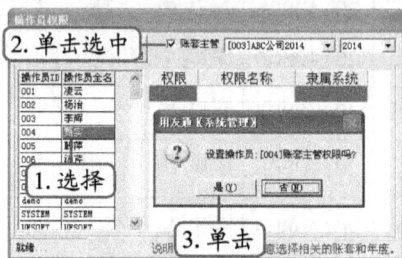

图2-35　设置账套主管

**STEP 3** 在左侧的操作员列表中选择"005 韩萍"，在"账套"下拉列表框中选择"[003] ABC公司2014"选项，在"年度"下拉列表框中选择"2014"选项，单击 增加 按钮。

**STEP 4** 打开"增加权限"对话框，双击"产品分类选择"列表框中的"现金管理"选项，系统在"明细权限选择"列表框中将显示新增的权限。单击 确定 按钮，退出"增加权限"对话框，如图2-36所示。

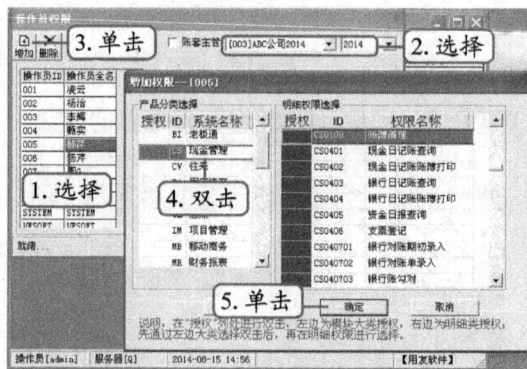

图2-36　增加操作员权限

**STEP 5** 按照上述同样的方法设置"006 汤芹"的权限，完毕后单击 按钮，退出"操作员权限"对话框（效果参见：光盘\效果\ABC公司账套\项目二\UfErpAct.Lst）。

# 实训一 以"甲舟有限公司"为名新建账套

【案例3】甲舟有限公司是新成立的一家工业企业（增值税一般纳税人），于2013年9月1日开始启用新账套。相关信息如下：系统管理员：admin（密码为系统默认）；账套号：004；账套名称：甲舟有限公司；企业简称：甲舟公司；单位地址：乌托市新风区古道西路120号；法人代表：莫语；分类项目：存货、客户、供应商；有外币核算业务；科目编码级次为4222，其他信息采用T3软件默认数据；启用所有模块。

【实训要求】

要求熟悉系统管理的注册和启动操作，根据案例提供的信息为企业创建账套。

【实训思路】

系统管理员才有权限新建账套，因此首先需要在系统管理界面以系统管理员的身份进行注册，然后按照建账向导，根据案例信息依次对相关项目进行设置。

【步骤提示】

**STEP 1** 以系统管理员admin的身份登录，打开"系统管理"对话框，选择【账套】/【建立】菜单命令。

**STEP 2** 根据建账向导，按照案例提供的信息依次设置账套信息、单位信息、核算类型、基础信息、业务流程、分类编码、数据精度。

# 实训二 新增操作员并为其授权

【案例4】为甲舟公司财务部新增账套主管周浩（编号：001，密码：jia07A）、会计员吴海（编号：002，密码：jia08A）和出纳李仪（编号：003，密码：jia09A），其中吴海的权限为总账、财务报表、财务分析、应收款管理、公共目录、销售管理、核算、应付管理、固定资产、往来。为资产管理部新增两个操作员：方琳（编号：013，密码：jia10A，权限：固定资产、公共目录、库存、核算）、林志浩（编号：014，密码：jia11A，权限：固定资产、公共目录、库存、核算）。为采购部新增两个操作员：郝楠（编号：009，密码：20140806）、严光荣（编号：010，密码：20140807）。

【实训要求】

要求在系统管理中新增操作员，并根据岗位职责赋予相应的权限。

【实训思路】

在授予权限前，先要新增相应的操作员。在授权时，账套主管的权限由系统管理员赋予，而会计员的权限可由系统管理员或账套主管赋予（此处假定由系统管理员赋权）。

**【步骤提示】**

**STEP 1** 以系统管理员admin的身份登录，打开"系统管理"对话框，选择【权限】/【操作员】菜单命令，打开"增加操作员"对话框，在其中输入编码、姓名、口令、部门。

**STEP 2** 打开"操作员权限"对话框，选择周浩、吴海等人所在的账套，同时选择其相应的权限。（效果参见：光盘\效果\甲舟有限公司账套\项目二\UfErpAct.Lst）

> 为便于读者学习，从本项目起，将光盘中相关账套素材和效果的路径放置在相关操作步骤的后面，同时读者也可以完全按照书中讲解的方法与操作过程自行录入详细的相关数据进行练习。
>
> **操作提示**

# 常见疑难解析

**问：企业建账出错应如何处理？**

答：企业在建账后，如果发现其中的内容有误，可按照修改账套的流程进行调整。但是应注意，内容的修改是有限制的，可以修改的内容如下——账套信息：账套名称；单位信息：所有信息；核算信息：除行业性质外其他不允许修改；基础设置信息：允许修改；账套分类信息和数据精度信息：可以修改全部信息。另外，只有账套主管才有权限修改账套，且需登录要修改的账套。

**问：如何区分系统管理员与账套主管的职责？**

答：在T3软件中，系统管理员与账套主管的功能是不同的，具体的区别如表2-3所示。

表 2-3　系统管理员与账套主管的区别

| 角色<br>区别 | 系统管理员 | 账套主管 |
|---|---|---|
| 权限的赋予人 | 软件系统 | 系统管理员 |
| 系统管理的权限 | 全部 | 部分 |
| 数量 | 一般只有一个 | 一般没有限制 |
| 用户名 | admin（系统默认） | demo（系统默认），可增加 |
| 初始密码 | 无（可修改） | demo（可修改） |
| 允许的操作 | 登录系统管理，管理账套、设置操作员、分配操作员权限、监控系统运行 | 维护/修改账套、管理年度账、分配操作员权限 |
| 不允许的操作 | 修改账套、输出年度账数据、登录总账等子模块 | 建立、输出账套，不能增设或注销操作员 |

# 拓展知识

### 1. 注销/删除操作员

如果某个操作员已离职，可采用注销或删除的方法取消其在T3软件中的登录权限。注销操作员时，需进入"操作员管理"对话框，双击该操作员，在打开的"修改操作员"对话框中单击 注销当前操作员 按钮。删除操作员时，应先取消该操作员的相关权限，然后在"操作员管理"对话框中单击 ✕删除 按钮，如图2-37所示。

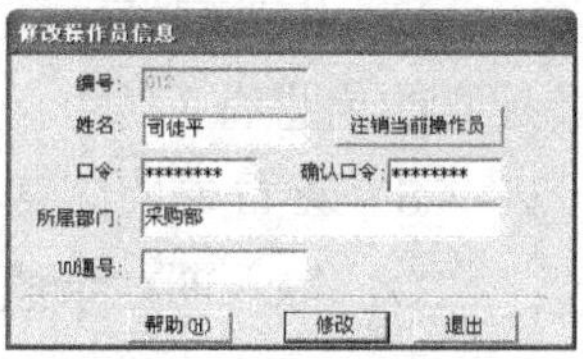

图2-37　删除操作员

### 2. 自动备份

为了减少备份的工作量，提高T3软件数据的安全性，可设置自动备份账套。其具体操作是：在"系统管理"对话框中选择【系统】/【设置备份计划】菜单命令，在打开的"备份计划设置"对话框中单击 增加 按钮，然后在打开的"增加备份计划"对话框中进行设置即可，如图2-38所示。

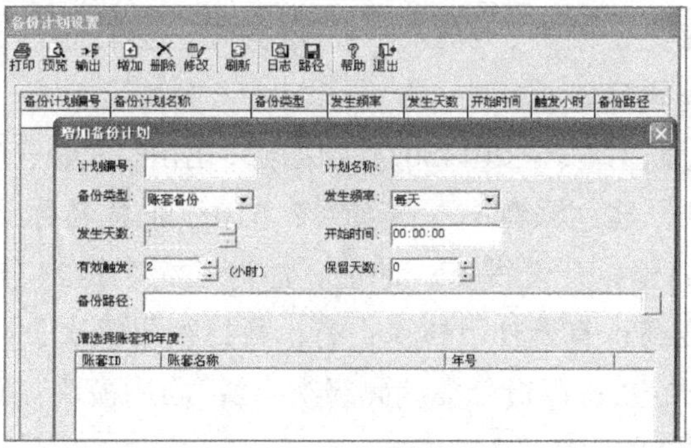

图2-38　设置自动备份计划

# 课后练习

### 1. 单选题

（1）建立账套时，需要以（　　）的身份注册系统管理。

A. admin 　　　　　　　　　　B. 财务主管

C. 账套主管 　　　　　　　　　D. 财务总监

（2）账套主管可以对（　　）的操作员进行权限指定。

A. 所有账套 　　　　　　　　　B. 所管辖账套

C.  001 账套                                D.  999 账套

（3）操作员初始密码由（    ）指定。

A.  账套主管                                B.  操作员本人

C.  系统管理员                              D.  企业老总

## 2. 多选题

（1）系统允许用户以（    ）身份注册并进入系统管理。

A.  admin                                   B.  财务主管

C.  账套主管                                D.  财务总监

（2）下列属于建立账套时需要建立的信息有（    ）。

A.  设置账套信息                            B.  设置单位信息

C.  确定核算类型                            D.  输入期初余额

## 3. 判断题

（1）一个账套可以设定多个账套主管。                                  （    ）

（2）账套号是区别不同账套的惟一标识。                                （    ）

## 4. 操作题

（1）在D盘新建一个文件夹，将其命名为"开普投资账套_01"。

（2）设置如下操作员：

编号015，姓名：邝原，口令：2014805，财务部，账套主管/固定资产

编号016，姓名：海悦，口令：2014806，财务部，会计员/公共目录设置、往来、总账、核算、采购管理、销售管理

编号017，姓名：田岚，口令：2014807，财务部，出纳/现金管理、库存管理

（3）根据下列信息，建立账套——账套号：010；账套名称：开浦投资有限公司；采用默认账套路径；公司简称：开普投资；地址：沙湾区无名路24号；本位币：RMB；分类项目：存货、客户、供应商；有无外币核算：有；科目编码级次：4 2 2 2；客户分类编码级次：2 2 2；部门编码级次：2；存货分类编码级次：2；启用模块：固定资产、总账、核算、工资管理（启用时间均为2014年1月）。

（4）备份账套，将备份文件的保存路径设置为"开普投资账套_01"。（效果参见：光盘\效果\开浦投资有限公司账套\项目二\UfErpAct.Lst）

# 项目三
# 设置会计核算基础资料

## 情景导入

小白：阿秀，是不是建立账套之后就能直接做账了呀？

阿秀：呵呵，不用着急，虽然做账是核心环节，但它只是用友T3的小小功能而已。而且在做账之前，先要进行初始设置，比如先要规定好做账用到的凭证、类别；还要对公司的客户、供应商等进行编码，以便于汇总、分类和查询客户数据等。

小白：哇，还有这么多准备工作要做，真是长见识了。

阿秀：嗯，这就是会计电算化的特点，涉及的数据信息很多，需要企业全面考虑业务流程与财务流程的关联，以利于在核算环节准确、快速、即时地反映财务信息。

小白：看来基础资料库的建立对企业的管理很有帮助。

阿秀：是啊，所谓"基础不牢，地动山摇"，会计核算基础资料值得企业花时间和精力去收集与完善，并且在实践中不断调整。

## 学习目标

- 了解总账、公共档案的内容和作用及采购物资的流程
- 了解会计核算的依据、会计科目的编码原则
- 掌握记账凭证的概念、分类和作用
- 掌握企业的信用政策

## 技能目标

- 掌握公共档案的设置
- 掌握总账资料的设置
- 掌握购销存资料的设置

## 任务一　初始化ABC公司的公共档案

在会计软件中，企业的人、财、物需要经过加工成为数据信息，这样才能以统一的格式在各个模块之间传递。这些信息构成了企业的公共档案，是企业会计核算的基本框架。

### 一、任务目标

本任务的目标是完成企业公共档案信息的设置。通过本任务的学习，可以掌握设置部门、职员、项目档案的方法，以及设置结算方式、存货分类和档案的方法。

### 二、相关知识

#### （一）期初档案的内容和作用

企业的期初档案具体包括公共档案、总账和购销存3部分内容。其中，公共档案包括部门档案、职员档案、项目档案、摘要、结算方式、外币种类、存货分类、存货档案和自定义项等；总账包括凭证类别、会计科目、客户分类、客户档案、供应商分类和供应商档案等；购销存包括仓库档案、货位档案、收发类别、采购类型、销售类型、开户银行和付款条件等。

#### （二）结算方式的种类

ABC公司在经济活动中涉及的结算方式主要有如下3种：

（1）商业承兑汇票，由出票人（企业）签发，委托银行以外的付款人在指定日期无条件支付确定的金额给收款人或者持票人。

（2）银行承兑汇票，由存款人（企业）开出票据，其开户银行承诺到期无条件付款。企业收到银行承兑汇票相当于收到了现金。

（3）支票，由出票人签发，委托办理支票存款业务的银行在见票时无条件支付确定的金额给收款人或者持票人。

### 三、任务实施

【案例1】ABC公司有7个部门，包括办公室、财务部、人力部、生产部、营销部、技术部和采购部。建立账套时，需录入公共档案信息，具体如表3-1~表3-6所示。

表 3-1　职员档案

| 职员编号 | 职员名称 | 所属部门 | 职员属性 | 职员编号 | 职员名称 | 所属部门 | 职员属性 |
|---|---|---|---|---|---|---|---|
| 10101 | 王礼 | 办公室 | 管理人员 | 30102 | 房海波 | 营销一部 | 销售人员 |
| 10102 | 李小艾 | 办公室 | 管理人员 | 30103 | 肖小天 | 营销一部 | 销售人员 |
| 10201 | 甄实 | 财务部 | 管理人员 | 30201 | 包宇仁 | 营销二部 | 管理人员 |
| 10202 | 任国英 | 财务部 | 管理人员 | 30202 | 魏新 | 营销二部 | 销售人员 |
| 10203 | 韩萍 | 财务部 | 管理人员 | 30203 | 贾紫菱 | 营销二部 | 销售人员 |
| 10204 | 汤芹 | 财务部 | 管理人员 | 30204 | 申晓晓 | 营销二部 | 销售人员 |
| 10205 | 厉有为 | 财务部 | 管理人员 | 40101 | 秦国栋 | 技术一部 | 管理人员 |

| 职员编号 | 职员名称 | 所属部门 | 职员属性 | 职员编号 | 职员名称 | 所属部门 | 职员属性 |
|---|---|---|---|---|---|---|---|
| 10301 | 范林 | 人力部 | 管理人员 | 40102 | 孟云 | 技术一部 | 技术人员 |
| 10302 | 林熊 | 人力部 | 管理人员 | 40103 | 邢伟 | 技术一部 | 技术人员 |
| 20101 | 劳琴 | 一车间 | 管理人员 | 40201 | 郑尔升 | 技术二部 | 管理人员 |
| 20102 | 曹汉林 | 一车间 | 生产人员 | 40202 | 莫小虎 | 技术二部 | 技术人员 |
| 20103 | 辛凯 | 一车间 | 生产人员 | 40203 | 廖仁 | 技术二部 | 技术人员 |
| 20201 | 吴猛 | 二车间 | 管理人员 | 40301 | 艾志国 | 技术三部 | 管理人员 |
| 20202 | 卓远 | 二车间 | 生产人员 | 40302 | 伍爱民 | 技术三部 | 技术人员 |
| 20203 | 马涛 | 二车间 | 生产人员 | 40303 | 萧志伟 | 技术三部 | 技术人员 |
| 20301 | 周同 | 三车间 | 管理人员 | 50101 | 郝楠 | 采购部 | 管理人员 |
| 20302 | 兰小勇 | 三车间 | 生产人员 | 50102 | 严光荣 | 采购部 | 采购员 |
| 20303 | 方浩 | 三车间 | 生产人员 | 50103 | 铁毅强 | 采购部 | 采购员 |
| 30101 | 何一伟 | 营销一部 | 管理人员 | 50104 | 司徒平 | 采购部 | 采购员 |

表 3-2　部门档案

| 部门编码 | 部门名称 | 部门属性 | 负责人 |
|---|---|---|---|
| 1 | 管理部门 | 管理 | —— |
| 101 | 办公室 | 管理、协调 | 王礼 |
| 102 | 财务部 | 财务 | 甄实 |
| 103 | 人力部 | 人事安排 | 范林 |
| 2 | 生产部 | 生产 | —— |
| 201 | 一车间 | 基本生产 | 劳琴 |
| 202 | 二车间 | 基本生产 | 吴猛 |
| 203 | 三车间 | 辅助生产 | 周同 |
| 3 | 营销部 | 销售 | —— |
| 301 | 营销一部 | 销售 | 何一伟 |
| 302 | 营销二部 | 销售 | 包宇仁 |
| 4 | 技术部 | 研发、售后 | —— |
| 401 | 技术一部 | 研发 | 秦国栋 |
| 402 | 技术二部 | 研发 | 郑尔升 |
| 403 | 技术三部 | 售后维修 | 艾志国 |
| 5 | 采购部 | 采购 | 郝楠 |

表 3-3　项目档案

| 项目设置步骤 | 设置内容 | |
|---|---|---|
| 项目大类 | 生产成本 | 在建工程 |
| 项目分类 | 1 基本生产成本：11 A 空调、12 B 空调<br>2 辅助生产成本 | 1 建筑工程<br>2 安装工程 |

表 3-4　结算方式

| 结算方式编码 | 结算方式名称 | 票据管理（是 / 否） |
|---|---|---|
| 1 | 现金结算 | 否 |
| 2 | 支票 | 是 |
| 201 | 现金支票 | 是 |
| 202 | 转账支票 | 是 |
| 3 | 商业汇票 | 否 |
| 301 | 银行承兑汇票 | 否 |
| 302 | 商业承兑汇票 | 否 |
| 4 | 其他 | 否 |

表 3-5　存货分类

| 类别编码 | 类别名称 | 类别编码 | 类别名称 |
|---|---|---|---|
| 01 | 原材料 | 03 | 半成品 |
| 0101 | 主要材料 | 04 | 产成品 |
| 0102 | 辅助材料 | 05 | 低值易耗品 |
| 02 | 在产品 | | |

表 3-6　存货分类档案

| 存货编号 | 所属分类 | 存货名称 | 计量单位 | 计划价 / 售价 | 属性 |
|---|---|---|---|---|---|
| 010101 | 0101 | 甲材料 | 公斤 | 100 元 | 外购、生产耗用 |
| 010102 | 0101 | 乙材料 | 公斤 | 70 元 | 外购、生产耗用 |
| 010201 | 0102 | 丙材料 | 件 | 50 元 | 外购、生产耗用 |
| 010202 | 0102 | 丁材料 | 件 | 25 元 | 外购、生产耗用 |
| 0201 | 02 | A 空调 | 台 | —— | 在制 |
| 0202 | 02 | B 空调 | 台 | | |
| 0401 | 04 | A 空调 | 台 | 2 500 元 | 自制、销售 |
| 0402 | 04 | B 空调 | 台 | 3 500 元 | 自制、销售 |

## （一）设置部门档案

ABC公司实行的是部门制，采购、营销、财务等职能部门的管理权限集中在最高领导层。下面将该公司的部门设置反映到用友T3系统中，其具体操作如下（素材参见：光盘\素材\ABC公司账套\项目三/UfErpAct.Lst）。（🎬微课：光盘\微课视频\项目三\设置部门档案.swf）

**STEP 1** 在桌面上双击"T3"图标 🏠，打开"注册〖控制台〗"对话框，"服务器"保持系统默认状态，在"用户名"文本框中输入"004"，在"密码"文本框中输入"20140801"，在"账套"下拉列表框中选择"[003]ABC公司2014"选项，在"会计年度"下拉列表框中选择"2014"选项，在"操作日期"文本框中输入"2014-08-20"，然后单击 确定(0) 按钮，如图3-1所示。

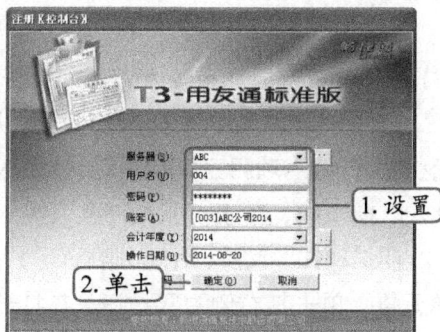

图3-1 登录用友T3

**STEP 2** 打开"期初档案录入"窗口，单击"部门档案"按钮 🏠，打开"部门档案"窗口。在"部门编码"、"部门名称"、"部门属性"文本框中分别输入"1"、"管理部门"、"管理"，然后单击 🖫 按钮，如图3-2所示。

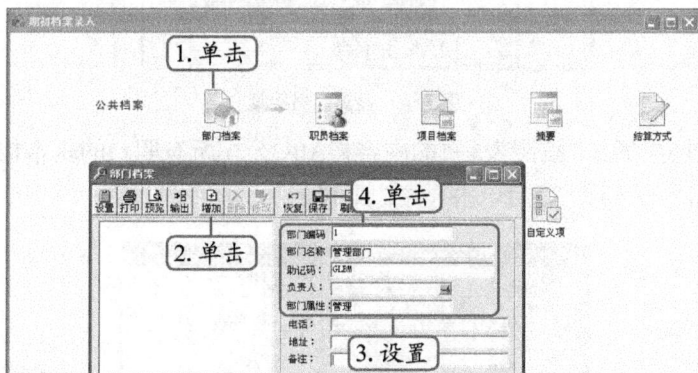

图3-2 设置部门档案

**STEP 3** 单击 🖫 按钮，使用相同的方法，按照表3-2的内容录入ABC公司所有部门的基本信息，完成后的效果如图3-3所示。完成设置后，单击 🖫 按钮，关闭"部门档案"窗口。

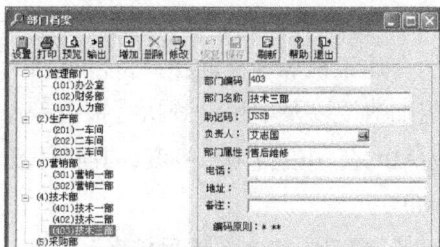

图3-3 完成设置部门档案

在"部门档案"对话框中，部门编码和部门名称是必须录入项目。"助记码"可自动生成（输入部门名称后，按【Enter】键即可，一般为部门名称的拼音首字母），也可手动输入。负责人可通过单击对应文本框右侧的■按钮，在打开的对话框中进行选择。

### （二）设置职员档案

人力资源是一个企业的首要资源，职员档案是人力资源反映在会计软件的定性和定量信息，对企业的管理、潜力的挖掘有很大的帮助。现将ABC公司的职员档案录入用友T3，其具体操作如下。（▶微课：光盘\微课视频\项目三\设置职员档案.swf）

**STEP 1** 在"期初档案录入"窗口中，单击"职员档案"按钮，打开"职员档案"窗口。在"职员编号""职员名称""职员属性"文本框中分别输入"1""王礼""管理人员"。双击王礼"所属部门"所在的单元格，单击其右侧的🔍按钮，在打开的"部门参照"对话框中，双击选择"办公室"，如图3-4所示。

**图3-4 设置职员档案**

**STEP 2** 按照上述方法，按照表3-1的内容将ABC公司所有职员的基本信息录入用友T3，完成后的效果如图3-5所示，最后单击■按钮即可。

**图3-5 完成设置职员档案**

### （三）设置项目档案

项目档案用于生产成本、在建工程等业务的核算，以项目为中心为使用者提供各项目的成本、费用、收入等汇总与明细情况以及项目计划执行报告等，也可用于核算科研课题、专项工程、产成品成本等。现为ABC公司设置项目档案，其具体操作如下。（▶微课：光盘\微课视频\项目三\设置项目档案.swf）

**STEP 1** 在"期初档案录入"窗口中单击"项目档案"按钮，打开"项目档案"对话框。

单击 增加 按钮，打开"项目大类定义_增加"对话框，在"新项目大类名称"文本框中输入"生产成本"，单击选中"普通项目"单选项，然后单击 下一步 按钮，如图3-6所示。

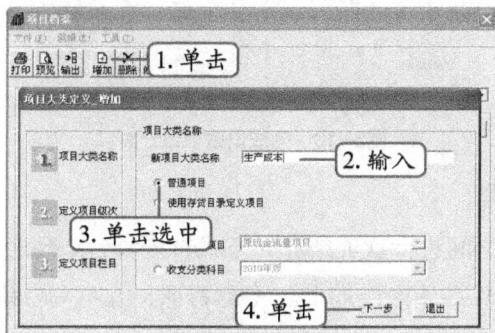

图3-6 增加项目大类

**STEP 2** 打开"项目大类定义_增加"对话框，设置"定义项目级次"，在"一级"和"二级"数值框中都输入"1"，单击 下一步 按钮，如图3-7所示。

**STEP 3** 打开"项目大类定义_增加"对话框，设置"定义项目栏目"，此处保持默认的栏目不变，单击 完成 按钮，如图3-8所示。

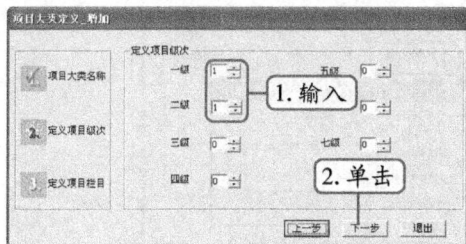

图3-7 设置项目级次

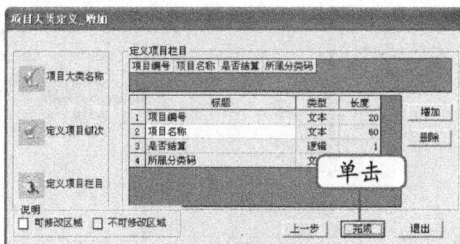

图3-8 设置项目栏目

**STEP 4** 返回"项目档案'对话框，单击选中"项目分类定义"单选项，在"项目大类"下拉列表框中选择"生产成本"选项，在"分类编码"和"分类名称"文本框中分别输入"1"和"基本生产成本"，然后单击 确定 按钮，如图3-9所示。

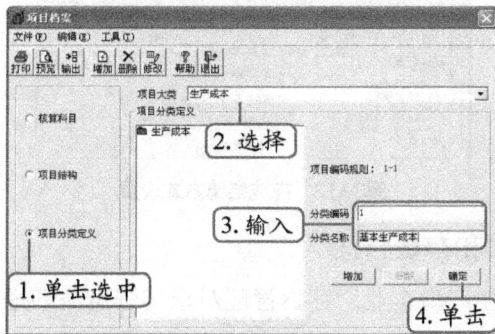

图3-9 设置项目分类

**STEP 5** 按照上述方法，根据表3-3的内容对其余项目进行分类，最终效果如图3-10所示。

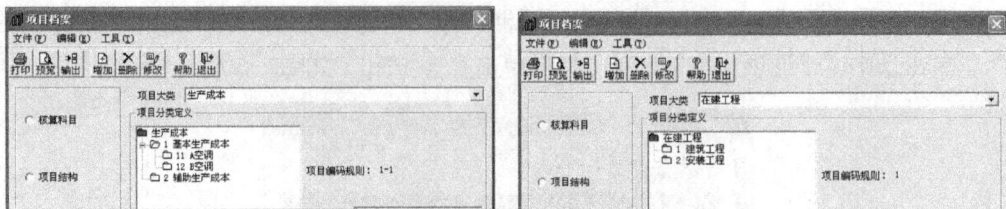

图3-10　完成设置项目分类

## （四）设置结算方式

在经济活动中，企业之间进行款项结算的方式有多种，如现金结算、支票结算等。现为ABC公司设置结算方式，其具体操作如下。（ **微课**：光盘\微课视频\项目三\设置结算方式.swf）

**STEP 1**　在"期初档案录入"窗口中，单击"结算方式"按钮 ，打开"结算方式"窗口。

**STEP 2**　在"结算方式编码"和"结算方式名称"文本框中分别输入"1"和"现金结算"，单击选中"票据管理标志"复选框，然后单击 按钮，如图3-11所示。

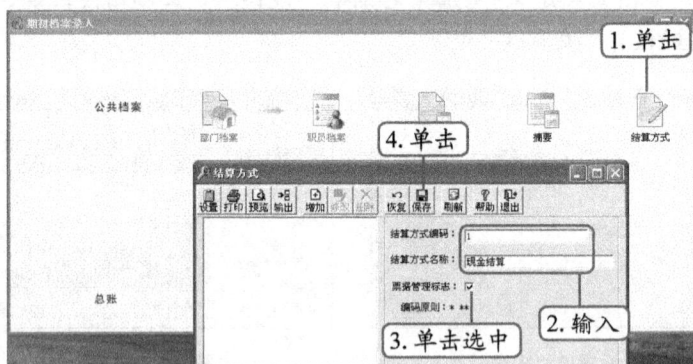

图3-11　增加结算方式

**STEP 3**　单击 按钮，根据表3-4的内容，按照上述方法对结算方式进行分类，最终效果如图3-12所示，完成后单击 按钮关闭窗口即可。

图3-12　完成结算方式设置

## （五）设置存货分类和存货档案

对于ABC公司这样的生产型企业，存货管理对于其资金流动程度影响很大，因此需要进行精细化管理，减少存货占用的成本。现为ABC公司设置存货分类和存货档案，其具体操作如下。（ **微课**：光盘\微课视频\项目三\设置存货分类和存货档案.swf）

**STEP 1**　在"期初档案录入"窗口中，单击"存货分类"按钮，打开"存货分类"窗口。

**STEP 2** 在"类别编码"和"类别名称"文本框中分别输入"01"和"原材料",然后单击 按钮,如图3-13所示。

**STEP 3** 按照上述方法对其余存货进行分类,最终效果如图3-14所示,完成后单击 按钮返回"期初档案录入"窗口。

图3-13 增加存货分类　　　　图3-14 完成存货分类设置

**STEP 4** 在"期初档案录入"窗口中单击"存货档案"按钮 ,打开"存货档案"窗口。

**STEP 5** 在左侧列表中选择"01 原材料"选项,单击 按钮,打开"存货档案卡片"对话框。在"基本"选项卡中分别输入存货编号、存货名称和计量单位,单击选中"外购"和"生产耗用"复选框,如图3-15所示。

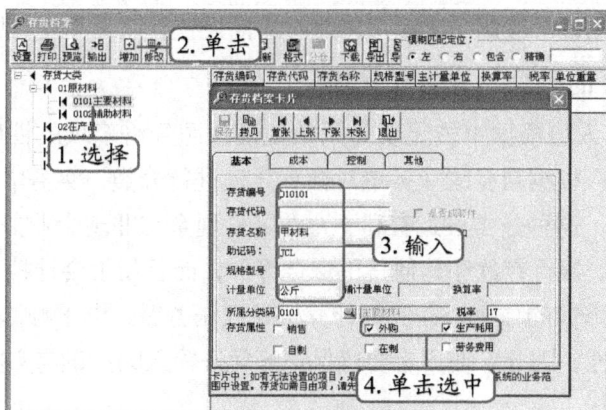

图3-15 设置存货基础信息

**STEP 6** 单击"成本"选项卡,在"计划价/售价"文本框中输入"100.00",然后单击 按钮关闭对话框,如图3-16所示。

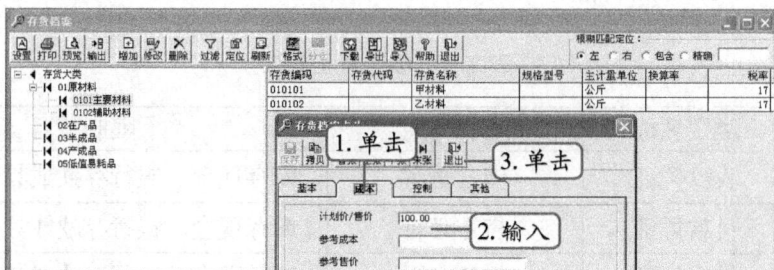

图3-16 设置存货成本

**STEP 7** 按照上述方法,根据表3-5的资料继续设置其余存货档案,完成设置后,单击 按钮关闭对话框即可。

## 任务二 初始化ABC公司的总账资料

公司的总账资料是进行账务处理的必备信息，在设置总账时，应考虑公司的业务量、核算明细程度、业务流程等，这样才能发挥用友T3的作用，提高公司管理和利用信息的能力。

### 一、任务目标

本任务主要是对凭证、客户、供应商等账务处理中涉及的基础资料进行设置。通过本任务的学习，可以了解凭证的分类和会计科目编码原则，掌握会计凭证类别、会计科目及期初数据、客户档案，以及供应商档案的设置方法。

### 二、相关知识

#### （一）总账资料的内容

用友T3中的总账资料主要包括会计凭证、会计科目、客户、供应商和期初余额。其中，会计凭证是账簿、报表的数据来源；会计科目是会计凭证必备的内容；客户和供应商资料主要是为了核算经济事项中的债权（企业作为卖方）与债务（企业作为买方）；期初余额是企业会计报表的初始数据，一般第一次启用总账时才需设置，以后年度可以由上一年度结转。

#### （二）记账凭证的概念、分类和作用

记账凭证是会计人员根据审核无误的原始凭证按照经济事项的性质确定会计分录而填制的会计凭证。企业应根据自身的业务量对会计凭证进行分类，实务中一般分为收款凭证、付款凭证和转账凭证，这种分类方式有利于企业区分现金与非现金业务（此处的现金是广义的，即包括库存现金、银行存款和其他货币资金等），而且便于会计档案的分类保管。

记账凭证是登记账簿的依据，在实行计算机处理账务后，电子账簿的准确与完整完全依赖于记账凭证的准确性，因此，使用者要确保记账凭证输入的准确与完整。

### 三、任务实施

> 【案例2】ABC公司根据业务量、客户、供应商等实际情况，对企业的总账资料进行设置，详细资料如表3-7~表3-10所示。

表3-7　会计凭证类别

| 类别字 | 类别名称 | 限制类型 | 限制科目 |
|---|---|---|---|
| 收 | 收款凭证 | 借方必有 | 库存现金、银行存款或其他货币资金 |
| 付 | 付款凭证 | 贷方必有 | 库存现金、银行存款或其他货币资金 |
| 转 | 转账凭证 | 凭证必无 | 库存现金、银行存款或其他货币资金 |

表 3-8  会计科目信息

| 科目编码 | 科目名称 | 方向 | 期初余额 | 借方累计金额 | 贷方累计金额 | 年初金额 | 备注 |
|---|---|---|---|---|---|---|---|
| 1001 | 库存现金 | 借 | 10 000 | 20 000 | 15 000 | 5 000 | 日记账 |
| 1002 | 银行存款 | 借 | 50 000 | 70 000 | 51 000 | 31 000 | 银行账、日记账 |
| 100201 | 工商银行 | 借 | 20 000 | 50 000 | 40 000 | 10 000 | 新增科目 |
| 100202 | 中国银行 | 借 | 30 000 | 20 000 | 11 000 | 21 000 | 新增科目 |
| 1012 | 其他货币资金 | 借 | 50 000 | 50 000 | 0 | 0 | |
| 101201 | 存出投资款 | 借 | 50 000 | 50 000 | 0 | 0 | 新增科目 |
| 101202 | 外埠存款 | 借 | 0 | 0 | 0 | 0 | 新增科目 |
| 1101 | 交易性金融资产 | 借 | 30 980 | 10 000 | 25 000 | 45 980 | |
| 110101 | 成本 | 借 | 25 000 | 0 | 10 000 | 35 000 | 新增科目 |
| 110102 | 公允价值变动 | 借 | 5 980 | 10 000 | 15 000 | 10 980 | 新增科目 |
| 1121 | 应收票据 | 借 | 12 000 | 5 000 | 7 000 | 14 000 | |
| 1122 | 应收账款 | 借 | 124 020 | 125 000 | 5 000 | 4 020 | 客户往来辅助核算 |
| | ——宇宙公司 | 借 | 49 725 | 52 705 | 5 000 | 2 020 | 7月22日赊销空调 |
| | ——金球公司 | 借 | 29 250 | 28 250 | 0 | 1 000 | 6月10日赊销空调 |
| 1122 | ——海风公司 | 借 | 24 570 | 23 570 | 0 | 1 000 | 7月15日赊销空调 |
| | ——领航公司 | 借 | 20 475 | 20 475 | 0 | 0 | 7月18日赊销空调 |
| 1123 | 预付账款 | 借 | 50 000 | 10 000 | 20 000 | 60 000 | 供应商往来辅助核算 |
| | ——强者钢铁厂 | 借 | 15 000 | 5 000 | 12 000 | 22 000 | 7月1日预付材料款 |
| | ——好运机械公司 | 借 | 35 000 | 5 000 | 8 000 | 38 000 | 7月3日预付材料款 |
| 1221 | 其他应收款 | 借 | 6 000 | 2 000 | 1 000 | 5 000 | 个人辅助核算，7月26日借支差旅费 |
| | ——范林 | 借 | 6 000 | 2 000 | 1 000 | 5 000 | |
| 1231 | 坏账准备 | 贷 | 6 000 | 1 000 | 3 000 | 4 000 | |
| 1401 | 材料采购 | 借 | 170 347.86 | 20 000 | 40 000 | 190 347.86 | |
| 1403 | 原材料 | 借 | 86 000 | 24 000 | 40 000 | 102 000 | 001仓库 |
| 140301 | 主要材料 | 借 | 70 000 | 14 000 | 20 000 | 76 000 | 新增科目 |
| 14030101 | 甲材料 | 借 | 49 000 | 8 000 | 9 000 | 50 000 | 新增科目 |
| 14030102 | 乙材料 | 借 | 21 000 | 6 000 | 11 000 | 26 000 | 新增科目 |
| 140302 | 辅助材料 | 借 | 16 000 | 10 000 | 20 000 | 26 000 | 新增科目 |
| 14030201 | 丙材料 | 借 | 10 000 | 4 000 | 14 000 | 20 000 | 新增科目 |
| 14030202 | 丁材料 | 借 | 6 000 | 6 000 | 6 000 | 6 000 | 新增科目 |
| 1404 | 材料成本差异 | 借 | 15 000 | 10 000 | 20 000 | 25 000 | |
| 140401 | 甲材料 | 借 | 5 000 | 4 000 | 8 000 | 9 000 | 明细科目 |

**40**

| 科目编码 | 科目名称 | 方向 | 期初余额 | 借方累计金额 | 贷方累计金额 | 年初金额 | 备注 |
|---|---|---|---|---|---|---|---|
| 140402 | 乙材料 | 借 | 4 000 | 3 000 | 7 000 | 8 000 | 明细科目 |
| 140403 | 丙材料 | 借 | 3 000 | 1 500 | 2 500 | 4 000 | 明细科目 |
| 140404 | 丁材料 | 借 | 3 000 | 1 500 | 2 500 | 4 000 | 明细科目 |
| 1405 | 库存商品 | 借 | 800 000 | 327 000 | 100 000 | 573 000 | 002 仓库，数量核算 |
| | | 借 | 280 | 650 | 500 | 130 | 计量单位：台 |
| 140501 | A 空调 | 借 | 450 000 | 175 000 | 20 000 | 295 000 | 明细科目，数量核算 |
| | | 借 | 180 | 400 | 300 | 80 | 计量单位：台 |
| 140502 | B 空调 | 借 | 350 000 | 152 000 | 80 000 | 278 000 | 明细科目，数量核算 |
| | | 借 | 100 | 250 | 200 | 50 | 计量单位：台 |
| 1471 | 存货跌价准备 | 贷 | 20 000 | 10 000 | 5 000 | 25 000 | |
| 1601 | 固定资产 | 借 | 470 000 | 20 000 | 100 000 | 550 000 | |
| 1602 | 累计折旧 | 贷 | 145 195.79 | 24 541.67 | 36 137.5 | 133 599.96 | |
| 1604 | 在建工程 | 借 | 324 848.02 | 100 000 | 15 000 | 239 848.02 | |
| 1605 | 工程物资 | 借 | 19 000 | 20 000 | 15 000 | 14 000 | |
| 2001 | 短期借款 | 贷 | 20 000 | 0 | 20 000 | 0 | |
| 2201 | 应付票据 | 贷 | 19 525 | 5 550 | 20 000 | 5 075 | |
| 2202 | 应付账款 | 贷 | 375 000.09 | 177 550 | 375 000 | 177 550.09 | 供应商往来辅助核算 |
| | ——天凡公司 | 贷 | 250 399.89 | 100 000 | 287 450 | 62 949.89 | 7 月 20 日赊购甲材料 |
| | ——浩丰公司 | 贷 | 124 600.20 | 40 000 | 50 000 | 114 600.20 | 7 月 15 日赊购乙材料 |
| 2203 | 预收账款 | 贷 | 20 475 | 8 000 | 10 000 | 18 475 | 客户往来，7 月 10 日预订空调 |
| | ——凌宇公司 | 贷 | 20 475 | 8 000 | 10 000 | 18 475 | |
| 2211 | 应付职工薪酬 | 贷 | 320 000 | 400 000 | 350 000 | 370 000 | |
| 221101 | 工资 | 贷 | 173 000 | 200 000 | 170 000 | 203 000 | 新增科目 |
| 221102 | 职工福利 | 贷 | 60 000 | 50 000 | 60 000 | 50 000 | 新增科目 |
| 221103 | 工会经费 | 贷 | 10 000 | 25 000 | 10 000 | 25 000 | 新增科目 |
| 221104 | 职工教育经费 | 贷 | 10 000 | 25 000 | 15 000 | 20 000 | 新增科目 |
| 221105 | 社会保险费 | 贷 | 21 000 | 40 000 | 60 000 | 1 000 | 新增科目 |
| 221106 | 住房公积金 | 贷 | 34 000 | 32 000 | 20 000 | 46 000 | 新增科目 |
| 221107 | 非货币性福利 | 贷 | 12 000 | 28 000 | 15 000 | 25 000 | 新增科目 |
| 2221 | 应交税费 | 贷 | 200 000 | 281 000 | 350 000 | 131 000 | |
| 222101 | 应交增值税 | 贷 | | | | | 新增科目 |

| 科目编码 | 科目名称 | 方向 | 期初余额 | 借方累计金额 | 贷方累计金额 | 年初金额 | 备注 |
|---|---|---|---|---|---|---|---|
| 22210101 | 进项税额 | 贷 | | | | | 新增科目 |
| 22210102 | 销项税额 | 贷 | | | | | 新增科目 |
| 22210103 | 未交增值税 | 贷 | 200 000 | 281 000 | 350 000 | 131 000 | 新增科目 |
| 222102 | 应交营业税 | 贷 | | | | | 新增科目 |
| 222103 | 应交城市维护建设税 | 贷 | | | | | 新增科目 |
| 222104 | 应交教育费附加 | 贷 | | | | | 新增科目 |
| 222105 | 应交企业所得税 | 贷 | | | | | 新增科目 |
| 2241 | 其他应付款 | 贷 | 12 000 | 31 000 | 10 000 | 33 000 | |
| 2501 | 长期借款 | 贷 | 230 000 | | 230 000 | 0 | |
| 4001 | 实收资本 | 贷 | 300 000 | 0 | 0 | 300 000 | |
| 400101 | 甲投资者 | 贷 | 150 000 | 0 | 0 | 150 000 | 明细科目 |
| 400102 | 乙投资者 | 贷 | 150 000 | 0 | 0 | 150 000 | 明细科目 |
| 4002 | 资本公积 | 贷 | 100 000 | 10 000 | 20 000 | 90 000 | |
| 400201 | 资本溢价 | 贷 | 100 000 | 10 000 | 20 000 | 90 000 | 新增科目 |
| 4101 | 盈余公积 | 贷 | | | | | |
| 410101 | 法定盈余公积 | 贷 | | | | | 新增科目 |
| 410102 | 任意盈余公积 | 贷 | | | | | 新增科目 |
| 4103 | 本年利润 | 贷 | | | | | |
| 4104 | 利润分配 | 贷 | 450 000 | 321 495.83 | 200 000 | 571 495.83 | |
| 410401 | 提取法定盈余公积 | 贷 | | | | | 新增科目 |
| 410402 | 提取任意盈余公积 | 贷 | | | | | 新增科目 |
| 410403 | 未分配利润 | 贷 | 450 000 | 321 495.83 | 200 000 | 571 495.83 | 新增科目 |
| 5001 | 生产成本 | 借 | | | | | |
| 500101 | 基本生产成本 | 借 | | | | | 新增科目 |
| 500102 | 辅助生产成本 | 借 | | | | | 新增科目 |
| 5101 | 制造费用 | 借 | | | | | |
| 6001 | 主营业务收入 | 贷 | | | | | 数量核算 |
| | | 贷 | | | | | 计量单位：台 |
| 600101 | A空调销售收入 | 贷 | | | | | 数量核算 |
| | | 贷 | | | | | 计量单位：台 |
| 600102 | B空调销售收入 | 贷 | | | | | 数量核算 |
| | | 贷 | | | | | 计量单位：台 |
| 6051 | 其他业务收入 | 贷 | | | | | |
| 6401 | 主营业务成本 | 借 | | | | | |

| 科目编码 | 科目名称 | 方向 | 期初余额 | 借方累计金额 | 贷方累计金额 | 年初金额 | 备注 |
|---|---|---|---|---|---|---|---|
| 640101 | A 空调 | 借 | | | | | 数量核算 |
| | | 借 | | | | | 计量单位：台 |
| 640102 | B 空调 | 借 | | | | | 数量核算 |
| | | 借 | | | | | 计量单位：台 |
| 6602 | 管理费用 | 借 | | | | | 部门辅助核算 |
| 660201 | 工资 | 借 | | | | | |
| 660202 | 福利费 | 借 | | | | | |
| 660203 | 工会经费 | 借 | | | | | |
| 660204 | 职工教育经费 | 借 | | | | | |
| 660205 | 社会保险费 | 借 | | | | | |
| 660206 | 住房公积金 | 借 | | | | | |
| 660207 | 办公费 | 借 | | | | | |
| 660208 | 水电费 | 借 | | | | | |
| 660209 | 差旅费 | 借 | | | | | |
| 660210 | 业务招待费 | 借 | | | | | |
| 660211 | 折旧费 | 借 | | | | | |
| 660212 | 无形资产摊销 | 借 | | | | | |
| 660213 | 聘请中介机构费 | 借 | | | | | |
| 660214 | 房产税 | 借 | | | | | |

表 3-9　客户分类与档案

| 编号 | 客户名称 | 简称 | 所属分类码 | 税号 | 银行账号 | 开户银行 |
|---|---|---|---|---|---|---|
| 0101 | 宇宙公司 | 宇宙 | 01 大型单位 | 320102136254586 | 802710041007081012 | 农行 |
| 0102 | 金球公司 | 金球 | 01 大型单位 | 320102148156726 | 812610041007091124 | 建行 |
| 0103 | 海风公司 | 海风 | 01 大型单位 | 320102148156726 | 701510041007081127 | 交行 |
| 0201 | 领航公司 | 领航 | 02 中小型企业 | 340102128454586 | 831525074285442315 | 农行 |
| 0202 | 凌宇公司 | 凌宇 | 02 中小型企业 | 323352136462486 | 805493325661234567 | 农行 |

表 3-10　供应商档案

| 供应商编号 | 供应商名称 | 简称 | 所属分类码 |
|---|---|---|---|
| 0101 | 强者钢铁厂 | 强者 | 01 主要材料供应商 |
| 0102 | 好运机械公司 | 好运 | 01 主要材料供应商 |
| 0201 | 天凡公司 | 天凡 | 02 辅助材料供应商 |
| 0202 | 浩丰公司 | 浩丰 | 02 辅助材料供应商 |

## （一）设置凭证类别

根据实际需求，现为ABC公司设置凭证类别，其具体操作如下。（🎬微课：光盘\微课视频\项目三\设置凭证类别.swf）

**STEP 1** 以"004"（账套主管甄实）账户登录账套，打开"期初档案录入"窗口，单击"凭证类别"按钮📄，打开"凭证类别预置"对话框，单击选中"收款凭证 付款凭证 转账凭证"单选项，单击 确定 按钮，如图3-17所示。

**STEP 2** 打开"凭证类别"对话框，在收款凭证对应的"限制类型"下拉列表框中选择"借方必有"选项，如图3-18所示。

图3-17 选择凭证分类方式

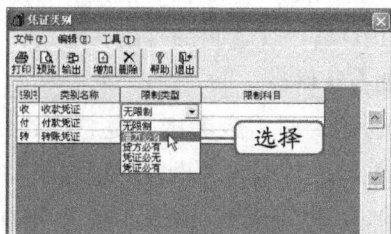

图3-18 设置凭证限制类型

**STEP 3** 双击收款凭证对应的"限制科目"文本框，单击右侧出现的🔍按钮，打开"科目参照"对话框，选择"1001 库存现金"选项，然后单击 确定 按钮，如图3-19所示。

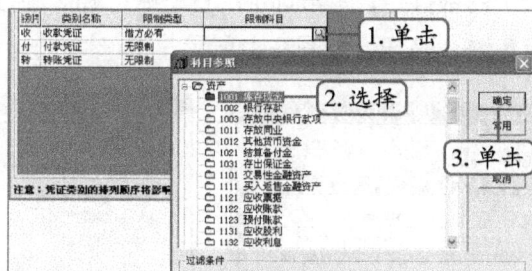

图3-19 设置限制科目

**STEP 4** 继续设置收款凭证的其余限制科目，按照相同的方式对付款凭证、转账凭证进行设置，最终的效果如图3-20所示。

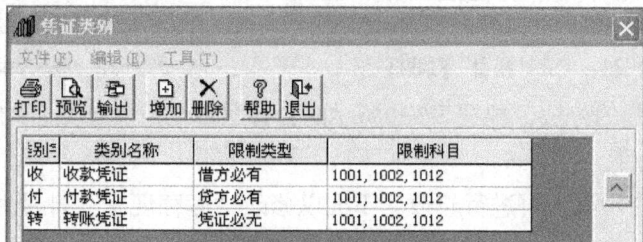

| 别号 | 类别名称 | 限制类型 | 限制科目 |
|---|---|---|---|
| 收 | 收款凭证 | 借方必有 | 1001, 1002, 1012 |
| 付 | 付款凭证 | 贷方必有 | 1001, 1002, 1012 |
| 转 | 转账凭证 | 凭证必无 | 1001, 1002, 1012 |

图3-20 完成设置凭证类别

对于限制类型来说，除了"无限制"，其他限制类型都需同时设置限制科目，否则系统会打开提示对话框，不能继续操作。

设置限制科目时，可以直接在文本框中输入会计科目的代码，如输入"1001,1002,1012"（科目编码用英文状态下的逗号分开）。在"科目参照"对话框中选择会计科目时，直接双击科目名称可选择该科目并退出该对话框。

### （二）设置会计科目

ABC公司适用2006年新会计准则，在采用准则规定的一级科目的基础上，根据企业的实际对管理费用等科目设置明细科目。

#### 1. 增加会计科目

增加会计科目时，应考虑其是总账科目还是明细科目，应根据其科目性质以及与上一级科目的关系等进行编码的设置。现以增加银行存款明细科目为例增加科目，其具体操作如下。（🎬微课：光盘\微课视频\项目三\增加会计科目.swf）

**STEP 1** 在"期初档案录入"窗口中单击"会计科目"按钮📄，打开"会计科目"对话框。单击📥增加按钮，如图3-21所示。

**STEP 2** 打开"会计科目_新增"对话框，在"科目编码"和"科目中文名称"文本框中分别输入"100201"和"工商银行"，单击选中"日记账"和"银行账"复选框，其他项目保持默认状态，然后单击 确定 按钮，如图3-22所示。

图3-21 "会计科目"对话框

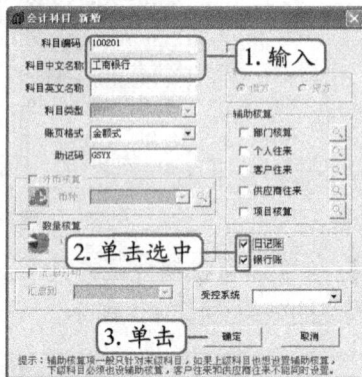

图3-22 增加会计科目

**STEP 3** 按照相同的方法，根据表3-8所示的会计科目信息增加其余的会计科目。

#### 2. 修改会计科目

会计科目没有使用前，可进行修改。下面以修改"库存现金"科目为例，其具体操作如下。（🎬微课：光盘\微课视频\项目三\修改会计科目.swf）

**STEP 1** 在"期初档案录入"窗口中单击"会计科目"按钮📄，打开"会计科目"对话框，选择"1001库存现金"选项，单击🖊按钮，打开"会计科目_修改"对话框。

**STEP 2** 单击 修改 按钮，然后单击选中"日记账"复选框，单击 确定 按钮完成修改，如图3-23所示。

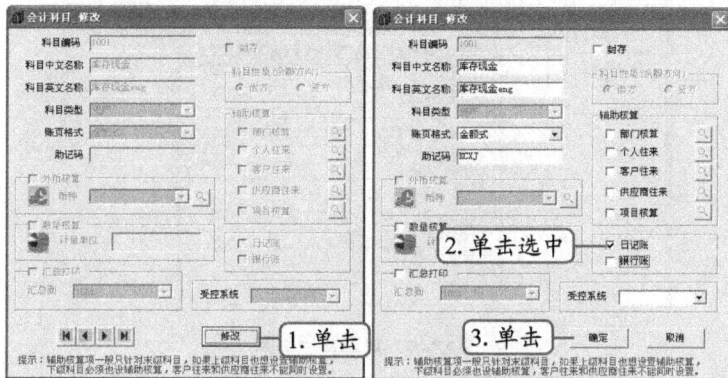

图3-23　修改会计科目

**STEP 3**　按照相同的方法，将应收账款和其他应收款等科目相应修改为辅助核算的"客户往来"和"个人往来"。

### （三）设置客户分类和客户档案

在实务中，为了有效管理客户信息，可按行业、地区等对客户进行划分。在分类的基础上，收集客户的档案资料，例如客户名称、银行账号、税务登记证号、付款条件、信用等级等。现根据ABC公司的业务往来，设置客户分类和档案，其具体操作如下。（🎬微课：光盘\微课视频\项目三\设置客户分类和客户档案.swf）

**STEP 1**　打开"期初档案录入"窗口，单击"客户分类"按钮。打开"客户分类"窗口。

**STEP 2**　在"类别编码"和"类别名称"文本框中分别输入"01"和"大型单位"，单击🖫按钮，如图3-24所示。

**STEP 3**　按照相同的方法设置其他客户分类，最终的效果如图3-25所示。

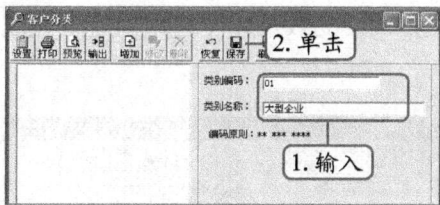

图3-24　增加客户分类

图3-25　完成设置客户分类

**STEP 4**　在"期初档案录入"窗口中单击"客户档案"按钮。打开"客户档案"窗口。

**STEP 5**　在左侧列表中选择"01大型企业"选项，单击🖫按钮，打开"客户档案卡片"对话框。在"基本"选项卡的"客户编号"、"客户名称"、"客户简称"、"税号"、"开户银行"和"银行账号"中分别输入"0101"、"宇宙公司"、"宇宙"、"320102136254586"、"农行"和"802710041007081012"，然后单击🖫按钮，如图3-26所示。

**STEP 6**　按照相同的方法，设置其他类别客户的档案，最终效果如图3-27所示。

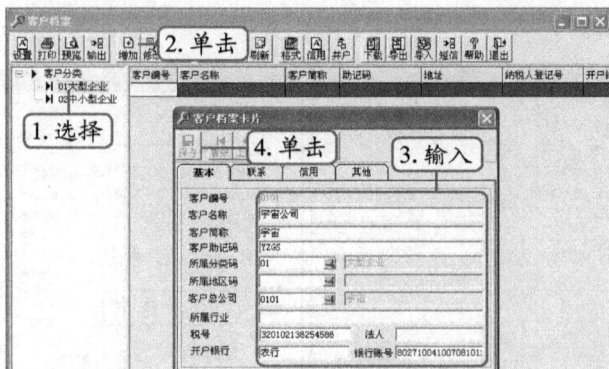

图3-26 设置客户档案

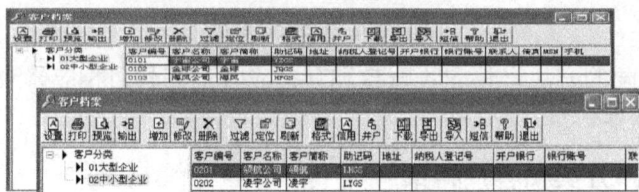

图3-27 完成设置客户档案

## （四）设置供应商分类和供应商档案

原材料的及时供应是企业生产的必要保证，因此加强与原材料供应商的信息沟通，建立供应商档案显得尤为重要。现根据ABC公司的原材料来源，对供应商类别和档案进行设置，其具体操作如下。（ 微课：光盘\微课视频\项目三\设置供应商分类和供应商档案.swf）

**STEP 1** 打开"期初档案录入"窗口，单击"供应商分类"按钮 。打开"供应商分类"窗口。在"类别编码"和"类别名称"中分别输入"01""主要材料供应商"，单击 按钮，如图3-28所示。

**STEP 2** 按照相同的方法设置其他供应商分类，最终的效果如图3-29所示，完成后关闭该窗口。

图3-28 增加供应商分类

图3-29 完成设置供应商分类

**STEP 3** 在"期初档案录入"窗口中单击"供应商档案"按钮 ，打开"供应商档案"对话框。

**STEP 4** 在左侧列表中选择"01主要材料供应商"选项，单击 按钮，打开"供应商档案卡片"对话框。在"基本"选项卡的"供应商编号""供应商名称"和"供应商简称"中分别输入"0101""强者钢铁厂"和"强者"，然后单击 按钮，如图3-30所示。

**STEP 5** 按照相同的方法，设置其他类别供应商的档案，最终效果如图3-31所示。

图3-30 设置供应商档案

图3-31 完成设置供应商档案

### （五）录入期初余额

ABC公司2014年8月才开始使用账务系统，属于年中建账，因此在设置期初余额时，应录入8月初的期初余额以及1~7月的借、贷方累计发生额，系统将自动推算出年初余额。如果在年初（1月）建账，则无需录入借方、贷方累计发生额，直接录入的期初余额即为年初余额。

根据"表3-8 会计科目信息"，下面录入ABC公司的期初余额，其具体操作如下（以库存现金、银行存款和应收账款为例）。（微课：光盘\微课视频\项目三\录入期初余额.swf）

**STEP 1** 在用友T3主界面中选择【总账】/【设置】/【期初余额】菜单命令，打开"期初余额录入"窗口。

**STEP 2** 分别双击库存现金"累计借方""累计贷方"和"期初余额"对应的单元格，然后分别输入"20 000""15 000"和"10 000"，系统将自动计算年初余额。

**STEP 3** 按照上面的方法，分别输入银行存款明细科目"工商银行"和"中国银行"的"累计借方""累计贷方"和"期初余额"，如图3-32所示。

图3-32 录入库存现金和银行存款的期初余额

**STEP 4** 双击应收账款"期初余额"对应的单元格，打开"客户往来期初"窗口。单击增加按钮，双击"日期"对应单元格，单击右侧出现的按钮。打开"日历"对话框，选择"七月，2014年，22（日）"。然后在"客户""摘要"和"金额"对应的单元格中输入相应内容，如图3-33所示。

**STEP 5** 单击 增加 按钮可输入其他应收账款的具体内容，单击 退出 按钮后退出"客户往来期初"窗口，如图3-34所示。

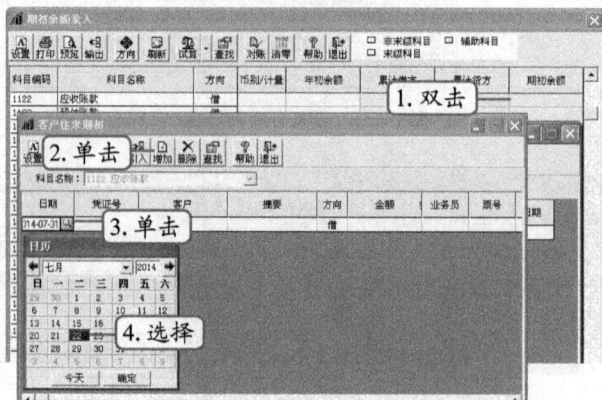

图3-33 录入应收账款期初金额

图3-34 完成设置应收账款辅助核算信息

**STEP 6** 打开"期初余额录入"对话框，双击应收账款"累计借方"和"累计贷方"对应的单元格，分别输入"150 000"和"30 000"。

**STEP 7** 按照相同的方法录入全部科目的期初余额后，单击 试算 按钮右侧的·按钮，选择"期初试算平衡"命令，打开"期初试算平衡表"对话框，单击 确认(Q) 按钮，如图3-35所示。

**STEP 8** 单击 试算 按钮右侧的·按钮，选择"年初试算平衡"命令，打开"年初试算平衡表"对话框，单击 确认(Q) 按钮，如图3-36所示。

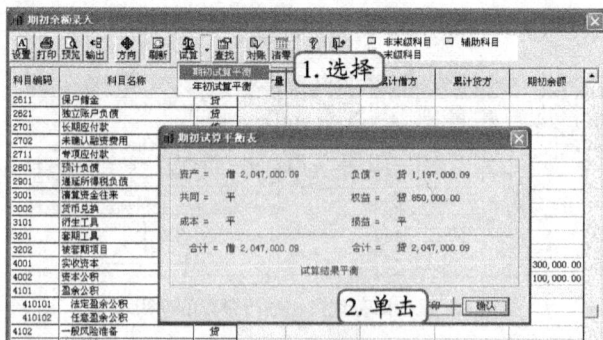

图3-35 进行期初试算平衡

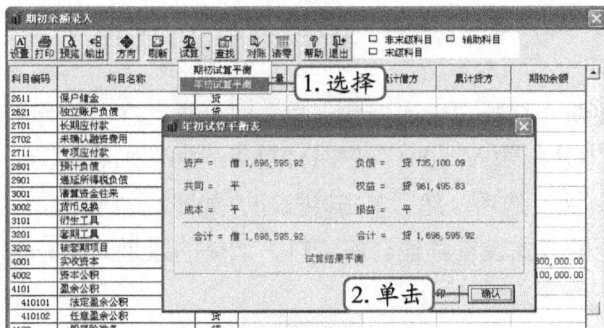

图3-36 进行年初试算平衡

# 任务三 初始化ABC公司的购销存资料

企业主要的流动资产，保持合理的存货可提高企业资金的周转效率，减少库存成本。对存货的管理体现在用友T3中，就是要根据购销存的流程，让存货的来龙去脉都能得到体现。

## 一、任务目标

本任务将根据ABC公司的会计科目期初余额，对存货（原材料、库存商品等）的期初数据进行设置。通过本任务的学习，可了解物资采购流程，掌握仓库档案、付款条件、银行账户等信息的录入方法，以及往来期初余额和存货期初数据的设置方法。

## 二、相关知识

### （一）采购物资的流程

不同企业的采购流程有所不同，一般来说，主要有签订采购意向合同、下达订单、采购入库和采购结算等环节。

### （二）企业的信用政策

为了合理管控应收账款，减少坏账损失，企业应根据实际情况制定科学合理的应收账款信用政策。具体来说，企业的信用政策包括3个方面：信用标准、信用条件和收账政策，其中，信用标准是客户获得企业商业信用所应具备的最低条件，通常以预期的坏账损失率作为判别标准；信用条件是指卖方要求买方支付货款的条件，由信用期间、折扣期限和现金折扣3个要素组成；收账政策是指信用条件被违反时，企业采取的收账策略。

## 三、任务实施

【案例3】企业购入的存货需要相应的存放位置，以保证快速、准确地入库、出库，减少丢失、毁损等损失。ABC公司有两个仓库：001，原材料库；002，产成品库。

### （一）设置仓库档案

根据表3-6的资料信息，下面为ABC公司建立仓库档案，其具体操作如下。（◉微课：光盘\微课视频\项目三\设置仓库档案和货位档案.swf）

**STEP 1** 使用"004"账户登录,打开"期初档案录入"窗口,单击"仓库档案"按钮 📖,打开"仓库档案"窗口。

**STEP 2** 单击 增加 按钮,打开"仓库档案卡片"对话框,在"仓库编码""仓库名称"和"所属部门"文本框中分别输入"001""原材料库"和"采购部",在"计价方式"下拉列表框中选择"计划价法"选项,然后单击 保存 按钮,如图3-37所示。

**STEP 3** 按照相同的方式设置其他仓库资料,最终的效果如图3-38所示,完成后关闭窗口即可。

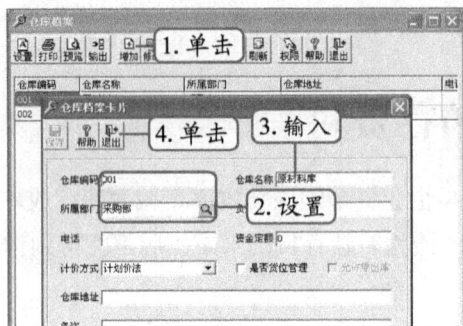

图3-37 设置仓库档案

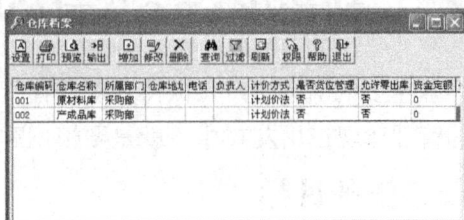

图3-38 完成设置仓库档案

### (二)设置付款条件

付款条件即现金折扣,是指企业为了鼓励客户尽早支付货款而承诺在一定期限内给予的价格优惠。供应商给予ABC公司的折扣条件是"2/10,1/20,n/30",其含义是:10天内付款,可给予2%的折扣,即支付原价98%的货款;20天内付款,可得到1%的折扣;30天内付款,则全额支付。

现为ABC公司设置付款条件(编码为01),其具体操作如下。( 🎬微课:光盘\微课视频\项目三\设置付款条件.swf)

**STEP 1** 使用"004"账户登录,打开"期初档案录入"窗口,单击"付款条件"按钮,打开"付款条件"窗口。

**STEP 2** 在"付款条件编码""信用天数""优惠天数1""优惠率1""优惠天数2""优惠率2""优惠天数3"和"优惠率3"中分别输入"01""30""10""2""20""1""30"和"0",单击 增加 按钮后,系统将在"付款条件表示"中显示设置结果,如图3-39所示。

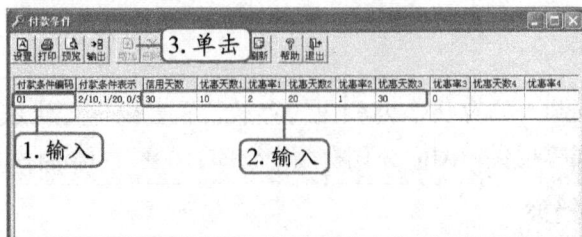

图3-39 设置付款条件

## （三）设置银行账户

根据"表3-8　会计科目信息"，ABC公司有两个银行账户：工商银行（编号：01，账号：1020000100000000001）和中国银行（编号：02，账号：1040000100000000001）。下面设置银行账户，其具体操作如下。（🎬微课：光盘\微课视频\项目三\设置银行账户.swf）

**STEP 1**　使用"004"账户登录，在"期初档案录入"窗口中单击"开户银行"按钮🖼，打开"开户银行"窗口。

**STEP 2**　在"编号""开户银行"和"银行账号"中分别输入"01""工商银行"和"1020000100000000001"。单击🖼按钮，继续输入中国银行的资料，最终效果如图3-40所示。

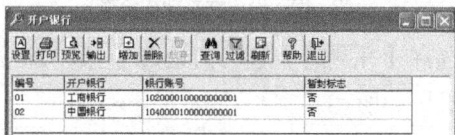

图3-40　设置银行账户

## （四）录入往来期初余额并期初记账

根据"表3-8　会计科目信息"，ABC公司分别欠付天凡公司250 399.89元材料款（发票号：072001，部门：采购部，采购类型：普通采购，业务员：严光荣，数量：2 140.17公斤）、浩丰公司124 600.20元材料款（发票号：071501，部门：采购部，采购类型：普通采购，业务员：司徒平，数量：1 521.37.17公斤），在购买材料时均取得增值税专用发票。其具体操作如下。（🎬微课：光盘\微课视频\项目三\录入往来期初余额并期初记账.swf）

**STEP 1**　使用"004"账户登录，在T3主界面中选择【采购】/【采购发票】菜单命令，打开"采购发票"窗口，单击🖼按钮右侧的-按钮，选择"专用发票"命令，录入期初采购专用发票，如图3-41所示。

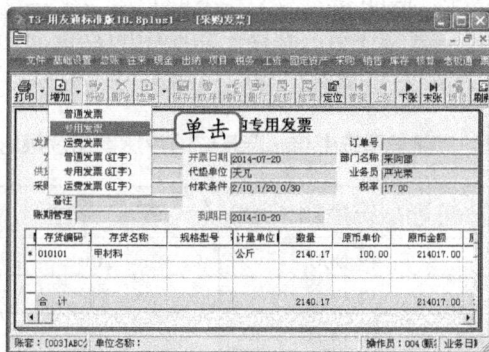

图3-41　选择菜单命令

**STEP 2**　在"发票号"文本框中输入"072001"、在"开票日期"文本框中输入"2014-07-20"、在"部门名称"文本框中输入"采购部"、在"供货单位"文本框中输入"天凡"、在"付款条件"文本框中输入"2/10，1/20，0/30"，在"到期日"文本框中输入"2014-10-15"，在"存货编码""数量""本币单价"中分别输入"010101""2 140.17""100"，在然

后单击 增加 按钮输入与浩丰公司的往来数据，如图3-42所示。

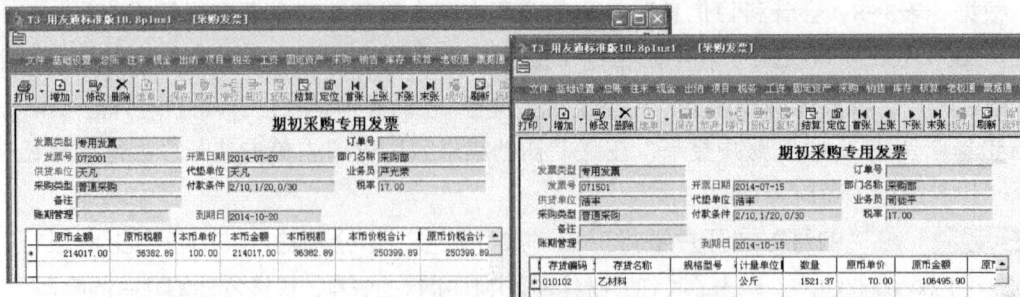

图3-42　设置往来期初金额

**STEP 3** 在T3主界面中选择【采购】/【期初记账】菜单命令，打开"期初记账"对话框，单击 记账 按钮，如图3-43所示。

**STEP 4** 此时系统将自动进行记账，记账成功后将打开提示对话框，单击 确定 按钮退出即可，如图3-44所示。

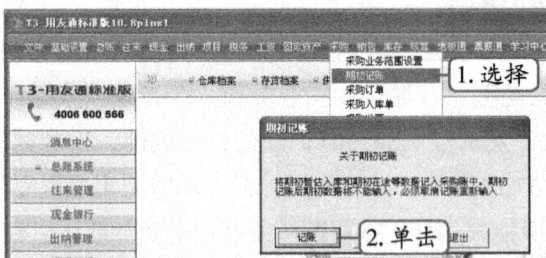

图3-43　进行期初记账　　　　　图3-44　完成期初记账

### （五）录入存货期初数据并记账

在录入存货（原材料、库存商品等）的期初余额后，为了在存货模块反映其变动，还需录入存货期初数据。根据表3-6和表3-8，库存子系统中的存货期初库存数据应与总账系统的存货期初余额一致，两个系统的对应关系如表3-11所示。

表3-11　库存子系统中与总账系统的存货期初余额对应关系

| 存货种类 | | 总账系统金额（元） | 单价（元） | 库存系统数量 |
|---|---|---|---|---|
| 原材料 | 甲材料 | 49 000 | 100 | 490 |
| | 乙材料 | 21 000 | 70 | 300 |
| | 丙材料 | 10 000 | 50 | 200 |
| | 丁材料 | 6 000 | 25 | 240 |
| 库存商品 | A空调 | 450 000 | 2 500 | 180 |
| | B空调 | 350 000 | 3 500 | 100 |

其具体操作如下。（🎬微课：光盘\微课视频\项目三\录入存货期初数据并记账.swf）

**STEP 1** 使用"004"账户登录，在T3主界面中选择【库存】/【期初数据】/【库存期初】菜单命令，打开"期初余额"窗口。在"仓库"下列列表框中选择"001 原材料库"选项，在"存货大类"文本框中输入"原材料"，如图3-45所示。

图3-45 录入存货期初数据

**STEP 2** 单击 增加 按钮，在甲材料、乙材料、丙材料、丁材料对应的"数量"单元格分别输入"490""300""200"和"240"，然后按照相同的方法输入产成品库的期初余额。单击 保存 按钮，打开"期初余额"提示对话框后。单击 确定 按钮，然后单击 按钮，在打开的"期初记账"对话框中单击 确定 按钮完成对账，如图3-46所示。（效果参见：光盘\效果\ABC公司账套\项目三\UfErpActLst）

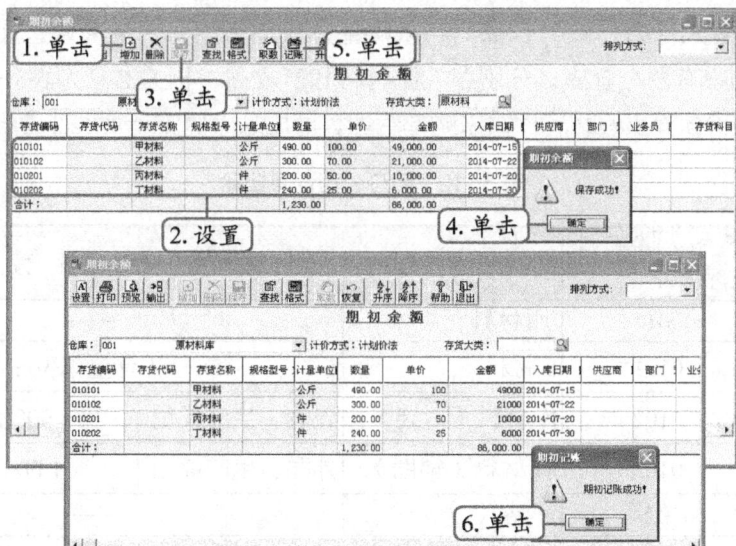

图3-46 完成存货期初对账

# 实训一 新增会计科目

【案例4】2013年8月10日，甲舟公司与仁艾公司签订了一项经营租赁合同，约定自2013年9月1日起，甲舟公司以年租金30万元出租一栋房产给仁艾公司使用。由于该房产所在区域有活跃的房地产交易市场，能够从交易市场取得同类房地产的市场报价，因此甲舟公司决定采用公允价值模式对该房产进行后续计量。因此，需新增投资性房地产的明细科目——成本（200万元）和公允价值变动（5万元）。

**【实训要求】**

要求按照企业的实际情况，增加相应的会计科目，并设置对应科目的期初余额。

**【实训思路】**

对于有明细科目的一级科目，应该先增加明细科目后才输入一级科目的金额，如果先输入了一级科目的金额，则不允许增加其下一级科目否则将产生数据错误。

**【步骤提示】**

**STEP 1** 在"会计科目"对话框中新增投资性房地产的下级科目——成本和公允价值变动。（素材参见：光盘\素材\甲舟有限公司账套\项目三\UfErpAct.Lst）

**STEP 2** 在"期初余额录入"对话框中输入投资性房地产的期初余额。

# 实训二　新增业务往来客户

> **【案例5】**2013年8月5日，甲舟公司从供应商处——良宇有限公司（简称良宇）处购入原材料一批（N材料、M材料各100吨，共15万元），暂未付款。开票时间：2013.08.05，发票号为130801，部门：采购部，采购类型：普通采购，业务员：严光荣。甲舟公司设有两个仓库，分别存放原材料和产成品，相关信息如表3-12和表3-13所示（按计划价核算，原材料库由采购部管理，产成品库由资产管理部管理）。

表3-12　甲舟公司仓库档案

| 仓库编码 | 仓库名称 | 产品/材料编码 | 产品/材料名称 | 存货属性 | 计划价（元/吨、元/台） |
|---|---|---|---|---|---|
| 01 | 原材料库 | 01 | 原材料 | | —— |
| | | 0101 | L材料 | | ——（计量单位：吨） |
| | | 0102 | N材料（主要） | 外购、生产耗用 | 500元/吨 |
| | | 0103 | M材料（辅助） | 外购、生产耗用 | 1 000元/吨 |
| 02 | 产成品库 | 02 | 产品 | | —— |
| | | 0201 | A设备 | 自制、销售 | 成本4 000 |
| | | 0202 | B设备 | 自制、销售 | 成本3 000 |

注：在实际销售时，A设备按7 800元/台，B设备按6 400元/台。

表3-13　库存子系统的存货期初余额

| 存货种类 | | 金额（元） | 单价（元） | 库存系统数量 |
|---|---|---|---|---|
| 原材料 | N材料 | 50 000 | 500 | 100 |
| | M材料 | 100 000 | 1 000 | 100 |
| 库存商品 | A设备 | 400 000 | 4 000 | 100 |
| | B设备 | 210 000 | 3 000 | 70 |

【实训要求】

按发生的业务增加客户，录入期初往来余额。

【实训思路】

当客户、供应商、银行账户和项目等内容需要增加时，应先进行设置，然后才能录入发票和编制会计凭证，这些基础信息是必须设置的。因此，对于此例应先增加新客户，然后录入往来期初金额。

【步骤提示】

**STEP 1** 先增加供应商类别"01 主要材料供应商"，然后录入良宇公司的档案信息（编号：0101，全称：良宇有限公司，简称：良宇）。

**STEP 2** 打开"采购发票"对话框，按照案例信息录入期初采购专用发票。然后对采购系统进行期初对账，再按照表3-13录入库存期初余额，并对库存系统期初记账。

# 常见疑难解析

**问：录入期初余额时，有什么需要注意的事项呢？**

答：首先要明确，这里的"期初余额"是会计科目的"期初余额"，因此会计科目没有确定或设置好前，不要轻易设置期初余额。其次，"期初余额录入"对话框中将科目按黄色、蓝色和白色进行标识，"科目编码"和"科目名称"是不能更改的，"币别/计量"和"年初余额"无法录入数据。显示为黄色的一行为非末级科目，其金额在输入下一级科目金额后直接得出；显示为蓝色的为辅助科目，需要通过双击"期初余额"等操作才能得出其期初余额。如果要修改科目的"方向"，需单击 方向 按钮进行设置。最后，设置完期初余额后，一定要进行试算平衡，否则不能结账。

**问：存货系统是否结账对月末总账系统结账有无影响？**

答：有，与总账系统紧密相关的子系统有固定资产系统、存货系统、工资系统，如果这些子系统没有先结账，总账系统是无法结账的，这些系统之间的关系如图3-47所示。总账系统位于"金字塔"的最顶端，只有同时使用的其他子系统按照由下往上的顺序结账，才能最终完成结账程序。当然，在结账时，系统会提示哪些子系统未结账或结账不成功。

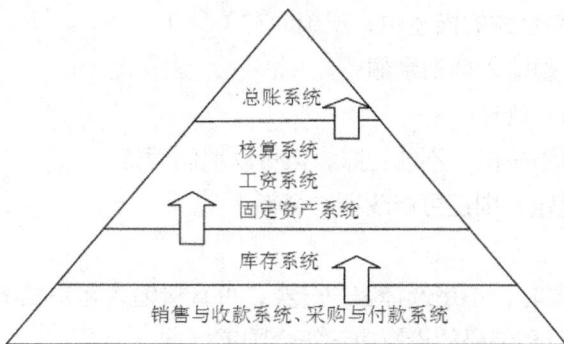

图3-47 总账系统与各子系统的关系图

# 拓展知识

### 1. 明细账权限设置

明细科目的查询权限可以设置为补充查询和打印明细账权限，如只允许某个操作员查询明细科目。具体操作方法是在总账系统中选择【设置】/【明细账权限】菜单命令，在打开的"明细权限设置"对话框中进行设置即可。

### 2. 初始数据对账

进行期初设置时，可能会发生一些不经意的修改，导致总账与辅助总账、总账与明细账核对有误。系统提供对期初余额进行对账的功能，可以及时做到账账核对，并可尽快修正错误的账务数据。操作方法是：在"期初余额录入"对话框中单击 [🔳] 按钮，打开"期初对账"对话框后，单击 [开始] 按钮即可开始对账。如果对账后发现有错误，可单击 [显示对账错误] 按钮，系统将把对账中发现的问题列示出来。

# 课后练习

### 1. 单选题

（1）会计电算化软件对于正在输入的（    ）借方科目不是"现金"或"银行存款"科目的，应予以提示并拒绝。

A. 付款凭证 　　　　　　　　　　　B. 收款凭证

C. 转账凭证 　　　　　　　　　　　D. 现金凭证

（2）会计电算化软件在会计数据输入是不会出现提示并拒绝执行的是（    ）。

A. 记账凭证摘要输入错误 　　　　　B. 输入凭证的借贷不平衡

C. 输入凭证只有借方科目 　　　　　D. 输入付款凭证没有"现金"或"银行存款"科目

### 2. 多选题

（1）下列关于会计科目编码的描述中，正确的是（    ）。

A. 会计科目编码必须采用全编码 　　　　B. 一级会计科目编码由财政部统一规定

C. 设计会计科目编码应从明细科目开始 　D. 科目编码可以不用设定

（2）下列关于期初余额的描述中，正确的有（    ）。

A. 所有科目都必须输入期初余额

B. 红字余额应输入负号

C. 期初余额试算不平衡，不能记账，但可以填制凭证

D. 如果已经记过账，则还可修改期初余额

### 3. 判断题

（1）输入客户档案时，不用选择客户分类，可直接输入客户档案。　　　　　　（    ）

（2）一级会计科目和编码的设置应该符合国家标准。　　　　　　　　　　　　（    ）

4. 操作题

（1）为了监督财务核算和业务处理，甲舟公司于2013年9月1日新设立审计部，该部门有专职人员3名，分别是：沈计（部长）、严慎（审计员）和仲希（审计员）。至此，甲舟公司各部门建制完备，各部门的信息如表3-14所示。

表3-14　甲舟公司部门及人员信息

| 部门编码 | 部门名称 | 部门属性 | 人员 |
|---|---|---|---|
| 1 | 办公室 | 管理、协调 | 00101 傅斌（管理人员） |
| 2 | 人力部 | 人事安排 | 00201 辛明宇（管理人员） |
| 3 | 财务部 | 财务 | 00301 周浩、00302 吴海、00303 李仪（都为管理人员） |
| 4 | 采购部 | 采购 | 00401 郝楠、00402 严光荣（都为管理人员） |
| 5 | 生产一部 | 基本生产 | 00501 林晨、00502 任刚、00503 李明朝、00504 吴钢（都为生产人员） |
| 6 | 销售部 | 销售 | 00601 兰依玲、00602 陈芳好（都为管理人员） |
| 7 | 生产二部 | 基本生产 | 00701 程度、00702 张强（都为生产人员） |
| 8 | 资产管理部 | 管理资产 | 00801 方琳、00802 林志浩（都为管理人员） |
| 9 | 审计部 | 监督、审查 | 00901 沈计、00902 严慎、00903 仲希（都为管理人员） |

（2）为了保证货币资金的安全和提高其使用效率，甲舟公司将库存现金（1001）指定为现金总账科目，将银行存款（1002）和其他货币资金（1012）分别指定为银行转账科目。

（3）2013年8月25日，甲舟公司财务部周浩借支差旅费5 000元，通过"其他应收款"核算。请将该科目设置为辅助核算科目，并输入期初金额，然后设置与ABC公司相同的会计凭证类别（参见表3-7），再按照表3-15为该公司增加会计科目，并录入其他期初数据。（只列出需增加明细科目或有金额的主要科目，其他科目根据系统默认科目）

表3-15　甲舟公司期初余额表

| 科目编码 | 科目名称 | 方向 | 期初余额 | 备注 |
|---|---|---|---|---|
| 1001 | 库存现金 | 借 | 100 000 | |
| 1002 | 银行存款 | 借 | 1 100 000 | |
| 100201 | 工商银行 | 借 | 1 000 000 | |
| 100202 | 农业银行 | 借 | 0 | |
| 100203 | 中国银行 | 借 | 100 000 | |

| 科目编码 | 科目名称 | 方向 | 期初余额 | 备注 |
|---|---|---|---|---|
| 1122 | 应收账款 | 借 | 793 260 | 客户往来辅助核算 |
| | 天涯公司 | 借 | 182 520 | 8月1日赊销20台A设备 |
| | 来仪公司 | 借 | 273 780 | 8月3日赊销30台A设备 |
| | 浩淼公司 | 借 | 112 320 | 8月3日赊销15台B设备 |
| | 化强公司 | 借 | 112 320 | 8月4日赊销15台B设备 |
| | 山川公司 | 借 | 112 320 | 8月14日赊销15台B设备 |
| 1221 | 其他应收款 | 借 | 25 000 | 个人辅助核算 |
| | 财务部周浩 | | 5 000 | 8月25日差旅费借支款 |
| | 人力部辛明宇 | | 20 000 | 8月28日培训费借支款 |
| 1403 | 原材料 | 借 | 150 000 | |
| 140301 | N材料 | 借 | 50 000 | |
| 140302 | M材料 | 借 | 100 000 | |
| 1404 | 材料成本差异 | 借 | | |
| 140401 | N材料 | 借 | | |
| 140402 | M材料 | 借 | | |
| 1405 | 库存商品 | 借 | 61 0000 | |
| | | 借 | 170 | 台 |
| 140501 | A设备 | 借 | 400 000 | |
| | | 借 | 100 | 台 |
| 140502 | B设备 | 借 | 210 000 | |
| | | 借 | 70 | 台 |
| 1521 | 投资性房地产 | 借 | 2 050 000 | |
| 152101 | 成本 | 借 | 2 000 000 | |
| 152102 | 公允价值变动 | 借 | 50 000 | |
| 1601 | 固定资产 | 借 | 8 050 000 | |
| 1602 | 累计折旧 | 贷 | 1 183 350 | |
| 2001 | 短期借款 | 贷 | 200 000 | |
| 2202 | 应付账款 | 贷 | 191 000 | 供应商往来 |
| | ——良宇 | | 19 100 | 8月15日赊购材料款 |
| 2211 | 应付职工薪酬 | 贷 | 412 500 | |
| 221101 | 工资 | 贷 | 300 000 | |
| 221102 | 福利费 | 贷 | 42 000 | |
| 221103 | 工会经费 | 贷 | 6 000 | |
| 221104 | 职工教育经费 | 贷 | 4 500 | |
| 221105 | 社会保险 | 贷 | 60 000 | |
| 2221 | 应交税费 | 贷 | 135 020 | |

| 科目编码 | 科目名称 | 方向 | 期初余额 | 备注 |
|---|---|---|---|---|
| 222101 | 应交增值税 | 贷 | 119 000 | |
| 22210101 | 进项税额 | 贷 | 0 | |
| 22210102 | 销项税额 | 贷 | 0 | |
| 22210103 | 未交增值税 | 贷 | 119 000 | |
| 222102 | 应交营业税 | 贷 | 1 250 | |
| 222103 | 应交城市维护建设税 | 贷 | 8 417.5 | |
| 222104 | 应交教育费附加 | 贷 | 3 607.5 | |
| 222105 | 应交企业所得税 | 贷 | 0 | |
| 222106 | 应交个人所得税 | 贷 | 2 745 | |
| 2501 | 长期借款 | 贷 | 5 000 000 | |
| 4001 | 实收资本 | 贷 | 2 000 000 | |
| 400101 | 浩月公司 | 贷 | 1 000 000 | |
| 400102 | 顶坚公司 | 贷 | 1 000 000 | |
| 400103 | 方兴公司 | 贷 | 0 | |
| 4002 | 资本公积 | 贷 | 0 | |
| 400201 | 资本溢价 | 贷 | 0 | |
| 4101 | 盈余公积 | 贷 | 700 000 | |
| 410101 | 法定盈余公积 | 贷 | 700 000 | |
| 410102 | 任意盈余公积 | 贷 | 0 | |
| 4103 | 本年利润 | 贷 | 0 | |
| 4104 | 利润分配 | 贷 | 3 228 290 | |
| 410401 | 未分配利润 | 贷 | 3 228 290 | |
| 410402 | 提取法定盈余公积 | 贷 | 0 | |
| 410403 | 提取任意盈余公积 | 贷 | 0 | |
| 5001 | 生产成本 | 借 | 0 | |
| 500101 | 基本生产成本 | 借 | 0 | |
| 50010101 | A 设备 | 借 | 0 | |
| 50010102 | B 设备 | 借 | 0 | |
| 500102 | 辅助生产成本 | 借 | 0 | |
| 50010201 | A 设备 | 借 | 0 | |
| 50010202 | B 设备 | 借 | 0 | |
| 5101 | 制造费用 | 借 | 0 | |
| 510101 | A 设备 | 借 | 0 | |
| 510102 | B 设备 | 借 | 0 | |
| 6001 | 主营业务收入 | 贷 | 0 | |
| 600101 | A 设备 | 贷 | 0 | |

| 科目编码 | 科目名称 | 方向 | 期初余额 | 备注 |
|---|---|---|---|---|
| 600101 | | 贷 | 0 | 台 |
| 600102 | B 设备 | 贷 | 0 | |
| 600102 | | 贷 | 0 | 台 |
| 6401 | 主营业务成本 | 借 | 0 | |
| 640101 | A 设备 | 借 | 0 | |
| | | | 0 | 台 |
| 640102 | B 设备 | 借 | 0 | |
| | | | 0 | 台 |
| 6602 | 管理费用 | 借 | 0 | |
| 660201 | 工资 | 借 | 0 | |
| 660202 | 福利费 | 借 | 0 | |
| 660203 | 工会经费 | 借 | 0 | |
| 660204 | 职工教育经费 | 借 | 0 | |
| 660205 | 社会保险 | 借 | 0 | |
| 660206 | 折旧费 | 借 | 0 | |

（4）甲舟公司的供应商为扩大新产品销售，特给予甲舟公司优惠政策，具体是：10天内付款给予5%的折扣，20天内付款给予2%的折扣，30天内付款无折扣。请在用友T3中反映这项优惠政策。（编码：01）

（5）为了便于结算，甲舟公司目前办理了三个银行账号，具体银行账户信息为：工商银行（编号：01，账号：1100000100000000001）、农业银行（编号：02，账号：1100000100000000002）和中国银行（编号：03，账号：1100000100000000003）。结算方式有：现金（编码：1）、支票（编码：2）、现金支票（编码：201）、转账支票（编码：202）、汇票（编码：3）、银行承兑汇票（编码：301）、商业承兑汇票（编码：302）、其他（编码：4）。（以上结算方式均不进行票据管理）

（6）根据表3-16所示的信息，为甲舟公司录入客户档案。（效果参见：光盘\效果\甲舟有限公司账套\项目三\UfErpAct.Lst）

表 3-16  甲舟公司客户档案

| 客户分类 | 编号 | 名称 | 纳税人登记号 | 开户银行 | 开户账号 |
|---|---|---|---|---|---|
| 01 市区 | 0101 | 天涯公司 | 334521831556496 | 交行 | 8035240410054961012 |
| | 0102 | 来仪公司 | 334521831124563 | 农行 | 8035241526301520455 |
| | 0103 | 浩淼公司 | 334521831158941 | 建行 | 8035244541024210125 |
| 02 乡镇 | 0201 | 化强公司 | 334521831986235 | 招行 | 8035212346595961011 |
| | 0202 | 山川公司 | 334521831874562 | 中行 | 8035241957862610125 |

# PART 4

# 项目四
# 筹集资金

## 情景导入

阿秀：小白，你了解创业吗？

小白：了解得不多，不过我知道创业要有资金才行。

阿秀：嗯，是的，有一定的资金才能购买所需的设备和招聘人员等，才能让企业运转起来。

小白：除了自己的钱，企业资金还可以从哪里取得呢？

阿秀：途径还是挺多的，例如，从银行贷款、找投资人等。不过，在选择筹资手段时，要考虑企业的实力和业务发展阶段，如果没有足够的收入来源，企业就无法偿还到期应付的银行利息，那时将会影响企业的信用。

小白：哦，没想到筹集资金还有这么多讲究，那我得认真学习，没准以后用得上呢。

## 学习目标

- 了解投资的主要方式
- 熟悉所有者权益的构成
- 熟悉原始凭证的种类
- 掌握负债的构成

## 技能目标

- 掌握会计凭证的填制
- 掌握会计凭证的审核
- 掌握借款利息的计算

## 任务一 收到投资者投资

企业的创立、生存和发展，都必须以一次次的投资行为为前提。例如，在企业创业阶段，企业购建流动资产和长期资产，形成生产条件和生产能力。这些投资为企业做大做强打下基础，有助于企业根据市场需求确立或调整企业的经营方向，形成企业的生产经营能力。同样，接受投资者投资可获得更多的资金投入生产；与投资者共担风险和共享收益，是一种借力发展的有效手段。

### 一、任务目标

本任务主要是了解所有者权益类科目和掌握会计凭证的填制等，通过本任务的学习，熟悉筹资相关的会计核算，了解银行借款利息的计算。

### 二、相关知识

#### （一）投资的主要方式

我国《中华人民共和国公司法》规定，投资者可以以货币出资，也可以以实物、知识产权、土地使用权等经货币估价并可以依法转让的非货币财产出资，但是法律、行政法规规定不得作为出资的财产除外。企业接受现金资产投资时，一般通过"实收资本"科目进行核算，借记"银行存款"等科目（实际收到的金额），贷记"实收资本"科目（按投资合同或协议约定的投资者在企业注册资本中所占份额），按差额借记或贷记"资本公积——资本溢价"科目。

#### （二）所有者权益的构成

所有者权益（股东权益）是指企业资产扣除负债后，由所有者享有的剩余权益。所有者权益是所有者对企业资产的剩余索取权，即企业资产扣除债权人权益后的剩余部分。它包括以下3个部分：所有者投入的资本（股本或实收资本、资本公积——股本溢价或资本溢价）、直接计入所有者权益的利得和损失（资本公积——其他资本公积）和留存收益（盈余公积和未分配利润）等。

### 三、任务实施

【案例1】ABC公司原由甲、乙投资者共同投资设立，两人各出资15万元。2014年8月20日，丙投资者与该公司达成协议，决定投资现金18万元，享有该公司三分之一的股份。8月26日，ABC公司收到该笔投资的工商银行入账通知单。入账的原始凭证假定有6张（银行入账单1张，出资协议5张），不考虑其他因素。

#### （一）填制收到投资的记账凭证

ABC公司接受投资者投入金额为18万元，超过投资者在企业注册资本中所占份额15万元（记入"实收资本"科目），超出的3万元属于资本溢价，应记入"资本公积——资本溢价"科目，具体会计分录如下。

借：银行存款　　　　　　　　　　180 000

贷：实收资本——丙投资者　　　150 000
　　资本公积——资本溢价　　　 30 000

　　由于新增投资者，因此在填制凭证前，应先增加实收资本的明细科目。下面在用友T3中填制ABC公司接受该笔投资的记账凭证，其具体操作如下（素材参见：光盘\素材\ABC公司账套\项目四\UfErpAct.Lst）。（🎬微课：光盘\微课视频\项目四\填制收到投资的记账凭证.swf）

**STEP 1**　　以"004"（账套主管甄实）账户登录账套，在用友T3主界面中选择【基础设置】/【基础档案初始化】菜单命令，打开"期初余额录入"窗口。单击"会计科目"按钮，打开"会计科目"对话框，单击"增加"按钮，打开"会计科目_新增"对话框。

**STEP 2**　　在"科目编码""科目中文名称"文本框中分别输入"400103""丙投资者"，单击 确定 按钮，如图4-1所示。

图4-1　增加会计科目

**STEP 3**　　以任国英的身份（用户名：007，密码：20140804）登录账套，在用友T3主界面中选择【总账】/【凭证】/【填制凭证】菜单命令，打开"填制凭证"对话框。

**STEP 4**　　单击"增加"按钮，在凭证表格左上方单击🔍按钮，在打开的对话框中双击"收"选项，按【Enter】键后凭证类别自动变为收款凭证。单击📅按钮，在打开的"日历"对话框中选择"2014.08.26"，如图4-2所示。

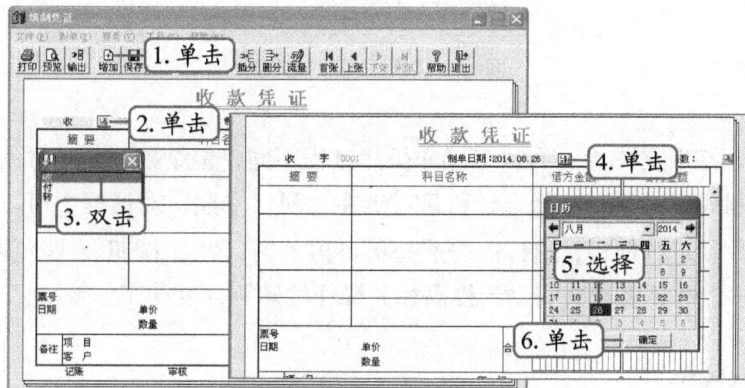

图4-2　选择凭证类别、制单日期

**STEP 5** 在"附单据数"文本框中输入"6"，在"摘要"栏下的第1个单元格中输入"收到丙投资者投资款"，直接在"科目名称"栏下第1个单元格中输入"100201"（或者单击右侧的🔍按钮，在打开的"科目参照"对话框中选择"100201"），按【Enter】键后打开"辅助项"对话框，在"结算方式"文本框中输入或单击🔍按钮选择"4"，票号可不输入，在"发生日期"文本框中输入或单击📅按钮选择"2014.08.26"，如图4-3所示。

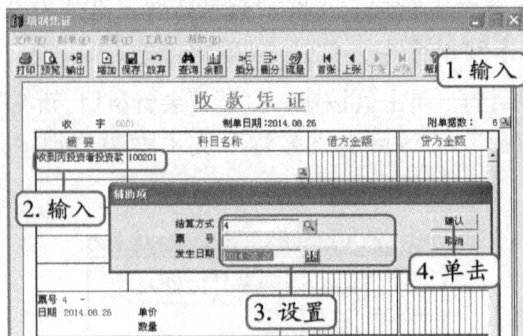

图4-3 填写凭证相关信息

**STEP 6** 按【Enter】键，在"借方金额"栏下第1个单元格中输入"180 000"。继续按【Enter】键，第二行的摘要将自动生成。在"科目名称"栏下第2个单元格中选择"400103"，按【Enter】键，在"贷方金额"栏下第2个单元格中输入"150 000"。按相同的方法输入剩余分录数据，单击🖫按钮，最后单击 确定 按钮完成凭证的填制，如图4-4所示。

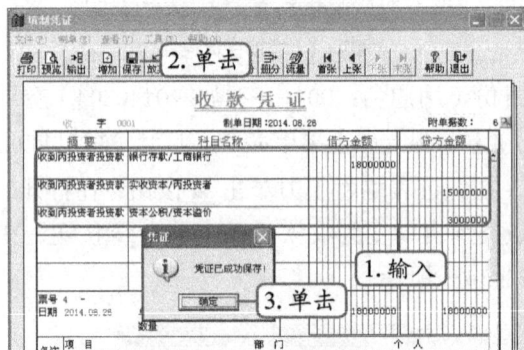

图4-4 填写凭证相关信息

**操作提示** 在用友T3中，有很多操作虽然过程不同，但结果却是一样的。例如，在填制凭证时需要选择会计科目或者在"科目参照"对话框中可以直接双击所需科目进行选择，这样比先选择科目再单击 确定 按钮会快一些。这类例子较多，善于发现将有助于提高相关操作的熟练程度和工作效率。

## （二）出纳签字

填制完成记账凭证后，出纳应对凭证进行签字操作。在签字之前，需要对凭证参数进行设置并指定科目，否则系统将提示不能签字。

### 1. 设置凭证参数

在总账系统中，需要根据企业实际核算要求对相关参数进行设置。下面将ABC公司的凭证设置为：制单不序时控制；不允许修改、作废他人填制的凭证；出纳凭证必须经由出纳签字。其具体操作如下。（⊙微课：光盘\微课视频\项目四\设置凭证参数.swf）

**STEP 1** 以甄实的身份（用户名：004，密码：20140801）登录系统，在用友T3主界面中选择【总账】/【设置】/【选项】菜单命令，打开"选项"对话框。

**STEP 2** 单击"凭证"选项卡，取消选中"制单序时控制"复选框，打开提示对话框后单击 确定 按钮，如图4-5所示。

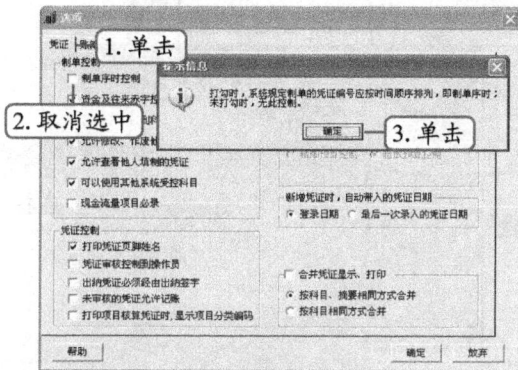

**图4-5 设置凭证参数**

**STEP 3** 取消选中"允许修改、作废他人填制的凭证"复选框，单击选中"出纳凭证必须经由出纳签字"复选框，打开提示对话框，确认后再单击 确定 按钮退出"选项"对话框，如图4-6所示。

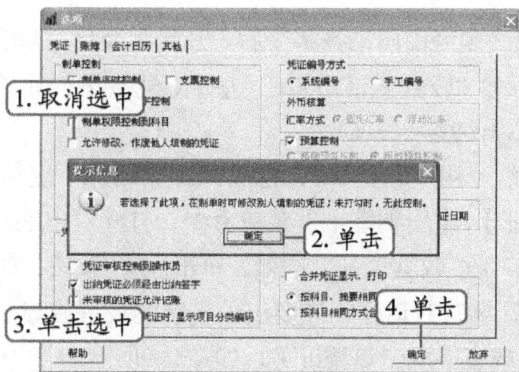

**图4-6 设置凭证参数**

### 2. 指定现金总账和银行总账科目

出纳岗位的职责主要是管理现金和银行存款，在用友T3中一般应将库存现金和银行存款分别设定为现金总账科目和银行总账科目，这样才能在出纳模块中查询现金和银行日记账，并进行银行对账，其具体操作如下。（⊙微课：光盘\微课视频\项目四\指定现金总账和银

行总账科目.swf）

**STEP 1** 以甄实的身份（用户名：004，密码：20140801）登录系统，在用友T3主界面中选择【基础设置】/【财务】/【会计科目】菜单命令，打开"会计科目"对话框。

**STEP 2** 选择【编辑】/【指定科目】菜单命令，打开"指定科目"对话框。单击选中"现金总账科目"单选项，在"待选科目"列表框中选择"1001 库存现金"选项，单击 ⟩ 按钮，将该科目添加到"已选科目"列表框中，单击 确认 按钮如图4-7所示。

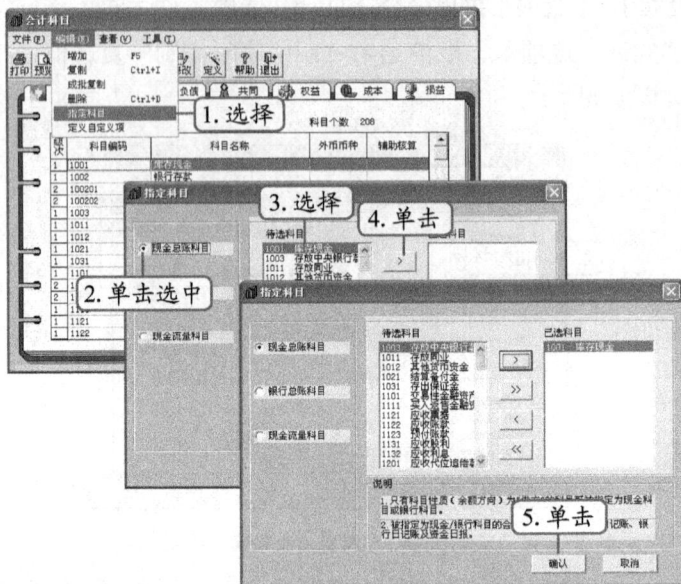

图4-7　指定现金总账和银行总账科目

**STEP 3** 按照相同的方法，将"1002 银行存款"科目指定为银行总账科目。

### 3. 出纳签字

在设置了"出纳凭证必须经由出纳签字"后，凡是涉及库存现金和银行存款的凭证都需要由出纳进行签字。下面对"收款凭证 0001"进行出纳签字，其具体操作如下。（📽️微课：光盘\微课视频\项目四\出纳签字.swf）

**STEP 1** 以韩萍的身份（用户名：005，密码：20140802）登录系统，在用友T3主界面中，选择【总账】/【凭证】/【出纳签字】菜单命令，打开"出纳签字"对话框。在"凭证类别"下拉列表框中选择"收 收款凭证"选项，单击 确认 按钮，如图4-8所示。

**STEP 2** 打开"出纳签字"对话框，需要出纳签字的凭证将显示在其中。选中该凭证所在行，单击 确定 按钮（或直接双击该凭证），如图4-9所示。

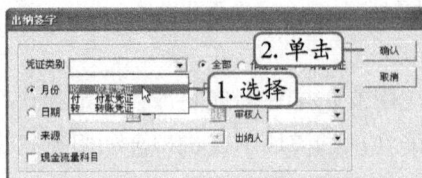

图4-8　"出纳签字"对话框

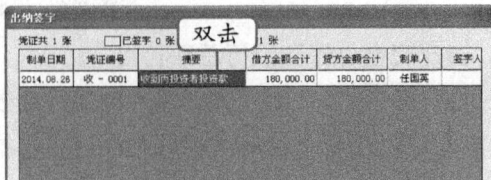

图4-9　选择需签字的凭证

**STEP 3** 打开"出纳签字"窗口，单击工具栏中的 ▨按钮后完成凭证签字，然后单击 ▨按钮关闭窗口，如图4-10所示。

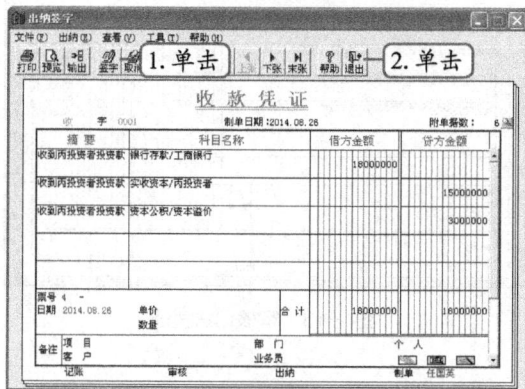

图4-10 出纳签字

凭证一旦签字和审核，就不能修改或删除，只有取消签字和审核后才可以进行相关操作。取消签字只能由出纳自己进行，取消审核只能由审核人自己进行。

**操作提示**

### （三）审核记账凭证

填制完成记账凭证后，如果审核无误，可进行审核操作。下面审核"收款凭证 0001"，其具体操作如下。（🎬微课：光盘\微课视频\项目四\审核记账凭证.swf）

**STEP 1** 以甄实的身份（用户名：004，密码：20140801）登录系统，在用友T3主界面中选择【总账】/【凭证】/【审核凭证】菜单命令，打开"凭证审核"对话框，在"凭证类别"下拉列表框中选择"收 收款凭证"选项，单击 确认 按钮，如图4-11所示。

**STEP 2** 打开"凭证审核"对话框，需要审核的凭证将显示在其中。选中该凭证所在行，单击 确定 按钮（或直接双击该凭证），如图4-12所示。

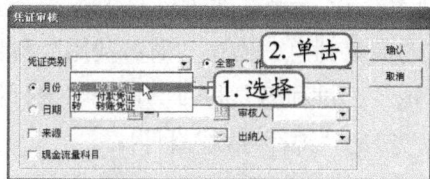

图4-11 设置凭证审核参数

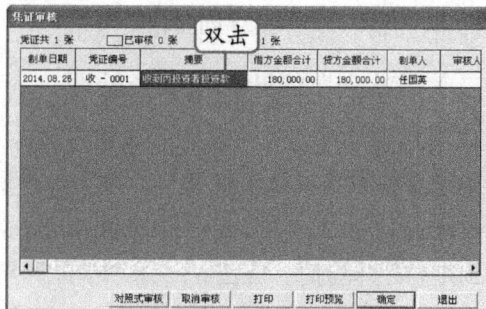

图4-12 选择需审核凭证

**STEP 3** 打开"审核凭证"窗口，单击工具栏中的 ▨按钮后完成凭证审核，单击 ▨按钮关闭"凭证审核"窗口，如图4-13所示。

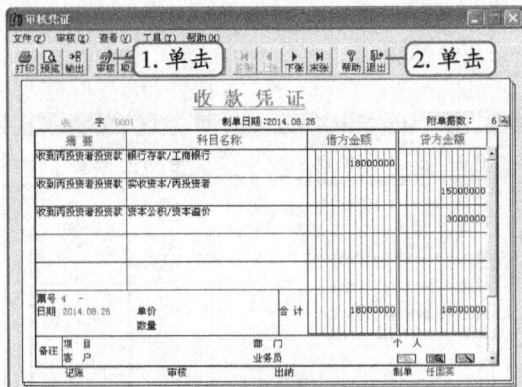

图4-13 审核记账凭证

# 任务二 向金融机构借款

企业所需资金除了投资者投入外，还可以通过借贷的形式取得。向金融机构借款是最常见的借贷形式，主要是为了企业购建固定资产和满足流动资金周转的需要，借款包括偿还期限超过1年的长期借款和偿还期限不足1年（包括1年）的短期借款。

## 一、 任务目标

本任务主要是了解借款利息的计算以及填制与借款业务相关的凭证。

## 二、相关知识

### （一）负债的构成

负债是指企业过去的交易或者事项形成的、预期会导致经济利益流出企业的现时义务。按照流动性的大小，负债可分为流动负债和非流动负债。

● **流动负债**：预计在1年（含1年）或超过1年的一个正常营业周期内清偿的债务，包括短期借款、应付账款、应付职工薪酬、应交税费等。

● **非流动负债**：偿还期在1年以上或者超过1年的一个营业周期以上的负债，包括长期借款、应付债券和长期应付款等。

### （二）借款利息的计算与账务处理

借款利息的计算公式一般为：贷款本金×月利率/30（天）×当月计息天数。企业一般采用月末预提的方式核算借款利息，按照计算确定的借款利息，借记"财务费用"科目，贷记"应付利息"科目；实际支付借款利息时，应借记"应付利息"科目，贷记"银行存款"科目；到期偿还本金时，应借记"短期借款"科目，贷记"银行存款"科目。

## 三、任务实施

【案例2】ABC公司因生产经营需要，于2014年8月1日从中国工商银行取得一项为期半年的生产周转借款50万，年利率为5.4%。根据与银行签署的借款协议，该项借款的利息按季支付，本金到期后一次还本。

### （一）填制取得借款的记账凭证

ABC公司本月取得借款时，资产和负债同时增加，在用友T3中填制记账凭证的具体操作如下（假定原始单据有5张）。（🎬微课：光盘\微课视频\项目四\填制取得借款的记账凭证.swf）

**STEP 1** 以任国英的身份（用户名：007，密码：20140804）登录系统，在用友T3主界面中选择【总账】/【凭证】/【填制凭证】菜单命令，打开"填制凭证"窗口。

**STEP 2** 单击🔲按钮，在凭证表格左上方单击🔍按钮，在打开的对话框中双击"收"选项，按【Enter】键后凭证类别自动变为收款凭证。单击🔳按钮，在打开的"日历"对话框中选择"2014.08.01"，在"附单据数"文本框中输入"5"。

**STEP 3** 在"摘要"栏下的第1个单元格中输入"向工行借入生产周转借款"，直接在"科目名称"栏下第1个单元格中输入"100201"，按【Enter】键后打开"辅助项"对话框，在"结算方式"文本框中输入或单击🔍按钮选择"4"，票号可不输入，在"发生日期"文本框中输入或单击🔳按钮选择"2014.08.01"。

**STEP 4** 按【Enter】键，在"借方金额"栏下第1个单元格中输入"500 000"，继续按【Enter】键，第二行的摘要将自动生成。在"科目名称"栏下第2个单元格中选择"2001"，按【Enter】键，在"贷方金额"栏下第2个单元格中输入"500 000"。单击🔳按钮，最后单击 确定 按钮完成凭证的填制，如图4-14所示。

**图4-14　填制收到借款的凭证**

### （二）填制计提利息的记账凭证

借入银行存款后，应按照借款协议定期偿还利息。假定8月按30天计息，则月末ABC公司本月应计利息 = 500 000 × （5.4%/12/30）× 30 = 2 250（元）。下面将填制计提利息的记账凭证，其具体操作如下（假定附件为1张自制的利息计提表）。（🎬微课：光盘\微课视频\项目四\填制计提利息的记账凭证.swf）

**STEP 1** 以任国英的身份在8月27日打开"填制凭证"窗口，单击🔲按钮，在凭证表格左上方单击🔍按钮，在打开的对话框中双击"转"选项，按【Enter】键后凭证类别自动变为转账凭证。单击🔳按钮，在打开的"日历"对话框中选择"2014.08.27"，在"附单据数"

文本框中输入"1"。

STEP 2 在"摘要"栏下的第1个单元格中输入"计提工行借款利息（8月）"，在"科目名称"栏下第1个单元格中输入"6603"，在"借方金额"栏下第1个单元格中输入"2 250"；在"科目名称"栏下第2个单元格中选择"2231"，在"贷方金额"栏下第2个单元格中输入"2 250"。单击保存按钮，最后单击 确定 按钮完成"转账凭证0001"的填制，如图4-15所示。

图4-15 填制计提借款利息的凭证

### （三）生成常用凭证

ABC公司每月都需要计提借款利息，为了提高账务处理效率，减少错误，现为其生成常用凭证，在以后月份做相同的业务时可以直接调用，只需修改一些数据即可，其具体操作如下（假定附件为1张自制的利息计提表）。（微课：光盘\微课视频\项目四\保存常用凭证.swf）

STEP 1 计提借款利息的凭证填制完成后，选择【制单】/【调用常用凭证】菜单命令，打开"调用常用凭证"对话框。

STEP 2 单击"常用凭证代号"文本框右侧的 按钮，打开"常用凭证"对话框。

STEP 3 单击新增按钮，打开"常用凭证分类"对话框，在"编码"和"类别"文本框中分别输入"01"和"计提银行利息"，单击 确定 按钮，如图4-16所示。

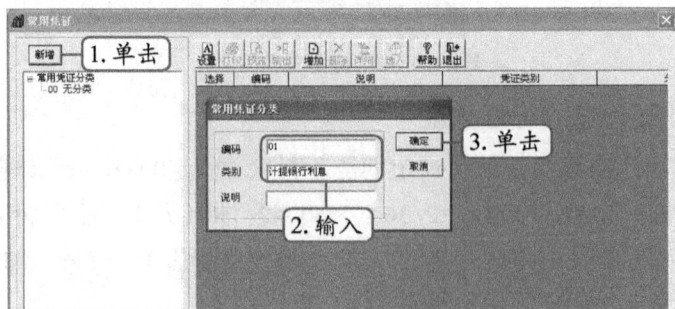

图4-16 增加常用凭证分类

STEP 4 关闭"常用凭证"对话框，选择【制单】/【生成常用凭证】菜单命令，打开"常用凭证生成"对话框。在"类别"下拉列表框中选择"01 计提银行利息"，在"编码"

和"说明"文本框中分别输入"0101"和"计提工行借款利息",单击 确认 按钮,如图4-17所示。(效果参见:光盘\效果\ABC公司账套\项目四\UfErpAct.Lst)

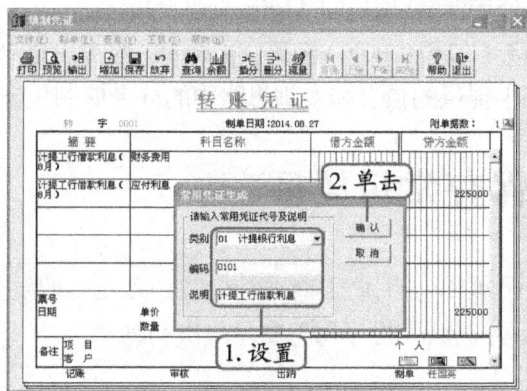

图4-17　生成常用凭证

# 实训一　按投资者对实收资本科目进行明细核算

【案例3】甲舟有限公司原由两位投资者共同投资设立,两人各出资100万元。2013年9月10日,方兴公司与甲舟公司签订战略合作协议,将注册资本增加到400万元。按照协议,方兴公司需缴入现金220万元,并享有二分之一的股份。甲舟公司接到农业银行通知,220万元投资额已经到账。假定不考虑其他因素。

【实训要求】

熟练掌握新增会计明细科目的操作,熟练填制收到投资款的会计凭证。

【实训思路】

甲舟公司收到方兴公司现金投资的220万元中,200万元属于方兴公司在注册资本中所享有的份额,应记入"实收资本"科目,20万元属于资本溢价,应记入"资本公积——资本溢价"科目。最终效果如图4-18所示。

图4-18　增加明细科目并填制凭证

【步骤提示】

STEP 1　以账套主管周浩的身份登录用友T3，增加"实收资本"的明细科目。（素材参见：光盘\素材\甲舟有限公司账套\项目四\UfErpAct.Lst）

STEP 2　以会计员吴海（编号：002，密码：jia08A）的身份登录系统，然后打开"填制凭证"对话框，根据案例中提供的信息和实训思路中的分录填制凭证。

# 实训二　填制并保存常用凭证

【案例4】甲舟公司2013年9月向工商银行借款10万元（期限为3个月），月利率为0.45%。根据借款协议，甲舟公司应于每月支付一次利息。

【实训要求】

要求填制借款业务的凭证，并保存为常用凭证。

【实训思路】

根据案例信息，首先，甲舟公司应计算每月利息（450元，100 000×0.45%）。其次，由于企业的短期借款利息是按月支付，因此可以不预提利息费用，而在实际支付或收到银行的计息通知时，直接计入当期损益，即借记"财务费用"科目，贷记"银行存款"科目。最后，将凭证设置为常用凭证。

【步骤提示】

STEP 1　以吴海（编号：002，密码：jia08A）的身份登录系统，先填制收到短期借款的收款凭证（借：银行存款，贷：短期借款），然后填制支付借款利息的凭证。

STEP 2　打开"常用凭证"对话框增加类别"01 支付银行借款利息"（编码：0101，说明：支付工行利息），然后打开"常用凭证生成"对话框，生成常用凭证，如图4-19所示。

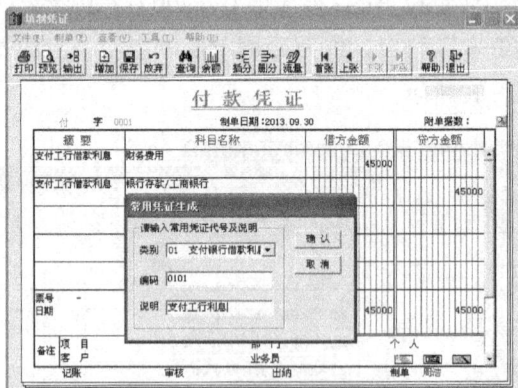

图4-19　填制并保存常用凭证

# 常见疑难解析

**问：在填制凭证时，制单人、出纳员、审核人和记账人的分工和权限有什么不同？**

答：为了区分经济责任，在用友T3中对操作员的权限有严格的要求。具体来说，制单人和审核员不能同为一人，出纳一般只有签字的权限，实务中审核人和记账人是允许也有可能同为一人的。

**问：实际记账时，对记账凭证所附的原始凭证有无要求？**

答：原始凭证是用来记录和证明经济业务已执行或完成的具有法律效力的原始凭证，凡是不能证明业务已执行或完成的书面文件（如业务合同），都不能作为原始凭证。对于更正错账以及期末结账等的记账凭证可不必附原始凭证，因为这些凭证的数据直接来源于账簿。

# 拓展知识

## 1. 通过调用常用凭证填制新凭证

通过调用常用凭证，可快速生成业务基本相同的凭证。其具体操作为：在"填制凭证"窗口中选择【制单】/【调用常用凭证】菜单命令，打开"调用常用凭证"对话框，单击"常用凭证代号"文本框右侧的 🔍 按钮，打开"常用凭证"对话框，在左侧选择常用凭证所属分类，在右侧的凭证具体类别一行中单击选择对应的单元格，其显示为"√"时单击 📥 按钮，如图4-20所示，最后，在打开的凭证模板中进行修改即可。

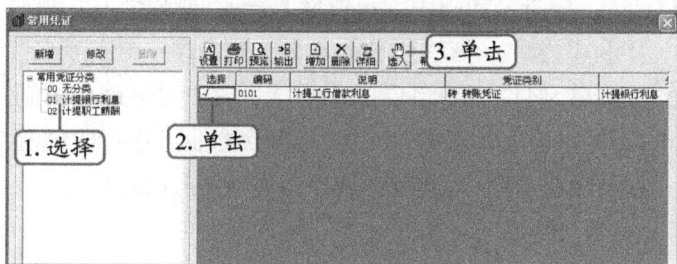

图4-20　调用常用凭证

## 2. 凭证出错时的修改方法

在手工做账时，如果凭证出现错误需要修改，一般的更正方法有划线更正法、红字更正法和补充登记法，而在用友T3中，由于数据处理很大程度被计算机代替，且操作的痕迹会被记录，因此修改凭证就受到一定的制约，所以需要根据程序进行处理。

如果是结账前发现错误，则制单人可直接打开该凭证进行修改，对于已经出纳签字或已审核的凭证，需要先取消审核或取消签字。如果是结账后发现错误，对于实际金额大于已记账金额的，需要采用补充登记的方法，将差额补录；对于实际金额小于记账金额的，则应用负数的金额冲减。如果已年度结账，则只能在下一年度进行调整。

## 课后练习

### 1. 单选题

（1）在每项经济业务发生或完成时取得或填制的会计凭证是（　　）。

A. 原始凭证          B. 转账凭证

C. 收款凭证          D. 付款凭证

（2）下列选项中，不属于所有者权益的是（　　）。

A. 递延收益          B. 盈余公积

C. 未分配利润        D. 资本公积

### 2. 多选题

（1）原始凭证按照格式的不同，可分为（　　）。

A. 累计原始凭证      B. 汇总原始凭证

C. 通用原始凭证      D. 专用原始凭证

（2）购买材料取得的发货票属于（　　）。

A. 外来原始凭证      B. 累计凭证

C. 一次凭证          D. 自制原始凭证

### 3. 操作题

（1）2013年9月30日，甲舟公司收到仁艾公司开出的支付房屋租金2.5万元的支票（结算方式：202，票号：1301），编制收款凭证并将其设为常用凭证。

（2）2013年8月1日，甲舟公司向中国银行借入一笔期限2个月，到期一次还本付息的流动资金借款20万元，年利率为6%。借款利息不采用预提方式，于实际支付时确认。9月1日，该公司以银行存款偿还借款利息，要求编制会计分录并在会计软件中填制凭证。

（3）对2013年9月甲舟公司涉及现金、银行存款的业务进行出纳签字，并审核凭证。（效果参见：光盘\效果\甲舟有限公司账套\项目四\UfErpAct.Lst）

# 项目五 管理现金及现金等价物

## 情景导入

阿秀：小白，你知道出纳都要做些什么吗？

小白：在我看来，出纳就是管钱袋子的呀。

阿秀：嗯，说对了一部分。出纳要管的不仅包括现金和银行存款，还包括有价证券，如支票和汇票等。

小白：哦，这么说，我之前理解的钱都是狭义的了。

阿秀：是的。西方有句谚语说"现金为王"，可见现金对于一个企业是多么重要。现金是企业日常活动经常运用到的流动资产，需要根据企业的实际情况预计使用量，以免出现资金不足而无法投入生产，或者资金占用过多，浪费投资机会等情况。

小白：看来现金的管理关系到企业的生存发展，我得好好学习一下。

## 学习目标

- 了解现金使用范围
- 了解现金支票的内容
- 熟悉内部借款流程
- 了解交易性金融资产的计量

## 技能目标

- 掌握取现和存现凭证的填制
- 掌握内部借款和还款报销的会计核算
- 掌握购入交易性金融资产的会计核算
- 掌握现金日记账和银行日记账的查询

# 任务一 取现和存现

现金是指通常存放于单位财会部门，由出纳人员经管的货币。现金是流动性最强的资产，它可用于支付工资和购买小额物品等，是企业重点管理的对象之一。在企业中，出纳是保管现金的责任人，因此，从企业银行账户取出现金和向企业银行账户存入现金一般只能由出纳完成。

## 一、 任务目标

本任务主要是了解现金和银行账户的使用、票据的填写，掌握现金存取凭证的填制。

## 二、相关知识

### （一）企业现金使用范围和限额

根据《中华人民共和国现金管理暂行条例》（国务院令第12号）的规定，开户单位可以在下列范围内使用现金：（1）职工工资、津贴；（2）个人劳务报酬；（3）根据国家规定颁发给个人的科学技术、文化艺术、体育等各种奖金；（4）各种劳保、福利费用以及国家规定的对个人的其他支出；（5）向个人收购农副产品和其他物资的价款；（6）出差人员必须随身携带的差旅费；（7）结算起点以下的零星支出；（8）中国人民银行确定需要支付现金的其他支出。结算起点定为1 000元，其调整由中国人民银行确定。

### （二）现金支票的内容

现金支票是支票的一种，在它上面印有“现金”字样，它只能用于支取现金。如图5-1所示为一张未填内容的现金支票，根据《票据法》（2004年修订）和《支付结算办法》（银发[1997]393号）的规定，支票必须记载的事项有：表明支票的字样；无条件支付的委托；确定的金额；付款人名称；出票日期；出票人签章。企业签发的支票金额不能高于其付款时在存款人处实有的存款金额，且付款期限一般为出票日起10日内。

中国工商银行 现金支票（沪） BH 02 02492116
出票日期（大写） 年 月 日 付款行名称：
收款人： 出票人账号：
本支票付款期限十天
人民币（大写）
亿 千 百 十 万 千 百 十 元 角 分
用途
上列款项请从
我账户内支付
出票人签章
科目（借）
对方科目（贷）
付讫日期 年 月 日
出纳 复核 记账
贴对号单处 BH 02 02492116

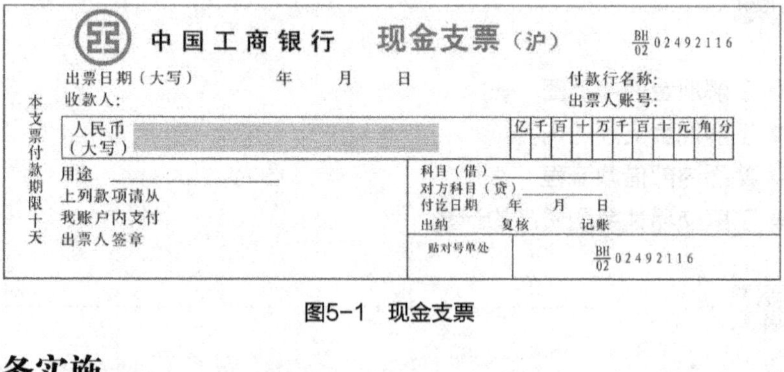

图5-1 现金支票

## 三、任务实施

**【案例1】**8月26日，ABC公司根据本月经营情况，决定对表现优异的职工给予现金奖励，总金额为2万元，由出纳韩萍开具支票到工商银行取现（8月27日报销，假定原始凭证有2张）；8月28日，出纳将超过限额的现金收入3万元存入银行。

## （一）填制从银行取现的记账凭证

### 1. 建立支票登记簿

支票是重要的有价证券，ABC公司为了加强支票管理，要求在用友T3中建立"支票登记簿"，详细登记支票的领用日期、领用部门、领用人、支票号、预计金额和用途等。下面为工商银行账户建立支票登记簿，其具体操作如下（素材参见：光盘\素材\ABC公司账套\项目五\UfErpAct.Lst）。（●微课：光盘\微课视频\项目五\建立支票登记簿.swf）

**STEP 1** 以甄实的身份（用户名：004，密码：20140801）登录系统，在用友T3主界面中选择【总账】/【设置】/【选项】菜单命令，打开"选项"对话框。

**STEP 2** 单击"凭证"选项卡，单击选中"支票控制"复选框，单击 确定 按钮关闭"选项"对话框，如图5-2所示。

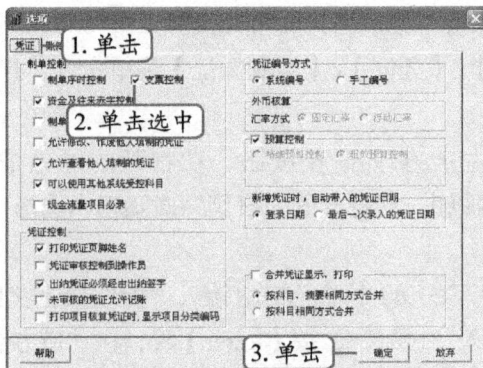

图5-2 设置支票控制

**STEP 3** 以韩萍的身份（用户名：005，密码：20140802）登录系统，在用友T3主界面中选择【现金】/【票据管理】/【支票登记簿】菜单命令，打开"银行科目选择"对话框。在"科目"下拉列表框中选择"工商银行（100201）"选项，单击 确定 按钮，如图5-3所示。

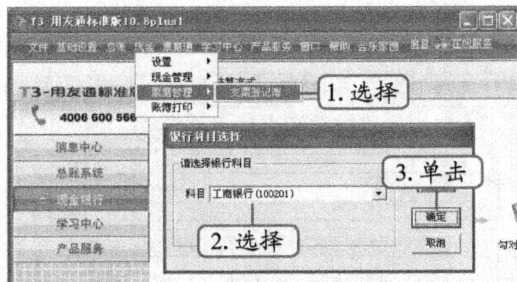

图5-3 选择需管理票据的银行账户

**STEP 4** 打开"支票登记"窗口，单击工具栏中的 增加 按钮，在"领用日期""领用部门""领用人""支票号""预计金额"和"用途"文本框中分别输入"2014.08.26""财务部""韩萍""0801""20 000"和"职工奖励"，最后单击 保存 按钮，如图5-4所示。

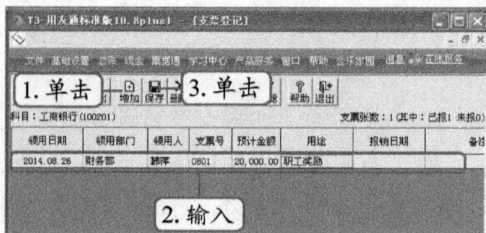

**图5-4　登记支票信息**

### 2. 填制取现凭证

对于涉及现金和银行存款之间的经济业务，为了避免重复记账，一般只填制付款凭证，不填制收款凭证。因此，从银行取现时应填制付款凭证，其具体操作如下。（🔴微课：光盘\微课视频\项目五\填制取现凭证.swf）

**STEP 1**　以任国英的身份（用户名：007，密码：20140804）在8月27日登录系统，在用友T3主界面中选择【总账】/【凭证】/【填制凭证】菜单命令，打开"填制凭证"窗口，单击工具栏中的 🔲增加 按钮。

**STEP 2**　在凭证表格左上方单击 🔲 按钮，在打开的对话框中双击"付"选项，按【Enter】键，然后单击 🔲 按钮，在打开的"日历"对话框中选择"2014.08.26"，在"附单据数"文本框中输入"2"。

**STEP 3**　在"摘要"栏下的第1个单元格中输入"提取员工奖励款"，直接在"科目名称"栏下第1个单元格中输入"1001"，按【Enter】键，在"借方金额"栏下第1个单元格中输入"20 000"。

**STEP 4**　按【Enter】键，第二行的摘要将自动生成。在"科目名称"栏下第2个单元格中输入"100201"，按【Enter】键后打开"辅助项"对话框，在"结算方式"文本框中输入"201"，在"票号"文本框中输入"0801"，在"发生日期"文本框中输入"2014.08.27"，单击 🔲确认 按钮，如图5-5所示。

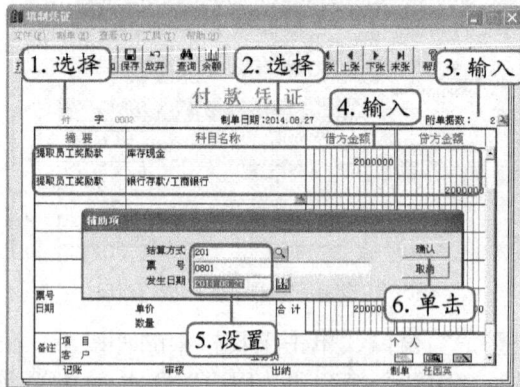

**图5-5　填写凭证相关信息**

**STEP 5**　在"贷方金额"栏下第2个单元格中输入"20 000"，按【Enter】键后打开"凭证"提示对话框，单击 🔲是(Y) 按钮，最后单击 🔲保存 按钮完成凭证的填制，如图5-6所示。

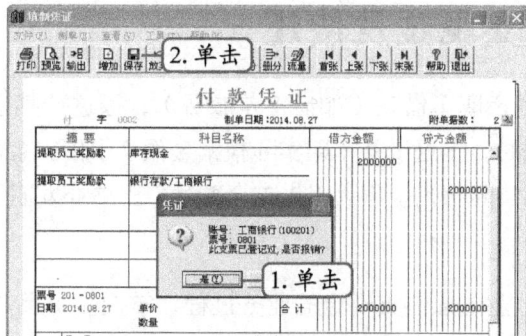

图5-6  完成凭证的填制

如果需要修改票据的相关信息，可将鼠标光标定位在银行存款所在行，然后将鼠标指针移至"票号"位置，变成形状时双击，在打开的"辅助项"对话框中重新设置即可。

**操作提示**

### （二）填制存现凭证

按照《现金管理暂行条例》的规定，开户单位现金收入应当于当日送存开户银行。当日送存确有困难的，由开户银行确定送存时间。一般情况下，开户单位的现金收入不能直接用于支付（即坐支），坐支的后果是使银行无法准确掌握各单位的现金收入来源和支出用途，违反国家的财经纪律。现将超过限额的现金收入3万元存入银行（假定原始凭证为2张），其具体操作如下。（微课：光盘\微课视频\项目五\填制存现凭证.swf）

**STEP 1**  以任国英的身份（用户名：007，密码：20140804）登录系统，在用友T3主界面中选择【总账】/【凭证】/【填制凭证】菜单命令，打开"填制凭证"窗口，单击工具栏中的增加按钮。

**STEP 2**  将凭证设置为"收款凭证"，制单日期设置为"2014.08.28"，在"附单据数"文本框中输入"2"，在"摘要"栏下的第1个单元格中输入"存入现金收入"，在"科目名称"栏下第1个单元格中输入"100201"，在打开的"辅助项"对话框中设置结算方式为"1"、"发生日期"为"2014.08.28"，在"借方金额"栏下第1个单元格中输入"30 000"；在"科目名称"栏下第2个单元格中输入"1001"，在"贷方金额"栏下第2个单元格中输入"30 000"，最后单击保存按钮完成凭证的填制，如图5-7所示。

图5-7  完成凭证的填制

## 任务二　内部借支现金及偿还

内部借支现金一般是指职工借款（如借支差旅费），通过"其他应收款"科目核算。职工在凭发票报销差旅费用时，多退少补（即实际报销金额小于借支金额时，职工应将手中剩余的借支现金退回给出纳；实际报销金额大于借支金额时，出纳补发职工预先垫付的金额）。

### 一、任务目标

本任务主要是了解企业内部借支现金的业务过程，掌握借支及偿还现金的会计核算。

### 二、相关知识

#### （一）借支现金的原始凭证

根据《会计基础工作规范》第48条和第55条的规定，职工公出借款的凭据必须附在记账凭证之后。收回借款时，应当另开收据或者退还借据副本，不得退还原借款收据。从外单位取得的原始凭证如有遗失，应当取得原开出单位盖有公章的证明，并注明原凭证的号码、金额和内容等，由经办单位会计机构负责人、会计主管人员和单位领导人批准后，才能代作原始凭证。如果确实无法取得证明的，如火车、轮船、飞机票等凭证，由当事人写出详细情况，由经办单位会计机构负责人、会计主管人员和单位领导人批准后，代作原始凭证。

#### （二）借支、还款和报销的会计核算

在不同时间点，与借支现金相关的会计核算有所不同，具体如表5-1所示。

表5-1　借支现金相关的会计核算

| 时间点 | | 会计分录 |
|---|---|---|
| 借支现金时 | | 借：其他应收款——×× <br> 　　贷：库存现金 |
| 报销时 | 实际报销金额小于借支金额 | 借：管理费用 <br> 　　库存现金（差额） <br> 　　贷：其他应收款——×× |
| | 实际报销金额大于借支金额 | 借：管理费用 <br> 　　贷：其他应收款——×× <br> 　　　　库存现金（差额） |

### 三、任务实施

【案例2】ABC公司8月7日决定派技术一部的3名工作人员参加11日在某地召开的某新技术说明会，差旅费预计为2万元。当日，该部管理人员秦国栋向出纳借支现金（假定原始凭证为3张）。8月18日，技术一部的相关人员返回公司，并将车费、餐费等发票交给出纳韩萍（报销金额为1.8万元，假定原始凭证为20张）。

## （一）填制借支现金的凭证

职工在进行企业相关事务时，经常需要向企业借支现金，现进行技术一部秦国栋借支差旅费的会计处理，其具体操作如下。（📽微课：光盘\微课视频\项目五\填制借支现金的凭证.swf）

**STEP 1** 以真实的身份（用户名：004，密码：20140801）登录系统，在用友T3主界面中选择【总账】/【凭证】/【填制凭证】菜单命令，打开"填制凭证"窗口，单击工具栏中的⟦增加⟧按钮。

**STEP 2** 将凭证设置为"付款凭证"，制单日期设置为"2014.08.07"，在"附单据数"文本框中输入"3"，在"摘要"栏下的第1个单元格中输入"支付技术一部秦国栋差旅费借款"，在"科目名称"栏下第1个单元格中输入"1221"，在打开的"辅助项"对话框中设置"部门"为"技术一部"，"个人"为"秦国栋"、"发生日期"为"2014.08.07"，在"借方金额"栏下第1个单元格中输入"20 000"。在"科目名称"栏下第2个单元格中输入"1001"，在"贷方金额"栏下第2个单元格中输入"20 000"，最后单击⟦保存⟧按钮完成凭证的填制，如图5-8所示。

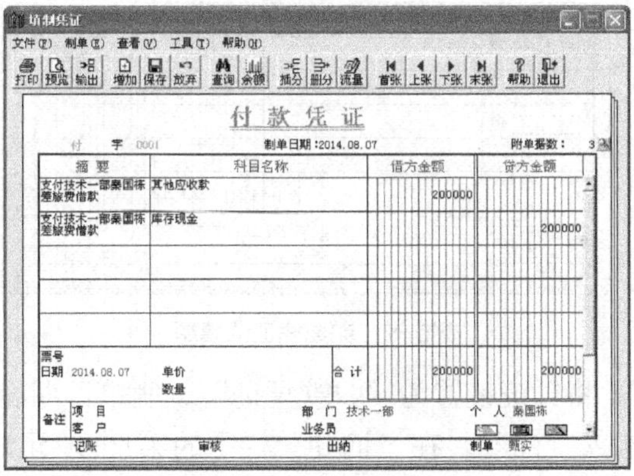

图5-8 完成凭证的填制

**操作提示**　用友T3默认凭证单笔分录最高为1万亿元，小数点由红线表示（默认为两位小数），其他数字用千位（蓝线）隔开。在录入金额时，如录入1 000 000元，可以在从小数点位置左边第2条蓝线的左边输入"1"，其他位置将自动显示为"0"，而不用手动输入。另外，如果贷方金额输入到了"借方"位置，只需将鼠标光标移至该金额的前面，再按一下空格键，即可调整到贷方位置。

## （二）报销费用的账务处理

根据前面的案例信息，技术一部此次报销的实际金额1.8万元小于借支金额2万元，因此应将余款2 000元退还出纳，出纳应将差旅费借支单的副本交给秦国栋，其具体操作如下。（📽微课：光盘\微课视频\项目五\报销费用的账务处理.swf）

**STEP 1** 以任国英的身份（用户名：007，密码：20140804）登录系统，在用友T3主界面中选择【总账】/【凭证】/【填制凭证】菜单命令，打开"填制凭证"窗口，单击工具栏中的 按钮。

**STEP 2** 将凭证设置为"转账凭证"，制单日期设置为"2014.08.18"，在"附单据数"文本框中输入"20"，在"摘要"栏下的第1个单元格中输入"报销技术一部差旅费"，在"科目名称"栏下第1个单元格中输入"660209"，在打开的"辅助项"对话框中设置"部门"为"技术一部"，"个人"为"秦国栋"。在"借方金额"栏下第1个单元格中输入"18 000"。在"摘要"栏下的第2个单元格中输入"收回技术一部秦国栋差旅费借款"，在"科目名称"栏下第2个单元格中输入"1221"，在打开的"辅助项"对话框中设置"部门"为"技术一部"、"个人"为"秦国栋"、"发生日期"为"2014.08.18"，最后单击 按钮完成凭证的填制，如图5-9所示。

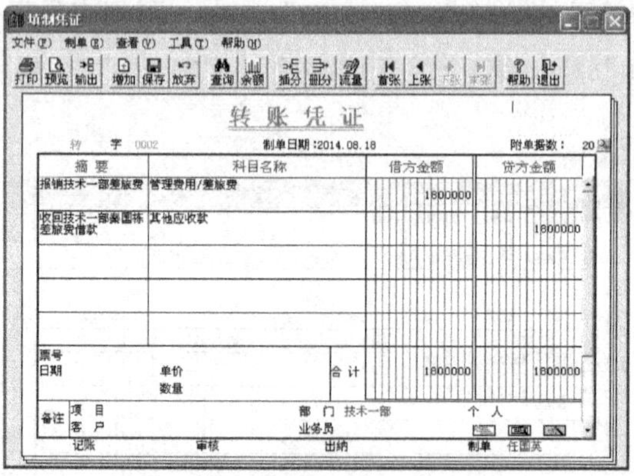

图5-9 完成凭证的填制

**STEP 3** 单击 按钮，将凭证设置为"收款凭证"，制单日期设置为"2014.08.18"，在"附单据数"文本框中输入"20"，在"摘要"栏下的第1个单元格中输入"收回一技术部秦国栋差旅费借款余额"，在"科目名称"栏下第1个单元格中输入"1001"，在"借方金额"栏下第1个单元格中输入"2 000"。在"科目名称"栏下第2个单元格中输入"1221"，在打开的"辅助项"对话框中设置"部门"为"技术一部"，"个人"为"秦国栋"，发生日期为"2014.08.18"，在"贷方金额"栏下第2个单元格中输入"2 000"，最后单击 按钮完成凭证的填制，如图5-10所示。

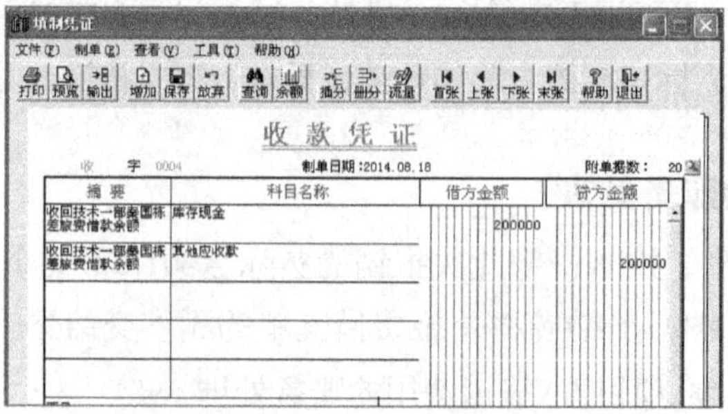

图5-10 完成凭证的填制

本例中的收款凭证与付款凭证的原始凭证是相同的，根据《会计基础工作规范》的规定，如果一张原始凭证涉及到几张记账凭证，可以把原始凭证附在一张主要的记账凭证后面，并在其他记账凭证上注明附有该原始凭证的记账凭证的编号，或者附原始凭证复印件。因此，在打印出付款凭证后，可用手写等方式注明"原始凭证附在转账凭证××"。

操作提示

# 任务三 购买短期股票（交易性金融资产）

由于现金和银行存款的流动性很强，企业如果持有过多，会损失本来可以取得的投资收入（即机会成本）。在有闲置现金时，企业可进行短线投资，例如，以赚取差价为目的，从二级市场购入股票、债券和基金等。

## 一、任务目标

本任务主要了解交易性金融资产的初始和后续计量，掌握对该类资产在各个时点的会计核算。

## 二、相关知识

### （一）交易性金融资产的初始计量

购买证券类资产时，企业应将资金从基本银行存款账户转入证券公司投资账户，企业向证券公司划出资金时，应按实际划出的金额，进行如下账务处理。

借：其他货币资金——存出投资款

　　贷：银行存款

取得交易性金融资产时，应当按照该金融资产在取得时的公允价值作为其初始入账金额，其公允价值，应当以市场交易价格为基础加以确定。所支付价款中如果包含了已宣告但尚未发放的现金股利或已到付息期但尚未领取的债券利息，应当将它们单独确认为应收项目。其账务处理如下。

借：交易性金融资产——成本

　　应收股利、应收利息等

　　贷：其他货币资金——存出投资款

### （二）交易性金融资产公允价值变动的核算

资产负债表日，债券的公允价值有可能上升也可能下降。上升时，按照公允价值高于其账面余额的差额，借记"交易性金融资产——公允价值变动"科目，贷记"公允价值变动损益"科目；下降时，做相反分录。

## 三、任务实施

【案例3】2014年8月1日，ABC公司在研究股市走势后，决定向证券公司划出11万元准备进行短期股票投资。当日，ABC公司斥资10万元从交易所购买龙蟠公司的股票，占该公司有表决权股份的0.1%，支付价款中包含已宣告但尚未发放的现金股利2 000元，不考虑交易费用（原始凭证5张）。ABC公司将其划分为交易性金融资产。8月15日，ABC公司收到龙蟠公司发放的现金股利2 000元（原始凭证3张）。

### （一）填制购入股票的记账凭证

ABC公司取得交易性金融资产时，应按其公允价值计入成本，应收未收的现金股利单独核算，其具体操作如下。（●微课：光盘\微课视频\项目五\填制购入股票的记账凭证.swf）

**STEP 1** 以汤芹的身份（用户名：006，密码：20140803）登录系统，在用友T3主界面中选择【总账】/【凭证】/【填制凭证】菜单命令，打开"填制凭证"窗口，单击工具栏中的 按钮。

**STEP 2** 将凭证设置为"付款凭证"，制单日期设置为"2014.08.01"，在"附单据数"文本框中输入"1"，在"摘要"栏下的第1个单元格中输入"划出股票投资资金"，在"科目名称"栏下第1个单元格中输入"101201"，在"借方金额"栏下第1个单元格中输入"110 000"。在"科目名称"栏下第2个单元格中输入"100201"，在打开的"辅助项"对话框中设置"结算方式"为"4"、"发生日期"为"2014.08.01"。在"贷方金额"栏下第2个单元格中输入"110 000"，如图5-11所示。

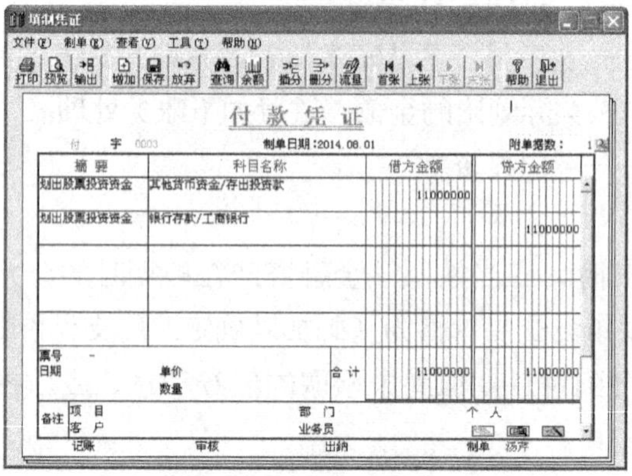

图5-11 完成凭证的填制

**STEP 3** 单击 按钮，将凭证设置为"付款凭证"，制单日期设置为"2014.08.01"，在"附单据数"文本框中输入"5"，在"摘要"栏下的第1个单元格中输入"购入龙蟠公司股票"，在"科目名称"栏下第1个单元格中输入"110101"，在"借方金额"栏下第1个单元格中输入"98 000"。在"摘要"栏下的第2个单元格中输入"应收龙蟠公司现金股利款"，在"科目名称"栏下第2个单元格中输入"1131"，在"借方金额"栏下第2个单元格中输入"2 000"。在"摘要"栏下的第3个单元格中输入"支付龙蟠公司股票价款"，在"科目名称"栏下第3个单元格中输入"101201"，在"贷方金额"栏下第3个单元格中输入"100 000"，最后单击 按钮完成凭证的填制，如图5-12所示。

图5-12　完成凭证的填制

### （二）填制收到现金股利的记账凭证

现金股利是上市公司以货币形式支付给股东的股息红利，是最普通最常见的股利形式，一般用"每股派息××元"表示。ABC公司收到现金股利时，其具体操作如下。（🎬微课：光盘\微课视频\项目五\填制收到现金股利的记账凭证.swf）

**STEP 1**　以汤芹的身份（用户名：006，密码：20140803）登录系统，在用友T3主界面中选择【总账】/【凭证】/【填制凭证】菜单命令，打开"填制凭证"窗口，单击工具栏中的🔳增加按钮。

**STEP 2**　将凭证设置为"收款凭证"，制单日期设置为"2014.08.15"，在"附单据数"文本框中输入"3"，在"摘要"栏下的第1个单元格中输入"收到龙蟠公司现金股利款"，在"科目名称"栏下第1个单元格中输入"100201"，在打开的"辅助项"对话框中设置"结算方式"为"4"、"发生日期"为"2014.08.15"，在"借方金额"栏下第1个单元格中输入"2 000"。在"科目名称"栏下第2个单元格中输入"1131"，在"贷方金额"栏下第2个单元格中输入"2 000"，如图5-13所示。

图5-13　完成凭证的填制

# 任务四　现金日记账和银行日记账

日记账是出纳管理现金和银行存款的工具，做好日记账的录入、保管等基础工作，有助于减少月末对账的工作量，有利于提高资金管理的效率和质量。

## 一、任务目标

本任务主要了解现金和银行日记账的概念和格式，掌握银行对账期初余额和银行对账单的录入，以及日记账和资金日报表的查询。

## 二、相关知识

### （一）日记账的概念

企业应当设置现金总账和现金日记账，其中，日记账应由出纳人员按照业务发生顺序逐笔登记。每日终了，应当在现金日记账上计算出当日的现金收入合计额、现金支出合计额和余额。月末，现金日记账余额应当与库存现金总账的余额核对，做到账账相符。

### （二）日记账的格式

根据《会计基础工作规范》的规定，现金日记账和银行存款日记账必须采用订本式账簿，不得用银行对账单或者其他方法代替日记账。现金日记账用来逐日反映库存现金的收入、支出及结余情况，其账页格式一般采用"收入"（借方）、"支出"（贷方）和"余额"三栏式。银行存款日记账用来反映银行存款增加、减少和结存情况。企业应按币种设置银行存款日记账的明细分类核算，其格式有"三栏式""多栏式"和"收付分页式"三种。

## 三、任务实施

> 【案例4】ABC公司决定于2014年8月1日启用银行对账模块，由出纳韩萍负责将期初银行对账数据录入用友T3，并实时查询日记账金额，以便管理层决定投资等事宜。

### （一）录入银行对账期初余额

与会计科目期初余额录入类似，为了保证期末银行对账的准确性，必须先将期初日记账以及银行对账单未达账项输入现金模块。本例假定期初无未达账项，其具体操作如下。

（微课：光盘\微课视频\项目五\录入银行对账期初余额.swf）

**STEP 1** 以韩萍的身份（用户名：005，密码：20140802）登录用友T3，选择【现金】/【设置】/【银行期初输入】菜单命令。

**STEP 2** 打开"银行科目选择"对话框，在"科目"下拉列表框中选择"工商银行（100201）"选项，单击 确定 按钮，如图5-14所示。

**STEP 3** 打开"银行对账期初"对话框，将"启用日期"设置为"2014.08.01"，在单位日记账"调整前余额"和银行对账单"调整前余额"文本框中均输入"20 000"，然后单击 退出 按钮关闭对话框，如图5-15所示。

图 5-14　选择银行科目

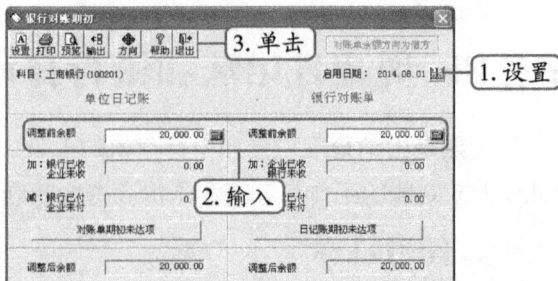

图 5-15　录入单位日记账与银行对账单的期初余额

**STEP 4** 按照相同的方法，设置中国银行的对账期初余额30 000元（参见表3-8）。

> **操作提示**
>
> 在"银行对账期初"对话框的右上角，一般默认显示为"对账单余额方向为借方"，即借方发生表示银行存款增加，贷方发生表示银行存款减少；反之，借方发生表示银行存款减少，贷方发生表示银行存款增加。如果要改变银行对账单余额方向，可单击该对话框中的"方向"按钮✥。

### （二）查询现金日记账、银行日记账

只有将库存现金和银行存款分别设定为现金总账科目和银行总账科目，才能在出纳模块中查询现金和银行日记账，其具体操作如下。（🎬微课：光盘\微课视频\项目五\查询现金日记账、银行日记账.swf）

**STEP 1** 以韩萍的身份（用户名：005，密码：20140802）登录用友T3，选择【现金】/【现金管理】/【日记账】/【现金日记账】菜单命令。

**STEP 2** 打开"现金日记账查询条件"对话框，在"科目"下拉列表框中选择"1001 库存现金"选项，单击选中"按月查"单选项，单击选中"包含未记账凭证"复选框，最后单击 确认 按钮，如图5-16所示。

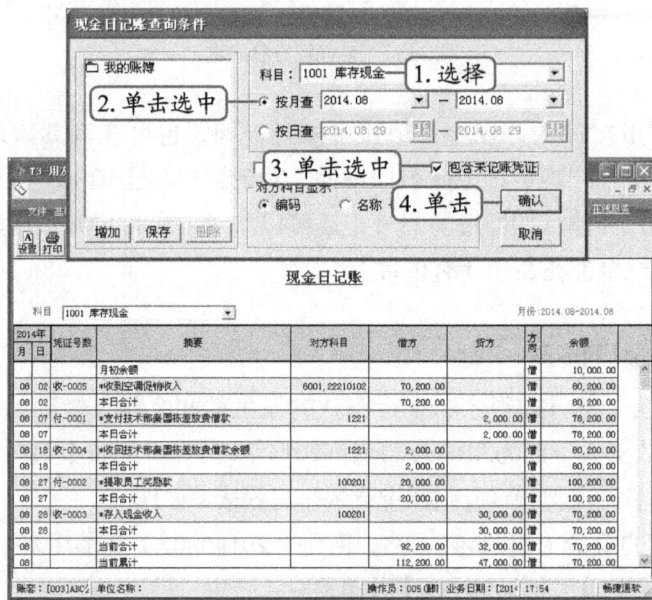

**图5-16 查询现金日记账**

**STEP 3** 选择【现金】/【现金管理】/【日记账】/【银行日记账】菜单命令，在"科目"下拉列表框中选择"1002 银行存款"选项，单击选中"按月查"单选项，单击选中"包含未记账凭证"复选框，最后单击 确认 按钮，如图5-17所示。

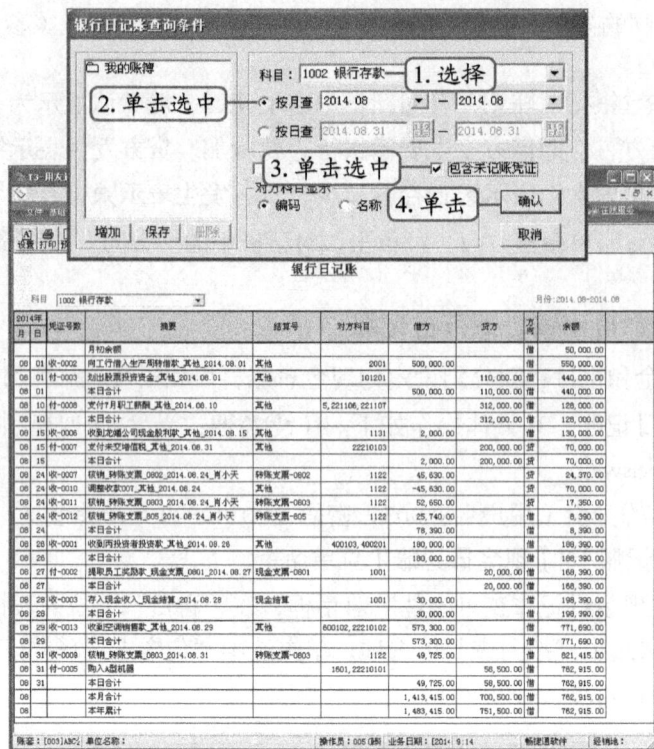

图5-17　查询银行日记账

在用友T3中，现金日记账可按月查询，也可查询具体某一日的现金业务，只要在"现金日记账查询条件"对话框中单击选中"按日查"单选项，然后输入具体日期即可。另外，还可以按对方科目展开日记账，那样可以直观看到现金都花在了什么项目上。

操作提示

### （三）查询资金日报表

资金日报表反映了每日的现金、银行存款的发生额和余额，管理层可通过此表来掌握资金流动的去向和数量。下面为ABC公司查询2014年8月18日的资金日报表，其具体操作如下。（◉微课：光盘\微课视频\项目五\查询资金日报表.swf）

**STEP 1**　以韩萍的身份（用户名：005，密码：20140802）登录用友T3，选择【现金】/【现金管理】/【日记账】/【资金日报】菜单命令。

**STEP 2**　打开"资金日报表查询条件"对话框，在"日期"文本框中输入"2013.08.18"，在"级次"数值框中输入"1"，单击选中"包含未记账凭证"复选框，单击 确认 按钮，如图5-18所示。

**STEP 3**　打开"资金日报表"窗口，单击工具栏中的 按钮，打开"月报单"对话框可查看当日借方和贷方发生额，如图5-19所示。

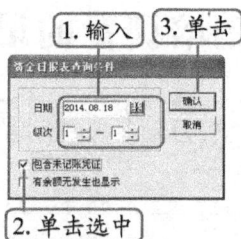

図5-18 设置资金日报表查询条件

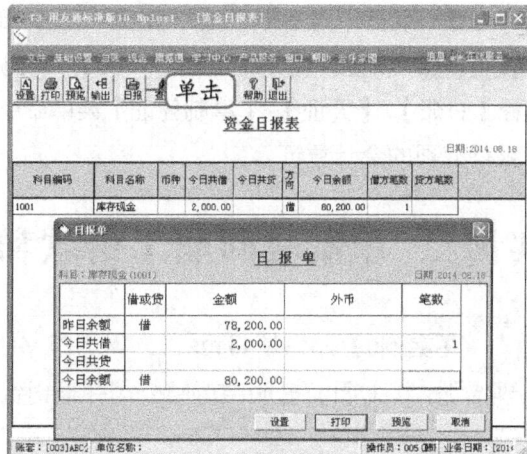

图5-19 查看资金日报表

# 实训一 登记甲舟公司支付工资开出的现金支票

【案例5】甲舟公司2013年9月15日开出现金支票，由出纳从工商银行提取现金20万元，备发职工工资。

## 【实训要求】

掌握登记支票以及填制从银行取现的会计凭证。

## 【实训思路】

取现时，一般先由出纳按规定填写支票，然后去银行取现。之后，根据银行的回单等原始凭证登记支票，并填制会计凭证。最终效果如图5-20所示。

图5-20 登记支票并填制会计凭证

## 【步骤提示】

**STEP 1** 以出纳李仪的身份登录用友T3，建立支票登记簿，并填写支票内容。（素材参

见：光盘\素材\甲舟有限公司账套\项目五\UfErpAct.Lst）

**STEP 2** 以会计员吴海（编号：002，密码：jia08A）的身份登录系统，在用友T3主界面中选择【总账】/【凭证】/【填制凭证】菜单命令，打开"填制凭证"窗口，根据案例信息填制从银行取现的会计凭证。

# 实训二　填制收回职工借款和报销培训费的记账凭证

【案例6】2013年8月28日，人力部辛明宇借支2万元参加在外省举行的人力资源管理培训；9月7日，辛明宇返回公司并报销费用。

**【实训要求】**

熟悉借款流程，掌握培训费的核算。

**【实训思路】**

查看"其他应收款——人力部辛明宇"科目的金额，如果该金额与实际报销金额相符，则填制收回借款的会计凭证。最终效果如图5-21所示。

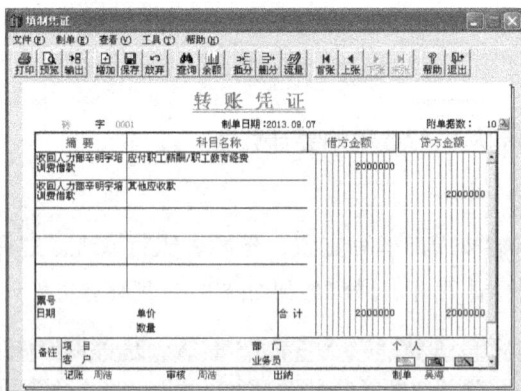

图5-21　填制凭证

**【步骤提示】**

**STEP 1** 以会计员吴海（编号：002，密码：jia08A）的身份登录系统，在用友T3主界面中选择【总账】/【凭证】/【填制凭证】菜单命令，打开"填制凭证"窗口。

**STEP 2** 设置凭证类别、制单日期和附单据数等，在"辅助项"对话框中输入部门和个人等信息。

## 常见疑难解析

**问：为什么在查询现金日记账和资金日报表时，要设置"包括未记账凭证"呢？**

答：这跟实务处理的效率有关，企业一般是在月末再一次性执行记账操作，平时填制的凭证都是"未记账凭证",因此,如果在查询现金日记账、资金日报表中的相关对话框中不单击选中"包括未记账凭证",则查询结果可能为空或者不准确。

**问:什么是"对账单期初未达项"和"日记账期初未达项"?**

答:未达账项是指企业与银行在支票等原始凭证传递过程中,由于凭证接收产生的时间差而造成双方记账时间不一致(一般出现在月末左右)而产生的。例如,企业开出一张转账支票给某供应商,在企业账上已支付该笔款项,但是由于该供应商未及时去企业的开户银行办理入账手续,所以银行没有办理该笔转账业务,导致企业日记账的金额小于银行对账单金额。

# 拓展知识

## 1. 审核外来原始凭证

企业的外来原始凭证主要是发票,用于报销的发票必须真实、合法、有效。目前的发票一般是机打发票,在审核发票时,首先应检查发票的真伪,可登录收款人所在地税务机关的网站,输入发票代码和号码,或者直接咨询税务机关。其次,检查发票内容是否完整、合规,发票上应有双方企业的全称、开票时间和收款人的发票专用章,如果收款人填写的产品名称或服务项目与本企业报销费用不符、或者与其经营范围无关,这种发票也应视为无效。

## 2. 购入交易性金融资产时发生的交易费用的处理

取得交易性金融资产所发生的相关交易费用应当在发生时计入投资收益。交易费用是指可直接归属于购买、发行或处置金融工具新增的外部费用,包括支付给代理机构、咨询公司等的手续费和佣金及其他必要支出。考虑交易费用时,企业取得交易性金融资产时应做如下会计分录。

借:交易性金融资产——成本(公允价值)
　　应收股利或应收利息
　　投资收益(发生的交易费用)
　　贷:其他货币资金等

# 课后练习

## 1. 单选题

(1)下列经济业务事项中,属于收取银行存款的是( )。

A. 从银行提取库存现金 　　　　　B. 从银行取得短期借款

C. 支付以前所欠的货款 　　　　　D. 销售商品收到商业汇票一张

(2)下列经济业务事项中,属于收取银行存款的是( )。

A. 从银行提取库存现金 　　　　　B. 从银行取得短期借款

C. 支付以前所欠的货款 　　　　　D. 销售商品收到商业汇票一张

**2. 多选题**

（1）以下可以支付库存现金的业务是（　　）。

A. 向个人收购农副产品　　　　　　　　B. 购买机器设备

C. 报销车费　　　　　　　　　　　　　D. 发放防暑降温费

（2）提现账务处理涉及的科目包括（　　）。

A. 库存现金　　　　　　　　　　　　　B. 主营业务收入

C. 银行存款　　　　　　　　　　　　　D. 投资收益

**3. 判断题**

（1）现金科目只有先预先指定，才能使用现金日记账功能。　　　　　（　　）

（2）单位日记账调整前的余额必须与其对应的科目期初余额相等。　　（　　）

（3）使用支票登记簿功能前，应在"结算方式"中设置"是否票据管理"。（　　）

（4）支票的报销日期可以在领用日期之前。　　　　　　　　　　　　（　　）

（5）"银行对账期初"功能用于第一次使用该模块前录入日记账和对账单未达项，之后一般不再使用。　　　　　　　　　　　　　　　　　　　　　　　（　　）

**4. 操作题**

（1）以甄实的身份填制ABC公司2014年8月10日应付职工薪酬31.2万元（工资17.3万元、职工福利6万元、工会经费1万元、职工教育经费0.2万元、社会保险费2.1万元、住房公积金3.4万元、非货币性福利1.2万元）的凭证。（以工行存款支付）

（2）以甄实的身份填制ABC公司2014年8月15日支付未交增值税20万元的凭证。（以工行存款支付）（效果参见：光盘\效果\ABC公司账套\项目五\UfErpAct.Lst）

（3）查询甲舟公司2013年9月15日的现金日记账。

（4）查询甲舟公司2013年9月15日的资金日报表。（效果参见：光盘\效果\甲舟有限公司账套\项目五\UfErpAct.Lst）

# 项目六 购入生产、管理物资

## 情景导入

阿秀：小白，企业的收入主要从哪儿来？

小白：主要是通过销售产品或提供服务而来。

阿秀：是的。对于一个制造类企业来说，生产出合格且满足市场需求的产品是取得销售收入的前提，因此企业都很重视生产物资的采购。另外，企业还需购入管理物资，如办公设备等，这些物资是开展生产、管理工作所必备的。

小白：采购不是很简单吗？就像逛超市一样，看中了就买下来。

阿秀：两者是类似的，不过企业的采购是一整套流程，所以比较复杂，它涉及多部门和多种市场信息，需要企业做好流程管理，这样才能减少采购成本，优化采购质量，为生产的持续和安全做好保障，打下基础。

小白：这里面还有这么高深的学问，我得打起精神学习了。

## 学习目标

- 了解固定资产的概念和分类
- 了解固定资产的折旧方法
- 了解存货的概念和种类
- 了解存货的初始计量

## 技能目标

- 掌握初始化固定资产账套
- 掌握固定资产卡片的录入
- 掌握自动计提固定资产折旧
- 掌握采购单据的填制

## 任务一　购入固定资产

固定资产是企业主要的非流动资产，是企业进行生产的设备基础。企业将固定资产投入生产或提供劳务，目的是从中获得收益，而不是直接将其出售。固定资产作为重要的生产资料，其价值会在使用过程中发生损耗，减少的这部分价值通过折旧费用的形式进入商品成本、劳务成本、租赁费或管理费等。

### 一、任务目标

本任务主要是了解固定资产原始卡片的具体内容，掌握购入固定资产和计提折旧的会计核算。

### 二、相关知识

#### （一）资产的计量模式

资产的计量模式反映了其金额的确定基础，主要包括历史成本、重置成本、可变现净值、现值和公允价值等。会计准则规定，会计要素一般采用历史成本，采用其他计量方式时应保证确定的会计要素金额能够取得并可靠计量。

#### （二）固定资产的概念和分类

固定资产是指为生产商品、提供劳务、出租或经营管理而持有的，使用寿命超过一个会计年度的有形资产。在实务中，按经济用途，固定资产可分为生产经营用固定资产和非生产经营用固定资产。按经济用途和使用情况等，固定资产可分为生产经营用固定资产、非生产经营用固定资产、（经营租赁）租出固定资产；未使用固定资产、不需用固定资产、单独入账的土地和融资租入固定资产（在租赁期内，视同自有固定资产进行管理）。

#### （三）购入固定资产的核算

企业从外部购买的固定资产，其成本包括买价、相关税费（不含增值税进项税额）、运输费、装卸费、安装费和专业人员服务费等。外购的固定资产可分为不需安装的和需要安装两种，它们的会计分录如表6-1所示。

表6-1　外购固定资产的会计处理

| 种类 | | 会计分录 |
|---|---|---|
| 不需要安装 | | 借：固定资产<br>　　应交税费——应交增值税（进项税额）<br>　　　贷：银行存款等 |
| 需要安装 | 安装过程中 | 借：在建工程<br>　　应交税费——应交增值税（进项税额）<br>　　　贷：银行存款等 |
| | 交付使用 | 借：固定资产<br>　　　贷：在建工程 |

### （四）固定资产的折旧方法及其账务处理

固定资产折旧方法主要包括年限平均法、工作量法、双倍余额递减法和年数总和法4种。企业确定了固定资产的折旧方法后，不允许随意变更。

**1. 年限平均法**

年限平均法，又称直线法，是指在固定资产预计使用寿命内，将固定资产的应计折旧额平均分摊的一种方法。计算公式如下：

年折旧率=（1-预计净残值率）÷预计使用寿命（年）×100%

年折旧额=固定资产应计折旧额×年折旧率=（固定资产原价-预计净残值）÷预计使用寿命（年）

月折旧额=年折旧额÷12

**2. 工作量法**

工作量法是根据固定资产的实际工作量计算每期应提折旧额的一种方法。计算公式如下：

单位工作量折旧额=（固定资产原价-预计净残值）÷预计总工作量

某项固定资产月折旧额=该项固定资产当月工作量×单位工作量折旧额

**3. 双倍余额递减法**

双倍余额递减法，是指在固定资产使用年限的最后两年前的各年不考虑固定资产预计净残值，根据每期期初固定资产原价减去累计折旧后的金额和双倍的直线法折旧率计算固定资产折旧的一种方法。由于每年年初固定资产净值没有扣除预计净残值，所以在计算固定资产折旧额时，应在其折旧年限到期前两年内，将固定资产净值扣除预计净残值后的余额平均摊销。计算公式如下：

年折旧率=2÷预计使用寿命（年）×100%

年折旧额=（固定资产原价-累计折旧）×年折旧率

**4. 年数总和法**

年数总和法（又称年限合计法），是指将固定资产的原价减去预计净残值后的余额，乘以一个以固定资产尚可使用寿命为分子、以预计使用寿命逐年数字之和为分母的逐年递减的分数，从而计算每年的折旧额的一种方法。计算公式如下：

年折旧率=尚可使用寿命÷预计使用寿命的年数总和×100%

年折旧额=（固定资产原价-预计净残值）×年折旧率

固定资产应当按月计提折旧，计提的折旧应当记入"累计折旧"科目，并根据用途计入相关资产的成本或者当期损益。具体的会计分录如下。

借：在建工程（企业自行建造固定资产过程中使用的固定资产）

制造费用（基本生产车间所使用的固定资产）

管理费用（管理部门所使用的固定资产）

销售费用（销售部门所使用的固定资产）

其他业务成本等（经营租出的固定资产）

贷：累计折旧

## 三、任务实施

> **【案例1】**为了更好地管理固定资产，提高资产利用效率，ABC公司于2014年8月1日启用固定资产模块。固定资产的分类等信息按照项目一中的表1-3进行设置；采用"平均年限法（一）"按月计提折旧；在固定资产使用寿命的最后一个月应提取全部剩余折旧；固定资产编码采用"2112"格式进行手工编码，序号长度为5；与账务系统进行对账，对账科目为"1601 固定资产"和"1602 累计折旧"，对账不平不允许结账。

### （一）初始化固定资产账套

在用友T3中，固定资产必须在一个专门的子模块中进行管理，在第一次登录该模块时，系统会提示进行固定资产账套初始化操作，其具体操作如下（素材参见：光盘\素材\ABC公司账套\项目六\UfErpAct.Lst）。（🎬微课：光盘\微课视频\项目六\初始化固定资产账套.swf）

**STEP 1** 以甄实的身份（用户名：004，密码：20140801）登录系统，单击用友T3主界面左侧的"固定资产"选项卡，系统打开提示对话框，单击 是(Y) 按钮，如图6-1所示。

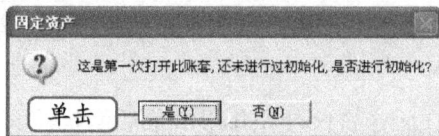

图6-1 确认开始初始化

**STEP 2** 打开"固定资产初始化向导"对话框，单击选中"我同意"单选项，单击 下一步>> 按钮，如图6-2所示。

**STEP 3** 打开"启用月份"对话框，在"账套启用月份"下拉列表框中选择"2014.08"选项，单击 下一步>> 按钮，如图6-3所示。

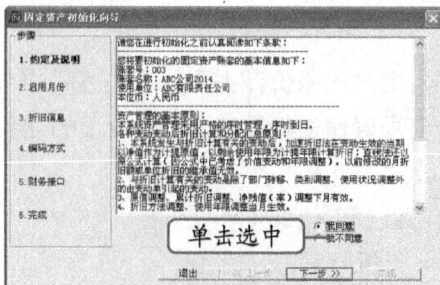

图6-2 同意初始化条款　　　　图6-3 选择固定资产账套启用月份

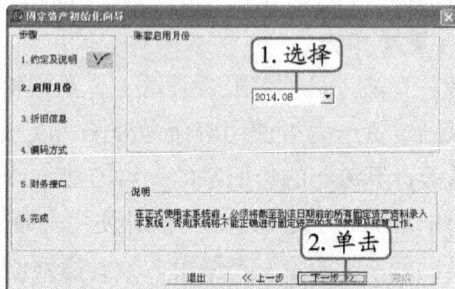

**STEP 4** 打开"折旧信息"对话框，单击选中"本账套计提折旧"复选框，在"主要折旧方法"下拉列表框中选择"平均年限法（一）"选项，在"折旧汇总分配周期"下拉列表框中选择"1"选项，单击选中"当（月初已计提月份＝可使用月份－1）时将剩余折旧全部提足（工作量法除外）"复选框，单击 下一步>> 按钮，如图6-4所示。

**STEP 5** 打开"编码方式"对话框，保持系统默认的参数，单击 下一步>> 按钮，如图6-5所示。

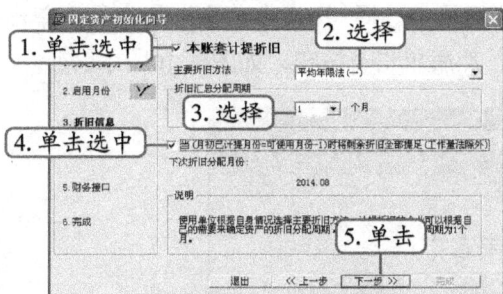

图6-4 设置折旧信息

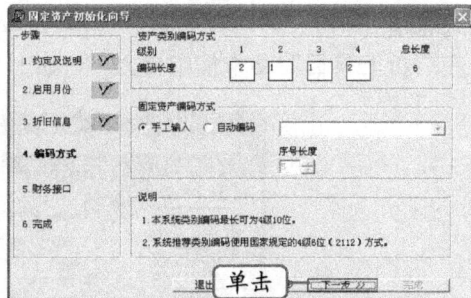

图6-5 设置固定资产编码方式

**STEP 6** 打开"财务接口"对话框，单击选中"与财务系统进行对账"复选框，单击"固定资产对账科目"文本框右侧的🔍按钮，在打开的"科目参照"对话框中选择"1601 固定资产"（系统默认无法直接输入科目代码）；单击"累计折旧对账科目"文本框右侧的🔍按钮，在打开的"科目参照"对话框中选择"1602 固定资产"；取消选中"在对账不平等情况下允许固定资产月末结账"复选框，单击 下一步 >> 按钮，如图6-6所示。

**STEP 7** 打开"完成"对话框，单击 完成 按钮完成以上设置，如图6-7所示。

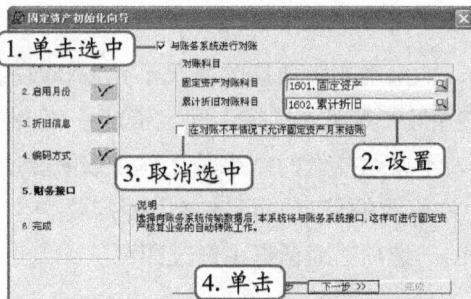

图6-6 设置固定资产系统与财务系统对账

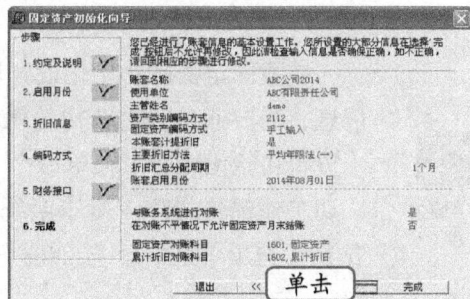

图6-7 设置固定资产编码方式

**STEP 8** 打开提示对话框，单击 是(Y) 按钮确认以上设置，如图6-8所示。

**STEP 9** 打开提示对话框，单击 确定 按钮，完成固定资产账套的初始化，如图6-9所示。

图6-8 确认初始化设置

图6-9 完成初始化设置

### （二）设置部门对应的折旧科目

为了分清经济责任，保证固定资产的完整与安全，企业一般将固定资产按部门进行管理，固定资产发生的折旧费用应归属到相应的使用部门，这样便于在计提折旧时可按部门自动生成转账凭证。下面为ABC公司设置部门对应折旧科目，其具体操作如下。（微课：光盘\微课视频\项目六\设置部门对应折旧科目.swf）

**STEP 1** 以甄实的身份（用户名：004，密码：20140801）登录系统，在用友T3主界面中选择【固定资产】/【设置】/【部门对应折旧科目】菜单命令。

**STEP 2** 打开"部门编码表"窗口，在左侧目录中选择"101办公室"所在行，单击 <sub>操作</sub> 按钮，在"折旧科目"文本框中输入"660211"，然后单击 <sub>保存</sub> 按钮，如图6-10所示。

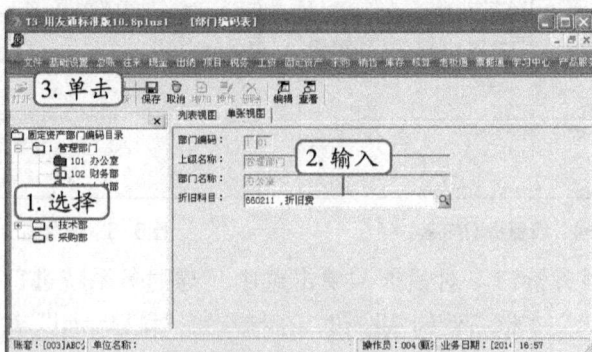

图6-10 设置部门对应折旧科目

**STEP 3** 按照相同的方法，将财务部、人力部、技术部和采购部对应的折旧科目设置为"660211"（管理费用—折旧费），将生产部对应的折旧科目设置为"5101"（制造费用），将营销部对应的折旧科目设置为"6601"（销售费用）。

> **操作提示** 完成固定资产初始化设置后，如果确实需要修改系统不允许修改的账套信息，需要通过"重新初始化"功能来实现（选择【固定资产】/【维护】/【重新初始化账套】菜单命令），不过这样做的结果是之前在该账套所做的一切工作都将清除。对于系统允许修改的信息，可选择【固定资产】/【设置】/【选项】菜单命令，在打开的"选项"对话框中修改即可。

### （三）设置资产类别

为了便于说明，现将项目一中表1-3的折旧信息细化，具体如表6-2所示。

表6-2 固定资产类别信息

| 类别编码 | 类别名称 | 预计净残值率% | 预计使用年限 | 计提属性 | 折旧方法 | 卡片样式 |
|---|---|---|---|---|---|---|
| 01 | 房屋、建筑物 | 3 | 20年 | | | |
| 02 | 机器设备 | 5 | 10年 | | | |
| 03 | 电子设备 | 5 | 5年 | 正常计提 | 平均年限法(一) | 通用样式 |
| 04 | 运输设备 | 5 | 5年 | | | |
| 05 | 其他 | 5 | 5年 | | | |

下面按表6-2为ABC公司设置资产类别，其具体操作如下。（ 微课：光盘\微课视频\项目六\设置资产类别.swf）

**STEP 1** 以甄实的身份（用户名：004，密码：20140801）登录系统，在用友T3主界面中选择【固定资产】/【设置】/【资产类别】菜单命令。

**STEP 2** 打开"类别编码表"窗口，单击工具栏中的 🖬 按钮，分别在"类别编码""类别名称""使用年限""净残值率""计提属性""折旧方法""卡片样式"文本框中输入"01""房屋、建筑物""20""3""正常计提""平均年限法（一）""通用样式"，然后单击 🖬 按钮，如图6-11所示。

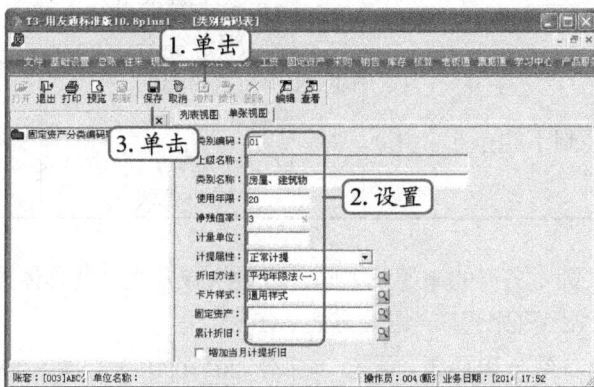

图6-11 增加资产类别

**STEP 3** 根据表6-2的信息，按照相同的方法，将其他4个类别的固定资产信息也录入到固定资产模块。

### （四）设置固定资产增减方式

增减方式包括增加方式和减少方式两类。增加的方式主要有直接购买、投资者投入、捐赠、盘盈、在建工程转入和融资租入等，减少的方式主要有出售、盘亏、投资转出、捐赠转出、报废、毁损和融资租出等。固定资产增减方式相关的主要会计分录如表6-3、表6-4所示。

表6-3 固定资产增加的方式及对应科目

| 增加方式 | 会计分录 | 对应科目 |
|---|---|---|
| 直接购买 | 借：固定资产<br>　　应交税费——应交增值税（进项税额）<br>　贷：银行存款 | 银行存款——工行（100201） |
| 投资者投入 | 借：固定资产<br>　　应交税费——应交增值税（进项税额）<br>　贷：实收资本<br>　　　资本公积——资本溢价（差额） | 实收资本（400103，假定为丙投资者） |
| 盘盈 | 借：固定资产<br>　贷：累计折旧<br>　　　以前年度损益调整 | 以前年度损益调整（6901） |
| 在建工程转入 | 借：固定资产<br>　贷：在建工程 | 在建工程（1604） |

表6-4　固定资产减少的方式及对应科目

| 减少方式 | 会计分录 | 对应科目 |
|---|---|---|
| 出售、报废、毁损 | 借：固定资产清理<br>　　累计折旧<br>　　固定资产减值准备<br>贷：固定资产 | 固定资产清理（1606） |
| 投资转出（非同一控制下的企业合并） | 借：长期股权投资<br>　　累计折旧<br>贷：固定资产<br>　　营业外收入 | 长期股权投资（1511） |

下面根据ABC公司固定资产的来源及去向，设置增减方式，其具体操作如下。（🎬微课：光盘\微课视频\项目六\设置固定资产增减方式.swf）

**STEP 1**　以甄实的身份（用户名：004，密码：20140801）登录系统，在用友T3主界面中选择【固定资产】/【设置】/【增减方式】菜单命令。

**STEP 2**　打开"增减方式"对话框，在左侧目录中选择"1 增加方式"所在行，单击🔳增加按钮，在"增减方式名称"文本框中输入"直接购买"，在"对应入账科目"文本框中输入"100201"（银行存款—工商银行），然后单击🔳按钮，如图6-12所示。

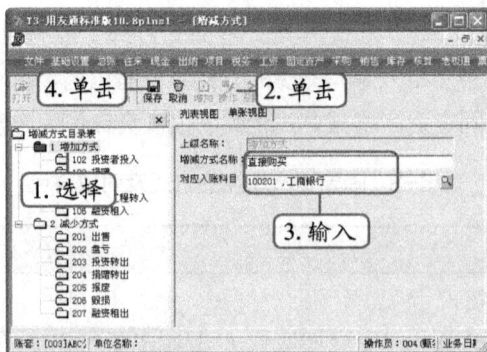

图6-12　设置固定资产增加方式及对应科目

**STEP 3**　在左侧目录中选择"102 投资者投入"所在行，单击🔳操作按钮，在"对应入账科目"文本框中输入"400103"（丙投资者），然后单击🔳按钮，如图6-13所示。

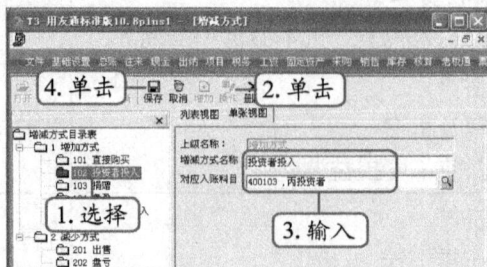

图6-13　设置固定资产增加方式及对应科目

**STEP 4** 按照相同的方法，对其他增减方式对应的入账科目进行设置。

**操作提示** 设置固定资产增减方式的对应入账科目，主要是为了在进行固定资产增减业务处理时，可以直接生成凭证，以提高工作效率。在设置时，应注意对应科目应是明细科目。增加方式一般只设置两级，对于一级增减方式，如"1增加方式"，不能删除和修改。

## （五）录入固定资产原始卡片

ABC公司目前拥有的固定资产如表6-5至表6-8所示。

### 表6-5 ABC公司目前拥有的固定资产

| 固定资产类别 | 开始使用日期 | 取得方式 | 原值（元） | 累计折旧（元） | 备注 |
|---|---|---|---|---|---|
| 办公楼 | 2010年12月10日 | | 200 000 | 34 758.19 | 编号0101 |
| 生产机器 | 2011年12月10日 | | 50 000 | 12 270.83 | 3台 |
| 电子设备 | | 直接购买 | 70 000 | 24 541.77 | 12台 |
| 运输设备 | 2011年12月10日、2014年7月（详见表6-7） | | 100 000 | 49 083.3 | 10辆 |
| 其他设备 | | | 50 000 | 24 541.77 | 1件，编号0501，办公室 |

### 表6-6 生产机器一览表

| 型号 | 所属车间 | 原值（元） | 累计折旧（元） | 净值（元） | 资产编号 |
|---|---|---|---|---|---|
| A | 一车间 | 20 000 | 4 908.33 | 15 091.67 | 0201 |
| B | 二车间 | 20 000 | 4 908.33 | 15 091.67 | 0202 |
| C | 三车间 | 10 000 | 2 454.17 | 7 545.83 | 0203 |
| 合计 | | 50 000 | 12 270.83 | 37 729.17 | |

### 表6-7 电子设备一览表

| 型号 | 所属车间 | 原值（元） | 累计折旧（元） | 净值（元） | 资产编号 | 备注 |
|---|---|---|---|---|---|---|
| A | 一车间 | 5 000 | 2 454.17 | 2 545.83 | 0301 | |
| B | 二车间 | 5 000 | 2 454.17 | 2 545.83 | 0302 | |
| C | 三车间 | 5 000 | 2 454.17 | 2 545.83 | 0303 | |
| D | 财务部 | 5 000 | 2 454.17 | 2 545.83 | 0304 | 2011年12月10日开始使用 |
| E | 人力部 | 5 000 | 2 454.17 | 2 545.83 | 0305 | |
| F | 技术一部 | 5 000 | 2 454.17 | 2 545.83 | 0306 | |
| G | 技术二部 | 5 000 | 2 454.17 | 2 545.83 | 0307 | |
| H | 技术三部 | 5 000 | 2 454.17 | 2 545.83 | 0308 | |
| I | 技术三部 | 10 000 | 0 | 10 000 | 0309 | 2014年7月使用 |
| J | 办公室 | 5 000 | 2 454.17 | 2 545.83 | 0310 | 2011年12月10日开始使用 |
| K | 办公室 | 10 000 | 0 | 10 000 | 0311 | 2014年7月使用 |

| 型号 | 所属车间 | 原值（元） | 累计折旧（元） | 净值（元） | 资产编号 | 备注 |
|---|---|---|---|---|---|---|
| L | 采购部 | 5 000 | 2 454.17 | 2 545.83 | 0312 | 2011 年 12 月 10 日开始使用 |
| | 合计 | 70 000 | 24 541.77 | 45 458.23 | | |

表 6-8　运输设备一览表

| 型号 | 所属车间 | 原值（元） | 累计折旧（元） | 净值（元） | 资产编号 |
|---|---|---|---|---|---|
| A | 一车间 | 10 000 | 4 908.33 | 5 091.67 | 0401 |
| B | 二车间 | 10 000 | 4 908.33 | 5 091.67 | 0402 |
| C | 三车间 | 10 000 | 4 908.33 | 5 091.67 | 0403 |
| D | 营销一部 | 10 000 | 4 908.33 | 5 091.67 | 0404 |
| E | 营销一部 | 10 000 | 4 908.33 | 5 091.67 | 0405 |
| F | 营销二部 | 10 000 | 4 908.33 | 5 091.67 | 0406 |
| G | 营销二部 | 10 000 | 4 908.33 | 5 091.67 | 0407 |
| H | 采购部 | 10 000 | 4 908.33 | 5 091.67 | 0408 |
| I | 采购部 | 10 000 | 4 908.33 | 5 091.67 | 0409 |
| J | 采购部 | 10 000 | 4 908.33 | 5 091.67 | 0410 |
| 合计 | | 100 000 | 49 083.3 | 50 916.7 | |

　　下面根据上述表格为ABC公司录入固定资产原始卡片，其具体操作如下。（🎬微课：光盘\微课视频\项目六\录入固定资产原始卡片.swf）

**STEP 1**　以甄实的身份（用户名：004，密码：20140801）登录系统，在用友T3主界面中选择【固定资产】/【卡片】/【录入原始卡片】菜单命令。

**STEP 2**　打开"资产类别参照"对话框，选择"02 机器设备"选项，单击 确认 按钮，如图6-14所示。

**STEP 3**　打开"录入原始卡片：00001号卡片"窗口，在"固定资产编号"文本框中输入"0201"，在"部门名称"文本框中输入"一车间"，在"增加方式"文本框中输入"101"（直接购买），在"使用状况"文本框中输入"1001"（在用），在"开始使用日期"文本框中输入"2011.12.10"，在"原值"文本框中输入"20 000"，在"累计折旧"文本框中输入"4 908.33"，单击保存按钮，如图6-15所示。

**STEP 4**　打开提示对话框，单击 确定 按钮即可完成保存。然后按照同样的方法，根据表6-6录入其他机器设备的固定资产卡片。

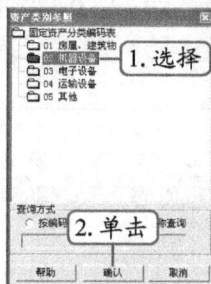

图 6-14　选择资产类别

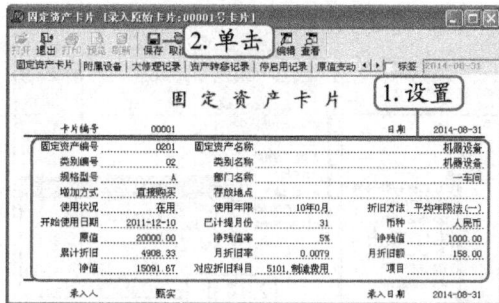

图 6-15　录入固定资产原始卡片

**STEP 5** 选择【固定资产】/【卡片】/【录入原始卡片】菜单命令，打开"资产类别参照"对话框，选择"03 电子设备"选项，单击 确认 按钮，如图6-16所示。

**STEP 6** 打开"录入原始卡片：00004号卡片"窗口，在"固定资产编号"文本框中输入"0301"，在"部门名称"文本框中输入"一车间"，在"增加方式"文本框中输入"101"（直接购买），在"使用状况"文本框中输入"1001"（在用），在"开始使用日期"文本框中输入"2011.12.10"，在"原值"文本框中输入"5 000"，在"累计折旧"文本框中输入"2 454.17"，单击 保存 按钮，如图6-17所示。

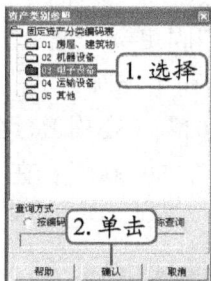

图 6-16　选择资产类别

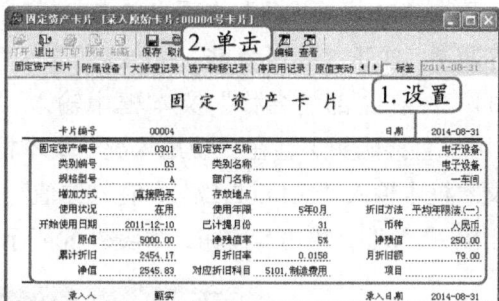

图 6-17　录入固定资产原始卡片

**STEP 7** 打开提示对话框，单击 确定 按钮即可完成保存。然后按照同样的方法，根据表6-7、表6-8录入电子设备、运输设备的固定资产卡片，最后按照表6-5录入办公楼、其他设备的卡片信息。

**STEP 8** 选择【固定资产】/【账表】/【我的账表】菜单命令，打开"报表"窗口。在左侧的目录中双击"（固定资产原值）一览表"选项，打开"条件-（固定资产原值）一览表"对话框，保持系统默认参数，然后单击 确定 按钮，如图6-18所示。

**STEP 9** 打开"查看报表"对话框，"原值"和"累计折旧"两列的合计数与总账系统中的期初余额一致时，即表示正确录入了固定资产卡片，如图6-19所示。

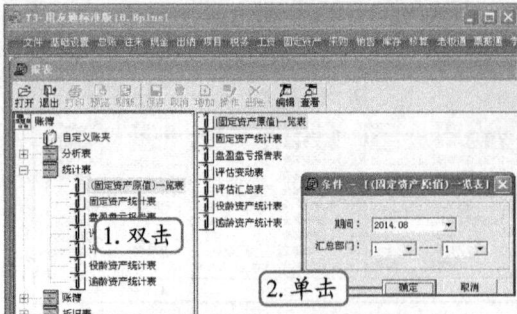

| 图6-18 设置查询固定资产原值的条件 | 图6-19 查看固定资产原值 |

## （六）增加固定资产并自动制单

2014年8月17日，ABC公司购入一台型号为A的机器（供三车间使用），共支付价款50 000元，增值税进项税额8 500元，全部以工行存款转账支付。下面在固定资产系统中增加固定资产，并设置自动制单（假定附件为5张），其具体操作如下。（**微课**：光盘\微课视频\项目六\增加固定资产并自动制单.swf）

**STEP 1** 以资产管理员厉有为的身份（用户名：008，密码：20140805）登录系统，在用友T3主界面中选择【固定资产】/【卡片】/【资产增加】菜单命令，打开"资产类别参照"窗口，选择"02 机器设备"选项，单击 确认 按钮。

**STEP 2** 打开"新增资产：00028号卡片"窗口，在"固定资产编号"文本框中输入"0204"，在"部门名称"文本框中输入"三车间"，在"增加方式"文本框中输入"101"（直接购买），在"使用状况"文本框中输入"1001"（在用），在"开始使用日期"文本框中输入"2014.08.17"，在"原值"文本框中输入"50 000"，在"累计折旧"文本框中输入"0"，单击 按钮，如图6-20所示。

图6-20 增加固定资产

**STEP 3** 打开提示对话框，单击 确定 按钮保存该卡片。

**STEP 4** 选择【固定资产】/【处理】/【批量制单】菜单命令，打开"批量制单"对话框。

**STEP 5** 双击"制单"下方的第一个单元格，使其出现"Y"字样，然后单击"制单设置"选项卡，在"科目"下方的第一个单元格中输入"1601"（固定资产），单击 按钮，如图6-21所示。

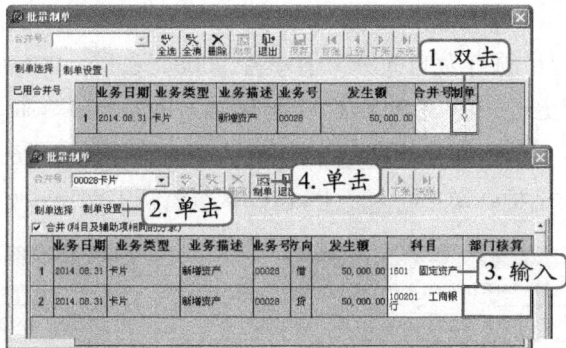

图6-21 设置自动生成新增固定资产的凭证

**STEP 6** 打开"填制凭证"窗口，将凭证设置为"付款凭证"，制单日期设置为 "2014.08.31"，在"附单据数"文本框中输入"5"，在"摘要"栏下第1、2个单元格中均 输入"购入A型机器"。将鼠标光标定位在第2行分录，单击插分按钮，在新增的一行中分别 设置摘要、科目名称、借方金额为"购入A型机器""应交税费/应交增值税/进项税额"和 "8 500"。将第3行"贷方金额"修改为"58 500"，单击保存按钮完成凭证的填制，如图 6-22所示。

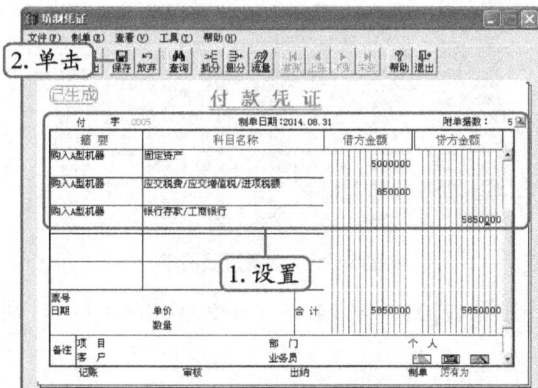

图6-22 完成固定资产自动制单

固定资产系统中的自动制单功能有两种方式：一种是业务发生后立即制 单，即每次购买固定资产都制作一张凭证；另一种是批量制单，即在月末统一 生成当月所有购入固定资产的凭证。如果要使用第一种方式，需选择【固定资 产】/【设置】/【选项】菜单命令，在打开的"选项"对话框中单击"与账务 系统接口"选项卡，然后单击选中"业务发生后立即制单"复选框。

**操作提示**

## （七）自动计提固定资产折旧

将固定资产资料完整录入系统后，企业应每月计提折旧，并按照之前设置的对应科目，
将折旧费用分摊到各资产使用部门。下面为ABC公司计提2014年8月的折旧（假定附件为3

张），其具体操作如下。（🎬微课：光盘\微课视频\项目六\自动计提固定资产折旧.swf）

**STEP 1** 以资产管理员厉有为的身份（用户名：008，密码：20140805）登录系统，在用友T3主界面中选择【固定资产】/【处理】/【计提本月折旧】菜单命令。

**STEP 2** 打开提示对话框，单击 是(Y) 按钮确认计提折旧，如图6-23所示。

**STEP 3** 打开提示对话框，单击 是(Y) 按钮确认查看折旧清单，如图6-24所示。

**图6-23 确认计提折旧**　　　　**图6-24 确认查看折旧清单**

**STEP 4** 打开"折旧清单[2014.08]"对话框，查看折旧清单后单击 退出 按钮，如图6-25所示。

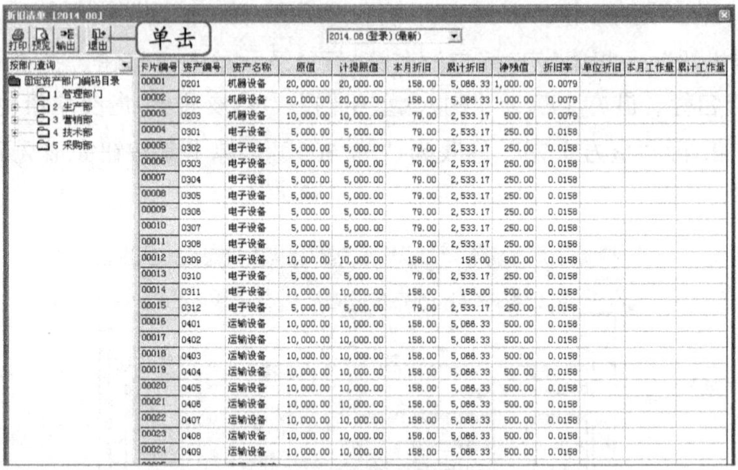

**图6-25 查看折旧清单**

**STEP 5** 打开"折旧分配表[01（2014.08－→2014.08）]"对话框，单击 凭证 按钮，如图6-26所示。

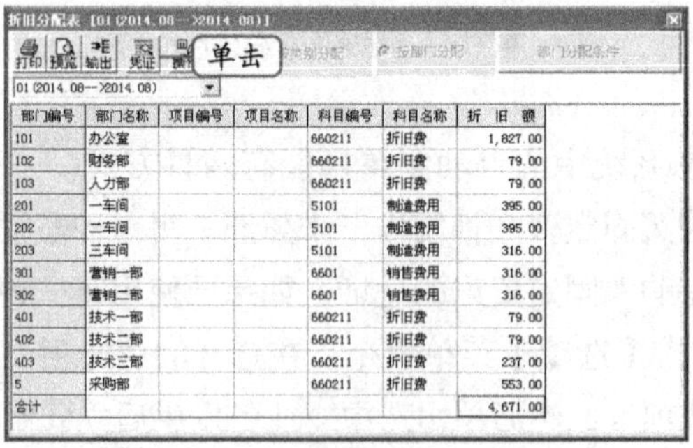

**图6-26 "折旧分配表"对话框**

**STEP 6** 打开"填制凭证"窗口，将凭证设置为"转账凭证"。按住鼠标左键不放，将鼠标指针拖曳到能看到最后一个分录所在行，在该行的"科目名称"对应单元格中输入"1602"，单击 保存 按钮完成凭证的填制，如图6-27所示。

106

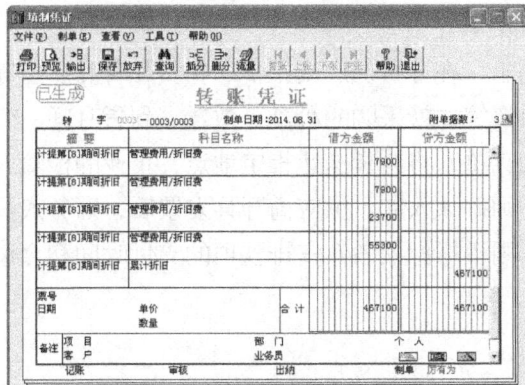

图6-27 完成固定资产折旧制单

# 任务二 购入存货

存货是企业主要的流动资产，一般占用的金额较大。企业持有的存货，无论是可供直接销售的，如企业的产成品、商品等，还是需经过进一步加工后才能出售的，如原材料等，最终的目的都是为了出售，这是存货区别于固定资产等非流动资产的最基本的特征。企业持有存货，对生产或销售的影响很大，需要加强管理。

## 一、任务目标

本任务主要是了解存货的定义、种类和计量，了解企业实务中的采购管理流程，掌握采购订单、采购入库单和入库会计凭证的填制。

## 二、相关知识

### （一）存货的概念和种类

存货是指企业在日常活动中持有以备出售的产成品或商品、处在生产过程中的在产品、在生产过程或提供劳务过程中耗用的材料和物料等。根据在生产流程中的不同位置和作用，存货一般分为以下8个种类：原材料、在产品、半成品、产成品、商品、包装物、低值易耗品、委托代销商品。

### （二）存货的初始计量

企业取得存货的方式主要有外购、委托加工、自行加工等。存货应当按照成本进行初始计量。

● **外购存货**：外购成本包括购买价款、相关税费、其他可归属于采购成本的费用（包装费、仓储费等）。

● **委托外单位加工完成的存货**：以实际耗用的原材料或者半成品、加工费、运输费、装卸费等费用以及按规定应计入成本的税金，作为实际成本。

● **自行生产的存货**：初始成本包括投入的原材料或半成品、直接人工和按照一定方法分配的制造费用。

### （三）采购管理的流程

采购部门根据生产需求，在分析供应商报价、存货品种和质量等信息的基础上，与供应商签订采购合同、购销协议等，就采购的种类、数量、到货时间、到货地点和运输方式等达成一致。供应商确认采购订单，将存货送达指定地点，企业的检验人员根据采购订单检查存货实物，如果检验合格，则确认入库。供应商开具发票后，财务人员对入库单和采购发票进行检查，如果检查通过，则根据付款条件安排款项的支付时间和金额。这一系列的操作构成了采购流程。

## 三、任务实施

【案例2】2014年8月10日，ABC公司采购部根据生产需求制定订单，由业务员铁毅强向强者钢铁厂订购甲材料1 000公斤（单价95元），强者钢铁厂已确认该订单。8月15日，该批材料及发票送到仓库，由一车间使用。该笔货款暂未支付。

### （一）填制并审核采购订单

根据案例2中的订单信息，下面为ABC公司填制采购订单，其具体操作如下。（🎬微课：光盘\微课视频\项目六\填制并审核采购订单.swf）

**STEP 1** 以采购员铁毅强的身份（用户名：011，密码：20140808）登录系统，在用友T3主界面中选择【采购】/【采购订单】菜单命令。

**STEP 2** 打开"采购订单"窗口，单击🔲按钮，分别将"日期""供货单位""部门""业务员"和"税率"设置为"2014.08.10""强者""采购部""铁毅强"和"17%"。在"存货编号"下方第一个单元格输入"010101"（甲材料），将该行的"数量"和"原币单价"分别设置为"1 000"和"95"，最后单击🔲按钮完成订单的填制，如图6-28所示。

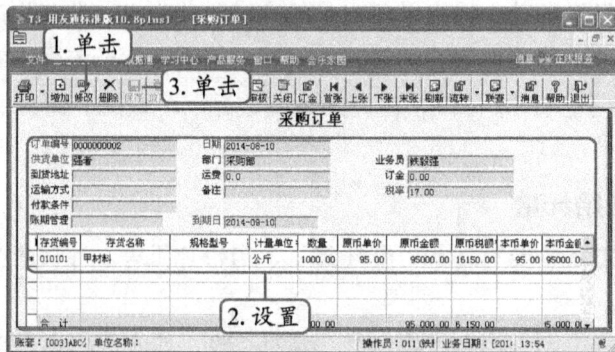

图6-28 填制采购订单

**STEP 3** 以采购主管郝楠的身份（用户名：009，密码：20140806）登录系统，在用友T3主界面中选择【采购】/【采购订单】菜单命令，打开"采购订单"窗口，单击🔲按钮，如图6-29所示。

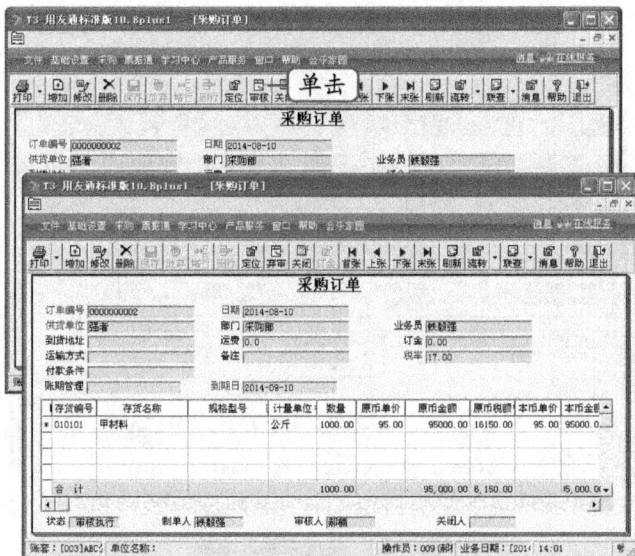

图6-29 审核采购订单

**操作提示**　录入采购入库单前，要先赋予相关操作员权限。对于【案例2】，应先以admin的身份登录"系统管理"对话框，在"操作员权限"对话框中，增加采购人员"公共目录设置"的权限。

### （二）填制采购入库单

采购订单填制完成后，可生成入库单，其具体操作如下。（ 微课：光盘\微课视频\项目六\填制采购入库单.swf）

**STEP 1**　以采购员铁毅强的身份（用户名：011，密码：20140808）在8月15日登录系统，在用友T3主界面中选择【采购】/【采购订单】菜单命令，打开"采购订单"窗口，单击工具栏中的 按钮右侧的·按钮，在打开的下拉列表中选择"生成采购入库单"选项，如图6-30所示。

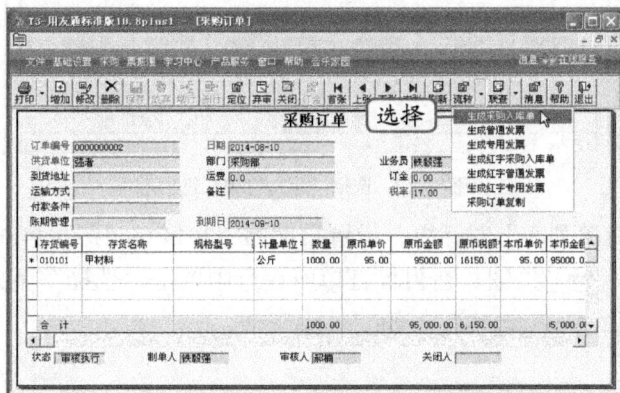

图6-30 选择"生产采购入库单"选项

**STEP 2** 打开"采购入库"窗口，设置入库日期、仓库和入库类别等，然后单击 按钮完成入库单的填制，如图6-31所示。

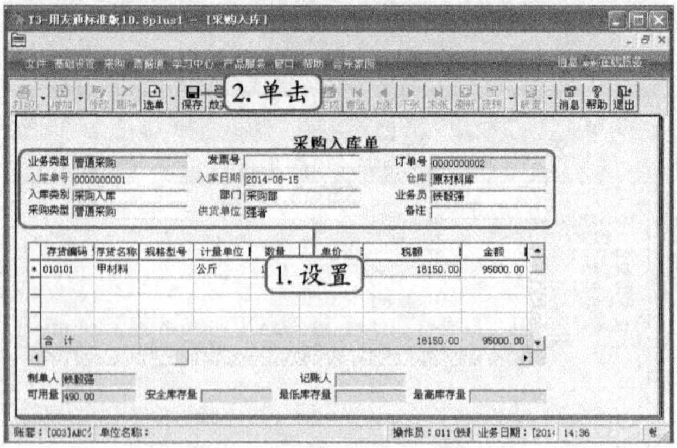

图6-31　生成采购入库单

### （三）填制采购发票

企业从供应商强者钢铁厂取得采购发票时，应及时录入到采购管理系统，其具体操作如下。（ 微课：光盘\微课视频\项目六\填制采购发票.swf）

**STEP 1** 以采购员铁毅强的身份（用户名：011，密码：20140808）在8月15日登录系统，在用友T3主界面中选择【采购】/【采购发票】菜单命令。

**STEP 2** 打开"采购发票"窗口，单击工具栏中的 按钮，然后单击 按钮右侧的 按钮，在打开的下拉列表中选择"采购订单"选项，如图6-32所示。

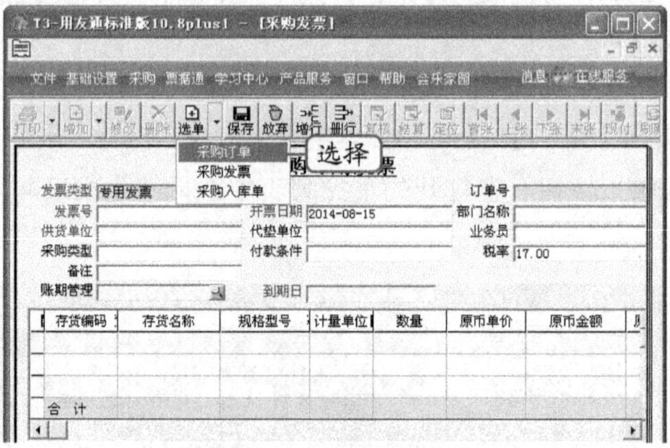

图6-32　选择"采购订单"选项

**STEP 3** 打开"订单列表"对话框，设置日期为"2014.08.01~2014.08.15"、供货单位为"强者"，然后单击 过滤 按钮，在目标订单所在行中单击"选择"下方对应的单元格，使其出现"√"。最后单击 确认 按钮，如图6-33所示。

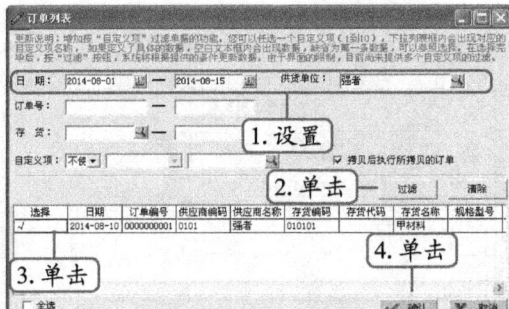

图6-33 选择生成采购发票的订单

**STEP 4** 返回"采购发票"窗口，设置发票号、开票日期等，最后单击 [保存] 按钮完成采购发票的填制，如图6-34所示。

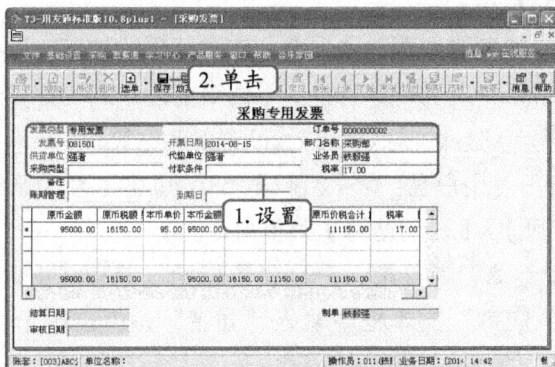

图6-34 完成采购发票的填制

**STEP 5** 以汤芹的身份（用户名：006，密码：20140803）登录系统，在用友T3主界面中选择【采购】/【采购发票】菜单命令，打开"采购发票"窗口，单击 [复核] 按钮，在打开的提示对话框中单击 [是(Y)] 按钮，如图6-35所示。

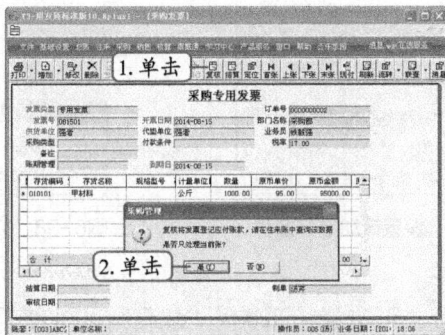

图6-35 确认复核采购发票

**STEP 6** 完成复核的采购发票左上方将出现"已审核"的字样，如图6-36所示。

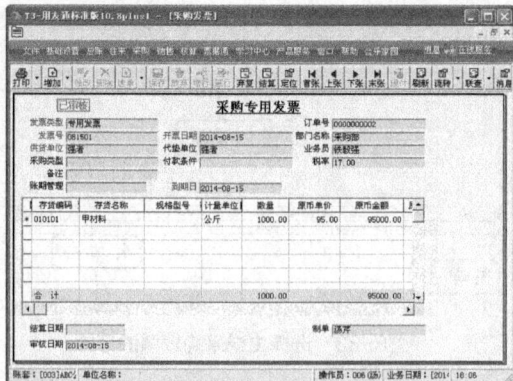

图6-36 完成复核采购发票

## （四）设置采购结算

为了验证采购入库单和发票是否一致，企业应进行采购结算，以确认入库的实际成本。采购结算的方式有自动结算和人工结算两种。下面对前述采购的存货进行成本结算，其具体操作如下。（🎞微课：光盘\微课视频\项目六\设置采购结算.swf）

**STEP 1** 以汤芹的身份（用户名：006，密码：20140803）登录系统，在用友T3主界面中选择【采购】/【采购结算】/【自动结算】菜单命令。

**STEP 2** 打开"自动结算"对话框，分别设置起始日期和截止日期为"2014.08.01"和"2014.08.31"，在"供应商"文本框中输入"强者"，单击选中"入库单和发票"复选框，然后单击 ✓确认 按钮，如图6-37所示。

**STEP 3** 打开提示对话框，提示结算成功，单击 确定 按钮，如图6-38所示。

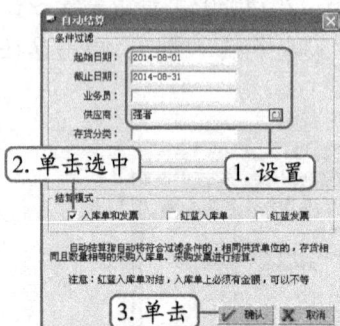

图6-37 设置自动结算条件

图6-38 完成自动结算

**操作提示** 采购结算后，可选择【采购】/【采购明细表】/【结算明细表】菜单命令，在其中可查询采购明细表。采购订单、采购入库单、采购发票和采购结算表之间的填制顺序和联系如图6-39所示。

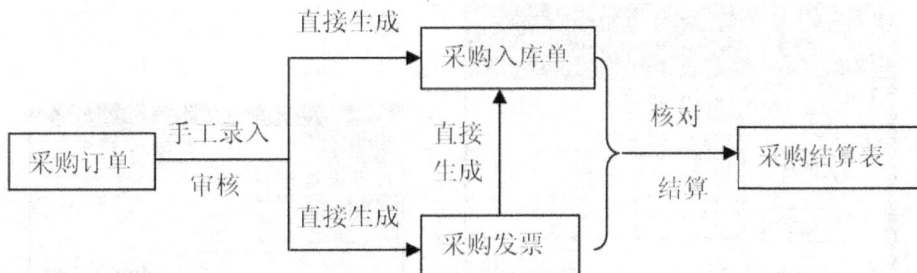

图6-39  采购单据的填制顺序和联系

### （五）设置采购入库凭证模板并生成凭证

采购系统的信息最终需要反映到总账系统，两个系统的数据通过凭证模板进行传递，可实现业务与财务的实时共享，加快账务处理的进度和效率。下面为采购入库凭证设置模板，其具体操作如下。（🎬微课：光盘\微课视频\项目六\设置采购入库凭证模板.swf）

**STEP 1**  以汤芹的身份（用户名：006，密码：20140803）在2014年8月15日登录系统，在用友T3主界面中选择【核算】/【科目设置】/【供应商往来科目】菜单命令。

**STEP 2**  打开"供应商往来科目设置"对话框，在左侧目录中选择"基本科目设置"，在右侧的"应付科目 本币"文本框中输入"2202"（应付账款），在"采购科目"文本框中输入"1401"（材料采购），在"采购税金科目"文本框中输入"22210101"（进项税额），在"预付科目"文本框中输入"1123"（预付账款），如图7-40所示。

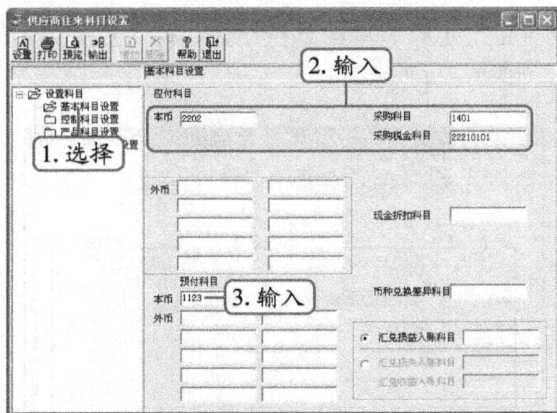

图6-40  设置基本科目

**STEP 3**  在左侧目录中选择"结算方式科目设置"，在"结算方式"下方第一个下拉列表框中选择"现金结算"选项，相应的币种和科目为"人民币"和"1001"（库存现金），继续设置其他结算方式，如图6-41所示。

**STEP 4**  选择【核算】/【凭证】/【供应商往来制单】菜单命令，打开"供应商制单查询"对话框，单击选中"发票制单"复选框，在"供应商"文本框中输入"0101"（强者钢铁厂），单击 ✓确认 按钮，如图6-42所示。

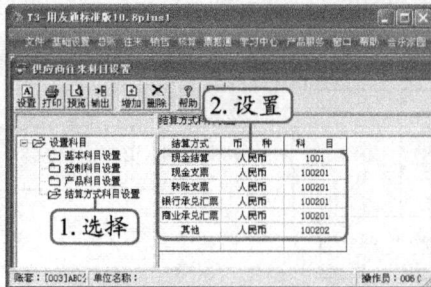

图6-41 设置结算方式及其科目

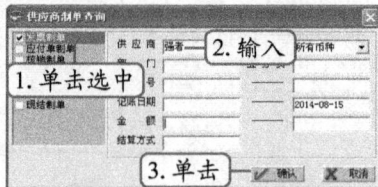

图6-42 设置供应商往来制单查询参数

**STEP 5** 打开"供应商往来制单"对话框,在"凭证类别"下拉列表框中选择"转账凭证"选项,双击"选择标志"下方第一个单元格,使其出现"1"标志,然后单击 制单 按钮,如图6-43所示。

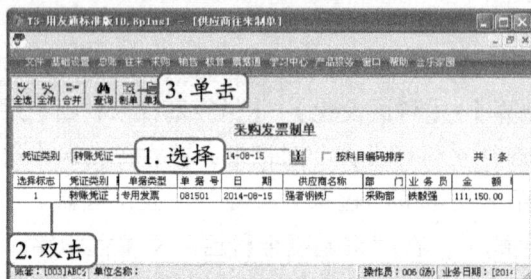

图6-43 选择需制单的采购发票

**STEP 6** 打开"填制凭证"窗口,单击 保存 按钮完成赊购业务凭证的填制,此时凭证左上方显示"已生成"字样,如图6-44所示。

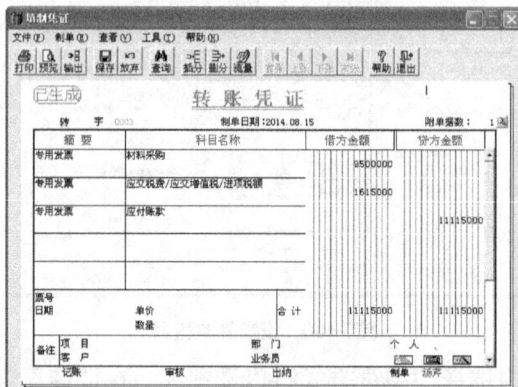

图6-44 完成赊购业务凭证的填制

**STEP 7** 打开"填制凭证"窗口,填制甲材料入库的凭证,如图6-45所示。(效果参见:光盘\效果\ABC公司账套\项目六\UfErpAct.Lst)

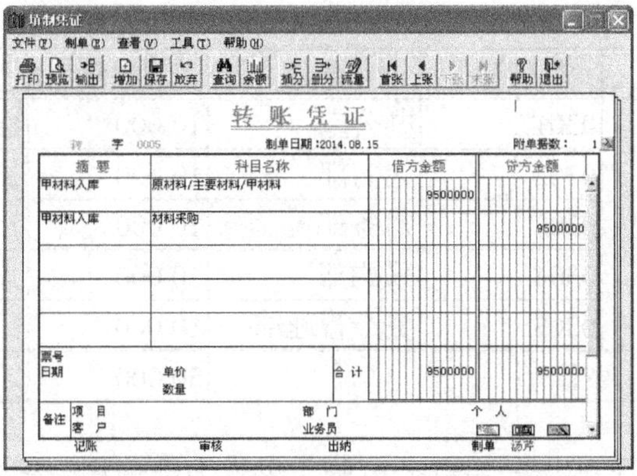

图6-45 完成赊购材料入库凭证的填制

# 实训一 填制固定资产卡片并记账

【案例3】甲舟公司在2013年9月1日启用固定资产系统，主要参数如下：折旧方法：平均年限法（一）；折旧分配周期：1个月；月初已计提月份=可使用月份-1时，将剩余折旧全部提足；固定资产对账科目：1601，累计折旧对账科目：1602；对账不平时不允许固定资产月末结账。设置增加方式"直接购入"的对应科目为100201（工行）、减少方式"报废"的对应科目为1606（固定资产清理）。固定资产原始卡片信息如表6-9和表6-10所示。

表6-9 固定资产原始卡片

| 类别 | 年限 | 残值率 | 启用 | 原值 | 已使用 | 累计折旧 | 净值 | 编号 |
|---|---|---|---|---|---|---|---|---|
| 房屋建筑物 | 20 | 2% | 2010.8.1 | 5 000 000 | 3 年 | 735 000 | 4 265 000 | 0101 |
| 生产用机器设备（机床） | 10 | 2% | 2010.8.1 | 3 000 000 | 3 年 | 441 000 | 2 559 000 | 0201-0205 |
| 办公用设备（电脑） | 5 | 2% | 2010.8.1 | 50 000 | 3 年 | 7 350 | 42 650 | 0301~0305 |
| 合计 | | —— | | 8 050 000 | | 1 183 350 | 6 866 650 | |

表6-10 固定资产具体数据

| 类别 | 资产编号 | 部门 | 原值 | 累计折旧 | 净值 |
|---|---|---|---|---|---|
| 生产用机器设备（机床） | 0201 | 生产一部 | 600 000 | 88 200 | 511 800 |
| | 0202 | | 600 000 | 88 200 | 511 800 |
| | 0203 | | 600 000 | 88 200 | 511 800 |
| | 0204 | | 600 000 | 88 200 | 511 800 |
| | 0205 | | 600 000 | 88 200 | 511 800 |
| 小计 | | | 3 000 000 | 441 000 | 2 559 000 |

续表

| 类别 | 资产编号 | 部门 | 原值 | 累计折旧 | 净值 |
|---|---|---|---|---|---|
| 办公用设备（电脑） | 0301 | 办公室 | 10 000 | 1 470 | 8 530 |
| | 0302 | 人力部 | 10 000 | 1 470 | 8 530 |
| | 0303 | 财务部 | 10 000 | 1 470 | 8 530 |
| | 0304 | 采购部 | 10 000 | 1 470 | 8 530 |
| | 0305 | 资产管理部 | 10 000 | 1 470 | 8 530 |
| 小计 | | | 50 000 | 7 350 | 42 650 |

9月4日，该公司又购入一台办公电脑（供人力部使用，编号0306），售价6 000元，增值税进项税额1 020元，全部以工行存款转账支付。

【实训要求】

掌握固定资产系统的初始化和固定资产卡片录入的操作。

【实训思路】

在首次使用固定资产系统时，应进行初始化操作，设置资产类别、增减方式和原始卡片等，并保证固定资产原值、累计折旧与期初余额录入中的金额一致，这样月末才能结账。然后，根据新购入的电脑设备的相关信息，进行资产增加的操作。其中，购入办公电脑业务时，应借记"固定资产 6 000"、"应交税费——应交增值税（进项税额） 1 020"，贷记"银行存款——工行 7 020"。最终效果如图6-46所示。

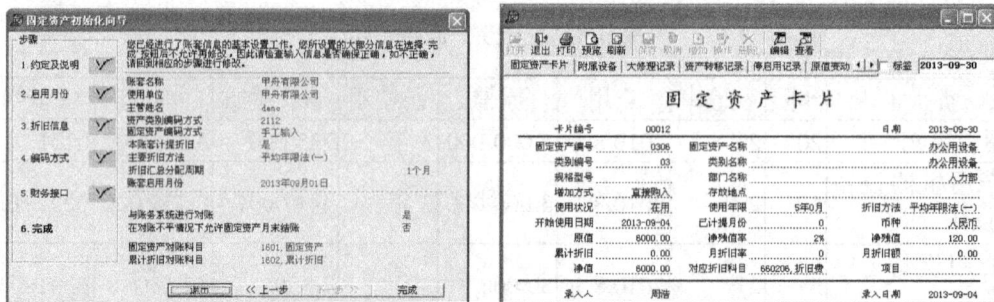

图6-46 启动固定资产系统并填制固定资产卡片并记账

【步骤提示】

STEP 1 以账套主管周浩（编号：001，密码：jia07A）的身份登录甲舟公司账套，初始化并启动固定资产系统。（素材参见：光盘\素材\甲舟有限公司账套\项目六\UfErpAct.Lst）

STEP 2 设置部门对应折旧科目，其中办公室、人力部、财务部、采购部、销售部、资产管理部、审计部的折旧对应科目为"管理费用——折旧费"，生产一部、生产二部的折旧对应科目为制造费用（A设备）。

STEP 3 增加资产类别：房屋建筑物、生产用机器设备、办公用设备，然后设置固定资产增减方式和对应科目。

**STEP 4**　先录入固定资产原始卡片，按照电脑设备所属类别和相关信息，录入固定资产卡片。

**STEP 5**　选择【固定资产】/【处理】/【批量制单】菜单命令，通过批量制单功能生成凭证，修改后保存即可。

# 实训二　购入原材料并验收入库

【案例4】2013年9月10日，甲舟公司从良宇公司处购买的M材料10吨送达公司（材料订单于9月3日发出，单价为1 000元/吨），采购发票同时送达。该笔货款暂未支付。

【实训要求】

掌握企业存货采购的流程和各种采购单据的填制。

【实训思路】

首先，在9月3日填制采购订单；其次，在材料送达时，根据订单和发票对实物进行核对，核对无误后办理入库手续，同时确认入库成本，填制采购入库单；最后，根据采购入库单生产采购专用发票。

【步骤提示】

**STEP 1**　以采购员严光荣（编号：010，密码：20140807）的身份在9月3日登录账套，填制采购订单，然后生成采购入库单。

**STEP 2**　以采购主管郝楠（编号：009，密码：20140806）的身份在9月10日登录账套，审核采购订单。

**STEP 3**　以采购员严光荣的身份生成采购入库单，根据入库单生成采购专用发票，如图6-47所示。

**STEP 4**　以主管浩楠的身份登录账套，复核发票并审核结算该笔应付款，并生成赊购M材料的凭证（凭证模板与ABC公司相同），在9月30日填制M材料入库的凭证。

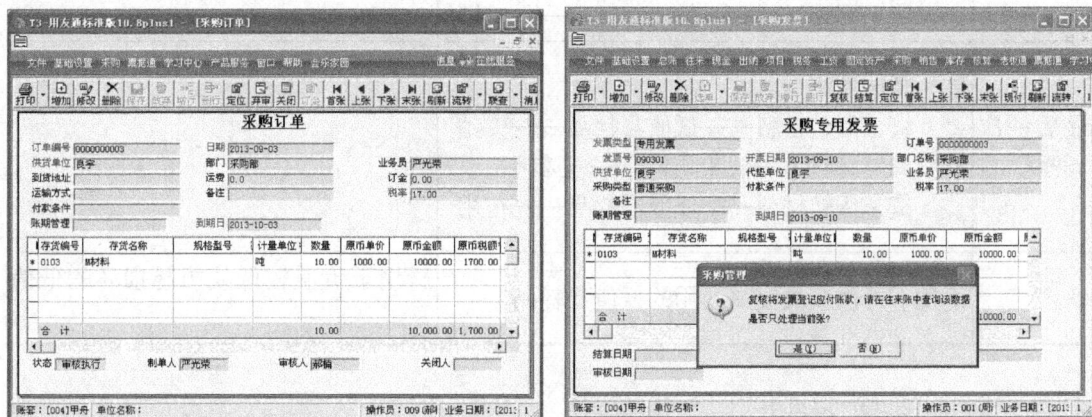

图6-47　购入原材料并验收入库

## 常见疑难解析

**问：企业的不同资产可以设置不同的折旧方法吗？**

答：当然可以。企业应根据固定资产的性质和使用情况，合理确定固定资产的使用寿命和预计净残值。例如，生产车间使用的数控车床的原价为70万元，预计能够生产产品600万件，预计净残值为3%，本月生产产品9万件。该类机床的产量能够合理计算得出，适宜采用工作量法，当月计提的折旧额 = $9 \times [70 \times (1 - 3\%) \div 600] = 1.02$（万元）。

**问：是否一定要先有订单，才能生成采购发票？**

答：不一定，对于有订单的采购业务，一般要先填制采购订单，然后才生成发票。但是，如果是货到入库的情况下，可直接根据入库单生成采购发票。所以，使用用友T3应按照企业的实际情况，灵活处理。

# 拓展知识

### 1. 低值易耗品的摊销方法

低值易耗品等符合存货定义和条件的，按照使用次数分次计入成本或费用，金额较小的可在领用时一次计入成本或费用，以简化核算，但应在备查簿上进行登记。分次摊销法和一次转销法的会计分录如表6-11所示。

表6-11　分次摊销法和一次转销法

| 项目 | 分次摊销法 | 一次转销法 |
|------|-----------|-----------|
| 领用专用工具 | 借：周转材料——低值易耗品——在用<br>　　贷：周转材料——低值易耗品——在库<br>同时，计算领用当月的摊销额<br>借：制造费用<br>　　贷：周转材料——低值易耗品——摊销 | 借：制造费用、管理费用等<br>　　贷：周转材料——低值易耗品 |
| 最后一次摊销 | 借：制造费用<br>　　贷：周转材料——低值易耗品——摊销<br>借：周转材料——低值易耗品——摊销<br>　　贷：周转材料——低值易耗品——在用 | —— |
| 备注 | 适用于可供多次反复使用的低值易耗品 | 适用于价值较低或极易损坏的低值易耗品 |

### 2. 填制固定资产变动单

在用友T3中，资产变动包括原值增减、部门转移、使用状况变动、使用年限调整、折旧方法调整和计提减值准备等。由于固定资产一般金额较大，是企业重点管理的资产，因此必须对固定资产的变动制作变动单，以保障资产安全。具体操作是在T3主界面中选择【固定资产】/【卡片】/【变动单】菜单命令，在打开的子菜单中选择相应的变动情形，然后在打开的"固定资产变动单"对话框中设置相应内容。

# 课后练习

### 1. 单选题

（1）下列选项中，不属于固定资产系统初始化设置的是（　　）。

A. 设置部门对应折旧科目　　　　　B. 设置固定资产增减方式

C. 设置存货档案　　　　　　　　　D. 设置折旧方法

（2）（　　）是以企业的各种入库单和出库单为原始数据，对各种出入库单进行输入和审核，反映各种存货的入库、出库及库存情况。

A. 采购管理系统　　　　　　　　　B. 库存管理系统

C. 销售管理系统　　　　　　　　　D. 存货核算系统

### 2. 判断题

（1）在固定资产系统中，折旧方法只能选择"平均年限法（一）"。（　　）

（2）在固定资产系统中，初始设置时未选择"与账务系统对账"，也可以进行批量制单操作。（　　）

（3）如果固定资产账套设置错误，而系统不允许修改时，只能进行"重新初始化"操作，但账套数据将全部清除。（　　）

（4）设置部门对应折旧科目时，生产车间办公室的折旧费用应计入"管理费用"科目。（　　）

（5）采购入库单可由采购发票或采购订单生成。（　　）

（6）存货编号一般在存货管理子系统设置，采购与应付子系统需要使用存货编号时从存货管理子系统调用。（　　）

（7）采购订单编制后应先进行审核，才能作为正式的订单，否则不能生成入库单。（　　）

### 3. 操作题

（1）为开普公司启用固定资产系统（以账套主管邝原的身份登录），具体参数如表6-12所示。（素材参见：光盘\素材\开浦投资有限公司有限公司账套\项目六\UfErpAct.Lst）

表6-12　固定资产系统参数

| 控制参数 | 参数设置 |
|---|---|
| 约定与说明 | 选择"我同意" |
| 启用月份 | 2014.01 |
| 折旧信息 | 本账套计提折旧；折旧方法：平均年限法（一）；折旧汇总分配周期：1个月；当（月初已计提月份＝可使用月份−1）时，将剩余折旧全部提足 |

| 控制参数 | 参数设置 |
|---|---|
| 编码方式 | 资产类别编码方式：2 1 1 2；固定资产编码方式：按"类别编码 + 部门编码 + 序号"自动编码，卡片序号长度为"3" |
| 财务接口 | 与账务系统进行对账；对账科目：固定资产对账科目：1601 固定资产；累计折旧对账科目：1602 累计折旧 |
| 补充参数 | 业务发生后立即制单；月末结账前一定要完成制单登账业务；固定资产缺省入账科目：1601，累计折旧缺省入账科目：1602 |

（2）要求以账套主管邝原（编号：015，密码：2014805）身份登录，选择开普公司账套，在固定资产管理系统中增加期初固定资产卡片，卡片信息如表6-13所示。

表6-13 新增固定资产（金额单位：元）

| 类别 | 名称 | 编号 | 所在部门 | 增加方式 | 使用年限 | 开始使用日期 | 原值 | 累计折旧 | 对应折旧科目 |
|---|---|---|---|---|---|---|---|---|---|
| 机械设备 | 机床 | 01 | 生产部 | 直接购入 | 10 | 2012.08.01 | 600 000 | 114 000 | 制造费用 |

注：计量单位：台，净残值率均为5％，使用状均为"在用"，折旧方法均采用平均年限法（一），其他默认。（效果参见：光盘\效果\开浦投资有限公司有限公司\项目六\UfErpAct.Lst）

（3）9月30日，为甲舟公司编制计提固定资产折旧的凭证。（效果参见：光盘\效果\甲舟有限公司账套\项目六\UfErpAct.Lst）

# PART 7

# 项目七
# 核算物资的使用和减少

## 情景导入

阿秀：小白，你知道企业购入的各项物资都有哪些去向吗？

小白：像原材料的话，它们会被生产车间领用，最终形成产成品。

阿秀：嗯，是的，各种物资是企业资金的实物反映，因此，要想投入有收益，就必须充分利用这些实物的使用价值。

小白：那固定资产也是实物，是不是也可以像产品一样想卖就卖呢？

阿秀：固定资产不一样，它是长期资产，一般企业不会轻易去卖它，除非到了非常困难的境地。

小白：呵呵，是不是可以将固定资产比作老母鸡，我们更多关注的是它生的鸡蛋，如果把母鸡杀了，那么蛋的产量就会得不到保证。

阿秀：这个比喻很形象，看来长进不小嘛。那咱们就一起去看看，用友T3是如何核算这些物资的使用和减少的。

## 学习目标

- 了解实际成本法和计划成本法
- 熟悉材料出库的流程
- 熟悉出售商品的核算
- 熟悉固定资产的处置类型和账务处理

## 技能目标

- 掌握材料相关单据的填制流程和方法
- 掌握销售的流程、账务处理及往来款的核销
- 掌握减少固定资产的流程和账务处理

# 任务一 领用材料

企业购入原材料后，需要由各生产部门或管理部门领用，投入生产过程或管理活动，这样才能形成最终产品，从而获得销售收入。

## 一、任务目标

本任务主要是了解存货的发出流程和计价方法。

## 二、相关知识

### （一）实际成本法

在实际成本核算方式下，企业确定发出存货的成本主要有先进先出法、移动加权平均法、月末一次加权平均法和个别计价法4种方法。

● **先进先出法**：先购入的存货成本在后购入的存货成本之前转出，据此确定发出存货和期末存货的成本。

● **移动加权平均法**：每次进货的成本加上原有库存存货的成本，除以每次进货数量与原有库存存货的数量之和，从而计算加权平均单位成本，作为在下次进货前计算各次发出存货成本依据。

● **月末一次加权平均法**：本月全部进货成本加上月初存货成本，除以本月全部进货数量与月初存货数量之和，从而计算出存货的加权平均单位成本，以此为基础计算本月发出存货的成本和期末存货的成本。

● **个别计价法**：按照各种存货，逐一辨认各批发出存货和期末存货所属的购进批别或生产批别，分别按其购入或生产时所确定的单位成本计算各批发出存货和期末存货成本。具体公式是：发出存货的实际成本＝各批（次）存货发出数量×该批次存货实际进货单价。适用于容易识别、存货品种数量不多以及单位成本较高的存货，如珠宝和名画等贵重物品。

### （二）计划成本法

对于制造类企业，企业采购存货可以采用计划成本法。在该方法下，企业应制定科学合理的计划单位成本，在采购时，按实际支付的货款金额计入"材料采购"科目，按计划成本计入"原材料"科目，以此计算材料成本差异。发出存货时，按计划成本确定销售成本，月末结转成本差异，按如下公式调整得到实际成本。

计划成本±成本差异＝实际成本

发出材料应负担的成本差异应当按期（月）分摊，不得在季末或年末一次计算。根据领用材料的用途将材料成本计入相关资产的成本或者当期损益，从而将发出材料的计划成本调整为实际成本。其具体公式如下。

本期材料成本差异率＝（期初结存材料的成本差异＋本期验收入库材料的成本差异）÷（期初结存材料的计划成本＋本期验收入库材料的计划成本）×100%

发出材料应负担的成本差异＝发出材料的计划成本×本期材料成本差异率

### （三）领用材料的原始凭证

企业内部领用材料一般使用的是自制原始凭证，如限额领料单（见图7-1）和发出材料汇总表（见图7-2）。对于限额领料单，它可以减少原始凭证的张数，简化填制手续，也可随时计算累计发生数，以比较计划或定额数量，直观反映业务的进度。

限额领料单

201×　年 6 月

领料部门：×车间　　　　　　发料仓库：

用途：生产用　　　　　　　　编号：

| 材料编号 | 材料名称 | 规格 | 计量单位 | 领用限额 | 单价 | 全月实用 | |
|---|---|---|---|---|---|---|---|
| | | | | | | 数量 | 金额 |
| | | | | | | | |

| 领料日期 | 请领数量 | 实发数量 | 领料人签章 | 发料人签章 | 限额结余 |
|---|---|---|---|---|---|
| | | | | | |
| | | | | | |
| | | | | | |
| | | | | | |
| | | | | | |
| | | | | | |

供应部门负责人：　　　　生产部门负责人：　　　　仓库管理员：

图7-1　限额领料单

发出材料汇总表

年　月　日

| 会计科目 | 领料部门 | 领用材料 | | | |
|---|---|---|---|---|---|
| | | 原材料 | 辅助材料 | 低值易耗品 | 合计 |
| 生产成本 | 一车间 | | | | |
| | 二车间 | | | | |
| | 三车间 | | | | |
| | 小计 | | | | |
| 制造费用 | 一车间 | | | | |
| | 二车间 | | | | |
| | 三车间 | | | | |
| | 小计 | | | | |
| 管理费用 | 管理部门 | | | | |
| 合计 | | | | | |

会计主管：　　　　复核：　　　　制表：

图7-2　发出材料汇总表

## 三、任务实施

**【案例1】**根据项目六中的【案例2】，2014年8月10日购入甲材料1 000公斤，单价95元，增值税专用发票上注明货款为9.5万元，增值税税额为16 150元，发票账单已收到，计划成本为10万元，材料已验收入库。相关会计分录如下。

借：材料采购——甲材料　　　　　　　　95 000

　　应交税费——应交增值税（进项税额）　16 150

　　贷：应付账款——强者钢铁厂　　　　　　111 150

根据发出材料汇总表的记录，2014年8月甲材料的消耗（计划成本）为：基本生产车间（一车间）领用3万元（300公斤），辅助生产车间（三车间）领用2.5万元（250公斤），车间管理部门（一车间）领用0.5万元（50公斤），企业行政管理部门（办公室）领用0.5万元（50公斤）。

### （一）填制、审核材料出库单并填制凭证

材料出库单是工业企业领用材料时所填制的出库单据，是进行日常业务处理和记账的主要原始单据之一。下面将填制、审核材料出库单并填制凭证，其具体操作如下（素材参见：光盘\素材\ABC公司账套\项目七\UfErpAct.Lst）。（**微课**：光盘\微课视频\项目七\填制、审核材料出库单并填制凭证.swf）

**STEP 1** 以厉有为的身份（用户名：008，密码：20140805，操作日期：2014-08-31）登录系统，在用友T3主界面中选择【库存】/【材料出库单】菜单命令，打开“材料出库单”窗口。

**STEP 2** 单击工具栏中的“增加”按钮，分别将“仓库”“部门”和“出库类别”设置为

"001"（原材料库）、"一车间"和"22"（材料领用出库），在"材料编码"下方第一个单元格输入"010101"（甲材料），将该行的"数量"和"单价"分别设置为"300"和"100"，最后单击 [保存] 按钮完成出库单的填制，如图7-3所示。

图7-3　填制出库单

**STEP 3**　单击工具栏中的 [增加] 按钮，按案例信息分别填制三车间（仓库：001原材料库；出库类别：材料领用出库；材料编码、名称：010101甲材料；数量：250，单价100）、一车间管理部门（仓库：001原材料库；出库类别：其他出库；材料编码、名称：010101甲材料；数量：50，单价100）、办公室（仓库：001原材料库；出库类别：其他出库；材料编码、名称：010101甲材料；数量：50，单价100）的材料出库单。

**STEP 4**　以甄实的身份（用户名：004，密码：20140801）登录，然后打开"材料出库单"窗口，单击工具栏中的 [批量] 按钮，打开"批量审核"窗口。在"制单人"文本框中输入"厉有为"，单击 [刷新] 按钮后将显示单据列表，单击"选择"下方的所有单元格，使其出现"√"标志，然后单击 [确认] 按钮完成出库单的审核，如图7-4所示。

**STEP 5**　以厉有为的身份（用户名：008，密码：20140805）登录，然后打开"填制凭证"窗口，单击工具栏中的 [增加] 按钮。将凭证设置为"转账凭证"，制单日期设置为"2014.08.31"，在"附单据数"文本框中输入"5"，在"摘要"栏下的第1个单元格中输入"本月领用材料（一车间）"，在"科目名称"栏下第1个单元格中输入"500101"，在"借方金额"栏下第1个单元格中输入"30 000"。在"科目名称"栏下第2个单元格中输入"500102"，在"贷方金额"栏下第2个单元格中输入"25 000"，以此类推输入其他科目和金额，最后单击 [保存] 按钮完成凭证的填制，如图7-5所示。

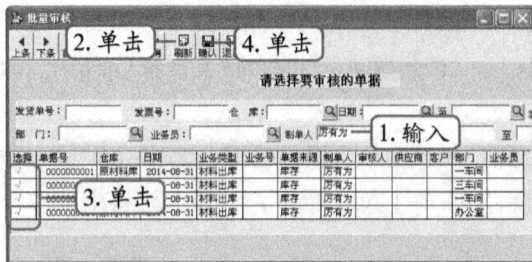

图7-4　审核出库单

图7-5　填制领用材料的记账凭证

### （二）计算本期材料成本差异率并填制凭证

按照会计准则，发出材料应负担的成本差异应当按期（月）分摊，根据材料用途计入不同的科目。9月初结存的甲材料的计划成本为4.9万元，成本差异为节约差0.5万元；当月入库甲材料的计划成本10万元，成本差异为节约差0.5万元（10－9.5），结转发出成本差异率＝－（0.5＋0.5）÷（4.9＋10）×100%≈－6.71%。其中，基本生产车间应负担的材料成本差异节约额为＝30 000×6.71%＝2 013（元），辅助生产车间应负担的材料成本差异节约额为＝25 000×6.71%＝1 677.5（元），车间管理部门应负担的材料成本差异节约额为＝5 000×6.71%＝335.5（元），企业行政管理部门应负担的材料成本差异节约额为＝5 000×6.71%＝335.5（元）。

根据材料用途，下面填制ABC公司8月材料成本差异分配的会计凭证，其具体操作如下。（微课：光盘\微课视频\项目七\计算本期材料成本差异率并填制凭证.swf）

**STEP 1** 以厉有为的身份（用户名：008，密码：20140805）登录，打开"填制凭证"窗口，单击工具栏中的增加按钮。

**STEP 2** 将凭证设置为"转账凭证"，制单日期设置为"2014.08.31"，在"附单据数"文本框中输入"5"，在"摘要"栏下的第1个单元格中输入"分摊本月材料成本差异"，在"科目名称"栏下第1个单元格中输入"140401"，在"借方金额"栏下第1个单元格中输入"4 361.5"。在"科目名称"栏下第2个单元格中输入"500101"，在"贷方金额"栏下第2个单元格中输入"2 013"，以此类推输入其他科目和金额，最后单击保存按钮完成凭证的填制，如图7-6所示。

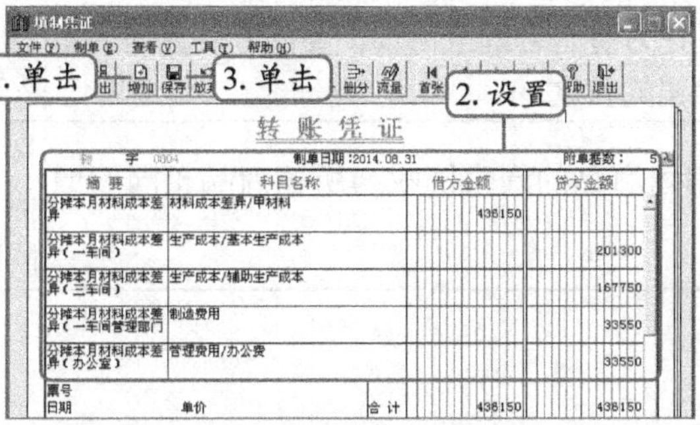

图7-6 填制分配材料成本差异的记账凭证

# 任务二 出售存货

企业领用的材料用于生产过程，最后形成产成品，验收入库后形成库存商品。作为存货的库存商品，需要尽快销售出去，以获得流动资金来偿还债务或者继续投入生产，因此，对出售业务的核算和管理是企业日常活动中的重点。

## 一、任务目标

本任务主要是了解存货出售收入的确认时点和金额，存货出售涉及的税费以及存货出售的会计核算。

## 二、相关知识

### （一）出售商品的核算

企业销售商品符合收入确认条件时，应按实际收到或应收合同或协议的价款确定销售商品收入金额，借记"银行存款"等科目，贷记"主营业务收入"、"应交税费——应交增值税（销项税额）"科目。同时，结转已售商品的实际成本（销售成本逐笔结转，也可以在月末统一结转），借记"主营业务成本"科目，贷记"库存商品"科目。资产负债表日（月末），应确认企业因销售应承担的税负，借记"营业税金及附加"科目，贷记"应交税费——应交消费税"、"应交税费————应交城市维护建设税"等。

### （二）销售收入的确认时点和金额

实务中，企业的销售形式多样，收入的确认时点和具体会计处理也有所不同，具体如表7-1所示。

表 7-1　销售形式与收入确认时点

| 销售形式 | 概念 | 确认时点 |
|---|---|---|
| 托收承付 | 企业根据合同发货后，委托银行向异地付款单位收取款项，由购货方向银行承诺付款 | 商品发出且办妥托收手续 |
| 预收款销售商品 | 购买方在商品尚未收到前按合同或协议约定分期付款，销售方在收到最后一笔款项时才交货 | 发出商品 |
| 委托代销商品 | 委托方和受托方签订合同或协议，委托方按合同或协议价收取代销的货款 | 委托方收到代销清单 |
| 以旧换新销售 | 销售方在销售商品的同时回收与所售商品相同的旧商品 | 按照销售商品收入确认条件确认收入，回收商品视同购进商品 |

## 三、任务实施

【案例2】2014年8月17日，ABC公司向宇宙公司销售A空调10台、B空调4台（由营销一部肖小天负责）。为了及时收回货款，在分析与宇宙公司的交易记录后，ABC公司决定给予对方"2/10，1/20，n/30"的优惠条件，对方已开具增值税专用发票。8月24日，对方通过转账方式付清款项。另外，ABC公司在8月2日通过促销活动销售5台A空调、5台B空调，已收取现金销售收入；在8月29日销售60台A空调、40台B空调，已收到银行存货到账通知。

### （一）设置客户往来期初金额

ABC公司启用账套是在2014年8月，在之前发生的客户往来需要反映在销售系统中，以便以后收到货款时进行核销。期初设置的基础信息如表7-2所示。

表 7-2　客户往来期初信息

| 开票日期 | 客户名称 | 销售部门 | 业务员 | 科目编号 | 货物名称 | 购买数量 |
|---|---|---|---|---|---|---|
| 7月22日 | 宇宙 | 营销一部 | 房海波 | 1122 | A空调 | 17 |
| 6月10日 | 金球 | 营销二部 | 魏新 | 1122 | A空调 | 10 |
| 7月15日 | 海风 | 营销二部 | 贾紫菱 | 1122 | B空调 | 6 |
| 7月18日 | 领航 | 营销二部 | 申晓晓 | 1122 | B空调 | 5 |
| 7月10日 | 凌宇 | 营销二部 | 申晓晓 | 2203 | B空调 | 5 |

　　根据上表，下面为ABC公司设置客户往来期初金额，其具体操作如下。（微课：光盘\微课视频\项目七\设置客户往来期初金额.swf）

**STEP 1**　以汤芹的身份（用户名：006，密码：20140803）登录系统，在用友T3主界面中选择【销售】/【客户往来】/【客户往来期初】菜单命令。

**STEP 2**　打开"期初余额--查询"对话框，单击　确认　按钮，如图7-7所示。

**STEP 3**　打开"期初余额"对话框，单击增加按钮，打开"单据类别"对话框，单击　确认　按钮，如图7-8所示。

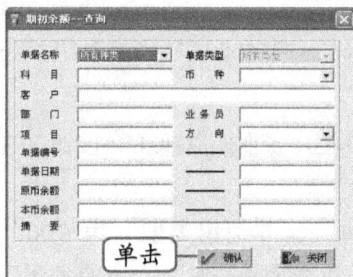

图7-7　设置期初余额参数　　　　　图7-8　选择单据类别

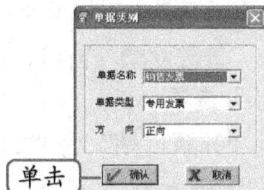

**STEP 4**　打开"期初录入"窗口，分别设置开票日期、客户名称、销售部门、业务员、科目编号、货物名称和购买数量，最后单击保存按钮，如图7-9所示。

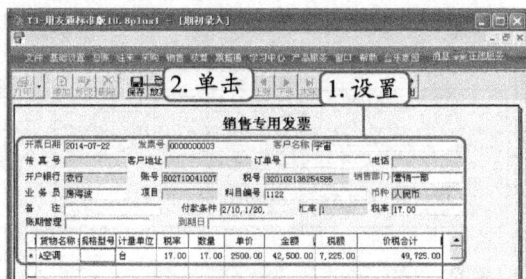

图7-9　填制期初销售发票

**STEP 5**　按照相同的方法设置其他应收业务，最终效果如图7-10所示。

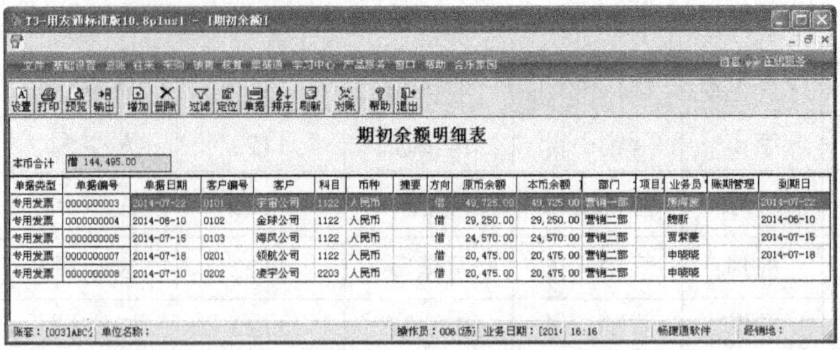

图7-10 完成客户往来期初金额的设置

### （二）填制出售产成品的记账凭证

A空调的售价为4 500元/台，B空调的售价为5 500元/台，因此在8月17日应确认A空调销售收入 = 10 × 4 500 × （1 + 17%）= 52 650（元），B空调销售收入 = 4 × 5 500 × （1 + 17%）= 25 740（元）。

#### 1. 填制销售发票

确认销售收入时，主要的原始凭证是销售发票。销售发票可以直接手动录入，也可以由销售订单或发货单生成。下面以手动录入的方式填制销售发票，其具体操作如下。（微课：光盘\微课视频\项目七\填制销售发票.swf）

**STEP 1** 以汤芹的身份（用户名：006，密码：20140803）登录系统，在用友T3主界面中选择【销售】/【销售发票】菜单命令。

**STEP 2** 打开"普通发票"窗口，单击工具栏中增加按钮右侧的·按钮，在打开的下拉列表中选择"专用发票"选项。

**STEP 3** 设置"开票日期"为"2014.08.17"、"销售类型"为"00"（普通销售）、"客户名称"为"宇宙公司"、"销售部门"为"营销一部"，"业务员"为"肖小天"。在"仓库"栏下第1个单元格中输入"002"（产成品库），相应的"货物名称"为"A空调"、"数量"为"10"、"无税单价"为"4 500"，单击保存按钮完成销售发票的填制，如图7-11所示。

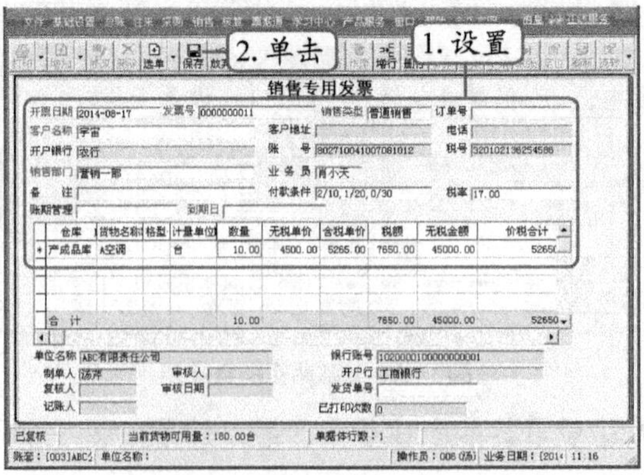

图7-11 填制销售发票

**STEP 4** 按上述操作录入B空调的销售发票，完成后再以甄实的身份（用户名：004，密码：20140801）登录后打开"专用发票"窗口，单击工具栏中的 按钮，在连续打开的两个提示对话框中分别单击 是(Y) 按钮和 确定 按钮，对销售A空调的发票进行审核，如图7-12所示。

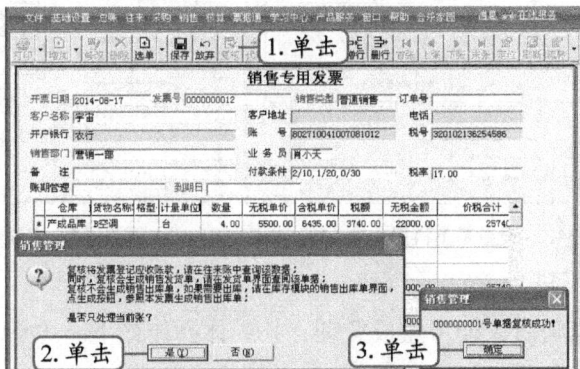

图7-12　复核销售发票

**STEP 5** 按照相同的方法，对销售B空调的发票进行审核。

> **操作提示**
> 由于主营业务收入设置了A空调销售收入和B空调销售收入两个明细科目，在设置自动生成凭证模板时，只能选择一个销售收入科目（对应一张会计凭证），而且该凭证一般由销售发票直接生成，所以本案例按照产品品种分开开具发票。

### 2. 设置赊销业务凭证模板

使用凭证模板可以提高账务处理的效率和准确性，对于客户较多的企业来说更是如此。下面为ABC公司8月17日的赊销业务设置凭证模板，其具体操作如下。（ 微课：光盘\微课视频\项目七\设置赊销业务凭证模板.swf）

**STEP 1** 以汤芹的身份（用户名：006，密码：20140803）登录系统，在用友T3主界面中选择【核算】/【科目设置】/【客户往来科目】菜单命令。

**STEP 2** 打开"客户往来科目设置"窗口，在左侧目录中选择"基本科目设置"，在右侧的"应收科目 本币"文本框中输入"1122"（应收账款），在"销售收入科目"文本框中输入"600101"（主营业务收入/A空调销售收入），在"应交增值税科目"文本框中输入"22210102"（销项税额），在"现金折扣科目"文本框中输入"6603"（财务费用），在"预收科目"文本框中输入"2203"（预收账款），如图7-13所示。

**STEP 3** 在左侧目录中选择"结算方式科目设置"，在"结算方式"下方第一个下拉列表框中选择"转账支票"选项，相应的币种和科目为"人民币"和"100201"。继续设置其他结算方式，设置效果如图7-14所示。

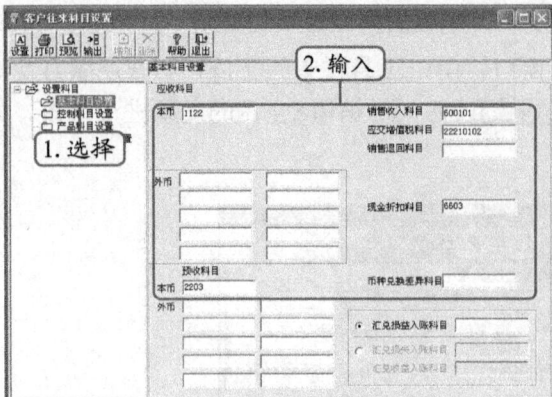

图7-13　设置基本科目

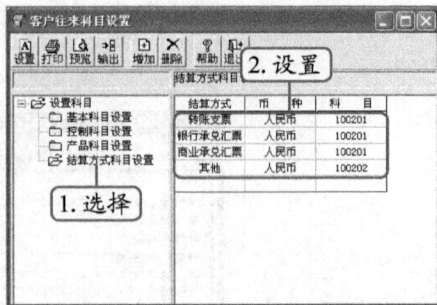

图7-14　设置结算方式科目

### 3. 生成赊销业务凭证

填制好赊销凭证模板后，即可生成凭证，其具体操作如下。（●微课：光盘\微课视频\项目七\生成赊销业务凭证.swf）

**STEP 1**　以汤芹的身份（用户名：006，密码：20140803）登录系统（操作日期选择8月17日），在用友T3主界面中选择【核算】/【凭证】/【客户往来制单】菜单命令，打开"客户制单查询"对话框，单击选中"发票制单"复选框，在"客户"文本框中输入"0101"（宇宙公司），单击　确认　按钮，如图7-15所示。

**STEP 2**　打开"客户往来制单"窗口，在"凭证类别"下拉列表框中选择"转账凭证"选项，双击"选择标志"下方第一个单元格，使其出现"1"标志，然后单击工具栏中的　制单　按钮，如图7-16所示。

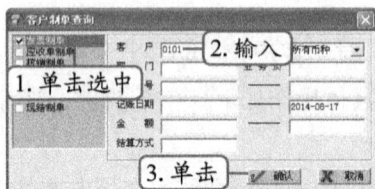

图7-15　设置客户往来制单查询参数

图7-16　选择需制单的销售发票

**STEP 3**　打开"填制凭证"窗口，将凭证设置为转账凭证，然后单击工具栏中的　保存　按钮完成赊销凭证的填制，如图7-17所示。

图7-17　完成赊销凭证的填制

**STEP 4** 返回"客户往来制单"窗口，在"凭证类别"下拉列表框中选择"转账凭证"选项，双击"选择标志"下方第一个单元格，使其出现"1"标志，然后单击工具栏中的 按钮。打开"填制凭证"窗口，将凭证设置为转账凭证，并将贷方第一个科目改为"主营业务收入\B空调销售收入"，然后单击工具栏中的 按钮，生成赊销B空调的凭证。

> **知识补充** 在实际工作中，商品销售成本的结转时间有逐日结转和定期结转两种方式。一般来说，委托代销业务、直运商品销售业务应采用逐日结转方式，其他销售业务都采用定期（按月或按季）结转方式。结转成本的操作将在项目九中详细介绍。

### 4. 填制收款单

对于涉及赊销及预收货款等事项时，需要通过收款单记录相关款项的性质及金额。下面填制ABC公司8月24日收到赊销款的收款单，其具体操作如下。（微课：光盘\微课视频\项目七\填制收款单.swf）

**STEP 1** 以汤芹的身份（用户名：006，密码：20140803）在8月24日登录用友T3，选择【销售】/【客户往来】/【收款结算】菜单命令。

**STEP 2** 打开"单据结算"窗口，在"客户"文本框中输入"0101"（宇宙公司），单击 按钮，设置"日期"为"2014.08.24"、"结算方式"为"202"（转账支票）、"结算科目"为"100201"（工商银行）、"金额"为"52 650"、"票据号"为"0803"、"部门"为"301"（营销一部），"业务员"为"肖小天"，然后单击 按钮，如图7-18所示。

图7-18 填制收款单

**STEP 3** 按照相同的方法，填制收取B空调销售收入的收款单。

> **知识补充** 销售业务主要涉及的单据有销售订单、销售发票和收款单，它们之间是有联系的，如图7-19所示。实务中，应根据企业的实际情况，选择最有效率的途径进行处理，之间的填制顺序和联系。

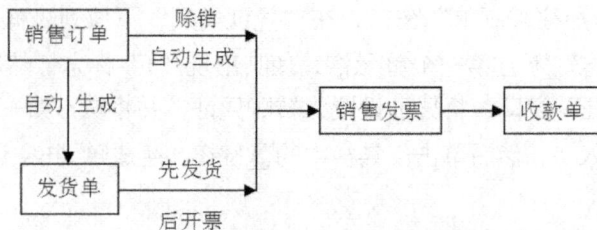

图7-19　销售单据的填制顺序和联系

### 5. 核销往来业务

为了准确、有效地管理应收款项，在收到货款时应将收款单和销售发票进行比对、核销。核销可以分为自动核销与手工核销。下面以手工核销的方式核销8月17日的赊销业务，其具体操作如下。（🎬微课：光盘\微课视频\项目七\核销往来业务.swf）

**STEP 1**　以汤芹的身份（用户名：006，密码：20140803）在8月29日登录用友T3，选择选择【销售】/【客户往来】/【收款结算】菜单命令，打开"单据结算"窗口，在"客户"文本框中输入"0101"（宇宙公司），单击工具栏中的■按钮右侧的·按钮，在打开的下拉列表中选择"同币种核销"选项，如图7-20所示。

**STEP 2**　在"本次结算"下方的第一个单元格中输入"52 650"，然后单击■按钮，如图7-21所示。按照相同的方法核销B空调的应收销售收入。

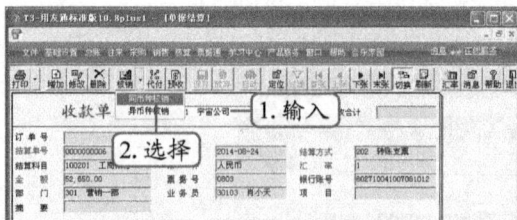

图7-20　设置核销参数

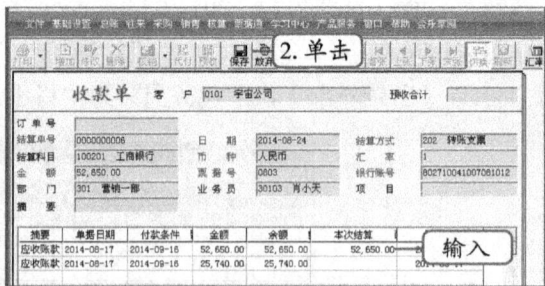

图7-21　设置核销金额

### 6. 生成收款单对应的凭证

收回赊销款后，可进行核销制单，以快速生成凭证。下面为ABC公司8月24日收到赊销款的业务填制凭证，其具体操作如下。（🎬微课：光盘\微课视频\项目七\生成收款单对应的凭证.swf）

**STEP 1**　以汤芹的身份（用户名：006，密码：20140803）在8月24日登录用友T3，选择【核算】/【凭证】/【客户往来制单】菜单命令。

**STEP 2**　打开"客户制单查询"对话框，单击选中"核销制单"复选框，在"客户"文本框中输入"0101"（宇宙公司），单击 ✔确认 按钮，如图7-22所示。

**STEP 3**　打开"客户往来制单"窗口，双击"选择标志"下方第1个单元格，使其出现"1"标志，然后单击工具栏中的■按钮，如图7-23所示。

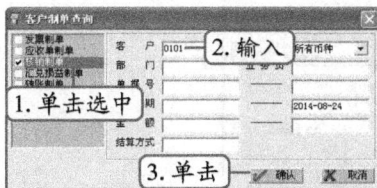

図7-22 设置客户往来制单查询参数

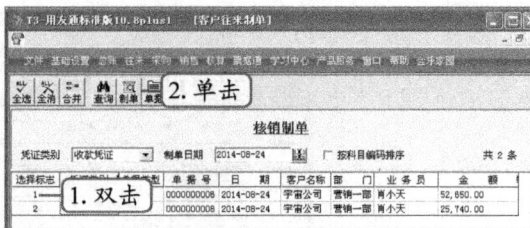

图7-23 选择需制单的销售发票

**STEP 4** 打开"填制凭证"窗口，单击工具栏中的 █保存 按钮完成核销凭证的填制，如图7-24所示。按相同的方法填制核销B空调销售款的凭证。

图7-24 完成核销凭证的填制

**STEP 5** 打开"填制凭证"窗口，直接编制ABC公司在8月2日销售5台A空调、5台B空调及8月29日销售60台A空调、40台B空调的凭证，如图7-25所示。

图7-25 编制收款凭证

**操作提示**　如果需要删除收款单，则打开"单据结算"窗口，定位待删除的收款单，然后单击工具栏中的 按钮，在打开的提示对话框中单击 是(Y) 按钮，如图7-26所示。

项目七　核算物资的使用和减少

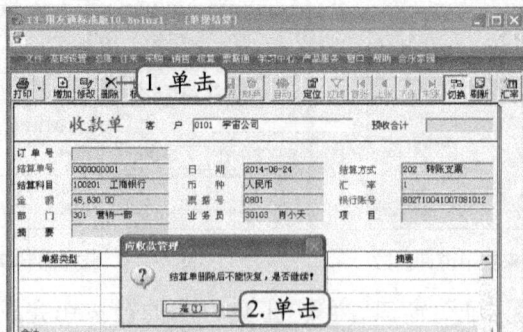

图7-26 确定删除收款单

## （三）计算营业税金及附加并填制记账凭证

营业税金及附加是指企业经营活动（包括主营业务活动和其他业务活动）应负担的相关税费，包括营业税、消费税、城市维护建设税、教育费附加和资源税等。

### 1. 查询并计算8月应交的增值税

ABC公司8月应交增值税 = 当月销项税额 − 当月进项税额，因此需要分别查询当月的销项税额和进项税额，其具体操作如下。（微课：光盘\微课视频\项目七\查询并计算8月应交的增值税.swf）

**STEP 1** 以汤芹的身份（用户名：006，密码：20140803）登录用友T3，选择【总账】/【账簿查询】/【余额表】菜单命令。

**STEP 2** 打开"发生额及余额查询条件"对话框，设置科目范围为"2221−2221"、级次为"1−4"，单击选中"本期无发生无余额、累计有发生显示"和"包含未记账凭证"复选框，单击 确认 按钮，如图7-27所示。

**STEP 3** 查询结果如图7-28所示，8月应交增值税 = 103 190 − 24 650 = 78 540（元）。

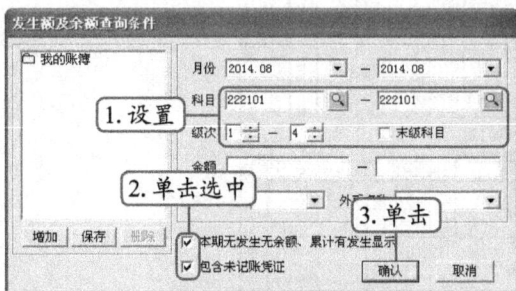

图7-27 设置查询条件

图7-28 科目发生额查询结果

> **操作提示** 月末结账前，凡是涉及查询凭证的操作，不要忘了单击选中"包含未记账凭证"复选框（结账前所有凭证都属于未记账凭证），如果没有进行该操作，显示的查询结果将只有期初余额和期末余额，而没有本期发生额，即在记账之前，用友T3系统将各科目的本期发生额都视为0。

### 2. 填制营业税金及附加转账凭证

根据税法规定，城建税和教育费附加应以流转税作为计算基数，具体计算如下（不考虑消费税和营业税）：应交城市维护建设税 =（实际应交的增值税 + 消费税 + 营业税）× 城市维护建设税税率 =（78 540 + 0 + 0）× 7% = 5 497.8（元），应交教育费附加 =（实际应交的增值税 + 消费税 + 营业税）× 教育费附加费率 =（78 540 + 0 + 0）× 3% = 2 356.2（元），因此营业税金及附加 = 5 497.8 + 2 356.2 = 7 854（元）。下面填制营业税金及附加转账凭证，其具体操作如下。（微课：光盘\微课视频\项目七\填制营业税金及附加转账凭证.swf）

**STEP 1** 以汤芹的身份（用户名：006，密码：20140803）登录系统，在用友T3主界面中选择【总账】/【凭证】/【填制凭证】菜单命令，打开"填制凭证"窗口，单击工具栏中的增加按钮。

**STEP 2** 将凭证设置为"转账凭证"，制单日期设置为"2014.08.31"，在"附单据数"文本框中输入"1"，在"摘要"栏下的第1个单元格中输入"计提本月营业税金及附加"，在"科目名称"栏下第1个单元格中输入"6403"（营业税金及附加），在"借方金额"栏下第1个单元格中输入"7 854"。在"科目名称"栏下第2个单元格中输入"222103"（应交税费/应交城市维护建设税），在"贷方金额"栏下第2个单元格中输入"5 497.8"；在"科目名称"栏下第3个单元格中输入"222104"（应交税费/应交教育费附加），在"贷方金额"栏下第3个单元格中输入"2 356.2"，单击保存按钮完成凭证的填制，如图7-29所示。

图7-29 完成凭证的填制

# 任务三 处置固定资产

## 一、任务目标

本任务主要是填制减少固定资产和处置固定资产的凭证。

## 二、相关知识

### （一）固定资产的处置类型

固定资产处置包括固定资产的出售、报废、毁损、对外投资、非货币性资产交换以及债务重组等。固定资产是企业的劳动手段，也是企业赖以生产经营的主要资产。企业在生产经营过程中，可能会将不使用的固定资产对外出售或转让，或是对不能再满足生产经营需求的固定资产进行报废等处理。对上述经济事项进行会计处理时，应当按照规定程序办理相关手续，同时结转固定资产的账面价值，计算清理收入、清理费用和残料价值等。

### （二）处置固定资产的账务处理

处置固定资产的步骤较多，程序较复杂，其账务处理一般如表7-3所示。

**表7-3 处置固定资产的账务处理**

| 时点 | | 会计分录 |
|---|---|---|
| 转入清理 | | 借：固定资产清理（固定资产的账面价值）<br>　　累计折旧（已计提的累计折旧额）<br>　　固定资产减值准备（已计提的减值准备）<br>　　贷：固定资产（该固定资产的账面原价） |
| 发生清理费用 | | 借：固定资产清理（清理过程中支付的费用）<br>　　贷：银行存款等<br>　　　　应交税费——应交营业税（销售不动产时） |
| 收回出售价款、残料价值和变价收入等 | | 借：银行存款、原材料等<br>　　贷：固定资产清理<br>　　　　应交税费——应交增值税（销项税额）（处置机器设备等动产）<br>借：其他应收款等（应由保险公司或过失人赔偿的）<br>　　贷：固定资产清理 |
| 清理完毕 | 净损失 | 借：管理费用（筹建期间）<br>　　营业外支出——非流动资产处置损失、非常损失（生产经营期间）<br>　　贷：固定资产清理 |
| | 净收益 | 借：固定资产清理<br>　　贷：管理费用（筹建期间）<br>　　　　营业外收入——非流动资产处置利得（生产经营期间） |

## 三、任务实施

**【案例3】** 经管理层批准，ABC公司决定将技术三部的电子设备出售，获得清理收入3 000元（现金），现金支付清理费用200元。

### （一）生成处置固定资产的凭证

根据表6-5和表6-7，技术三部的电子设备（卡片编号：00012，资产编号：0308）购买于2011年12月10日，原值5 000元，累计折旧为2 533.17元。减少该电子设备后，在用友T3中生成处置固定资产凭证的具体操作如下。（🎬微课：光盘\微课视频\项目七\生成处置固定资产的凭证.swf）

**STEP 1** 以资产管理员历有为的身份（用户名：008，密码：20140805）登录系统，在用友T3主界面中选择【固定资产】/【卡片】/【资产减少】菜单命令。

**STEP 2** 打开"资产减少"对话框，在"卡片编号"文本框中输入"00011"，单击 增加(A) 按钮，系统将自动显示该编号对应资产的信息。

**STEP 3** 设置"减少方式"为"出售"、"清理收入"为"3 000"、"清理费用"为"200"，然后单击 ___确定___ 按钮，在打开的提示对话框中单击 ___确定___ 按钮，完成该设备的减少处理，如图7-30所示。

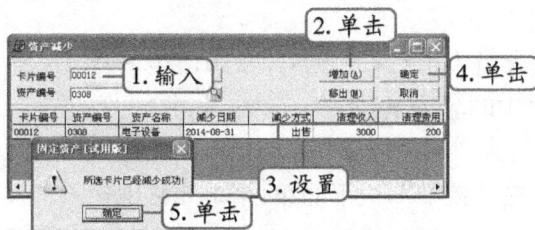

图7-30 设置资产减少参数

**STEP 4** 选择【固定资产】/【处理】/【批量制单】菜单命令，打开"批量制单"对话框。双击"制单"下方的第二个单元格，使其出现"Y"字样，然后单击"制单设置"选项卡，在"科目"下方的第一个单元格中输入"1602"（累计折旧），在"科目"下方的第三个单元格中输入"1601"（固定资产），单击 ▓ 按钮，如图7-31所示。

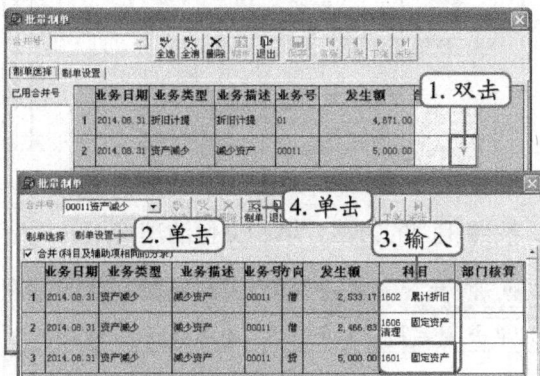

图7-31 设置自动生成减少固定资产的凭证

**STEP 5** 打开"填制凭证"窗口，将凭证设置为"转账凭证"，在"附单据数"文本框中输入"1"，在"摘要"下方的三个单元格中都输入"出售电子设备"，单击 ▓ 按钮完成凭证的填制，如图7-32所示。

图7-32 完成固定资产减少自动制单

### （二）填制固定资产处置收支的凭证

与资产减少相关的支付清理费用和收到清理收入等业务的凭证，需要在总账系统中填制，其具体操作如下。（ **微课**：光盘\微课视频\项目七\填制固定资产处置收支的凭证.swf）

**STEP 1** 以甄实的身份（用户名：004，密码：20140801）登录用友T3，打开"填制凭证"窗口，单击工具栏中的 增加 按钮。

**STEP 2** 将凭证设置为"收款凭证"，制单日期设置为"2014.08.31"，在"附单据数"文本框中输入"1"，在"摘要"栏下的第1个单元格中输入"收到电子设备清理款"，在"科目名称"栏下第1个单元格中输入"1001"，在"借方金额"栏下第1个单元格中输入"3 000"。在"科目名称"栏下第2个单元格中输入"1606"，在"贷方金额"栏下第2个单元格中输入"3 000"，最后单击 保存 按钮完成凭证的填制，如图7-33所示。

**图7-33 完成凭证的填制**

**STEP 3** 单击 增加 按钮，按照相同的方法，填制支付清理费用的凭证，效果如图7-34所示。

**图7-34 完成支付清理费用凭证的填制**

# 实训一 填制领用原材料的记账凭证

【**案例4**】根据甲舟公司9月的材料仓库出库记录：生产一部领用N材料50吨、销售部领用N材料4吨。

【**实训要求**】

熟练掌握材料出库的流程和会计凭证的填制。

**【实训思路】**

根据材料出库记录中的数据，分部门填制出库单，并由有审核权限的人员进行检查核对，然后将相关原始凭证交由会计进行账务处理。最终效果如图7-35所示。

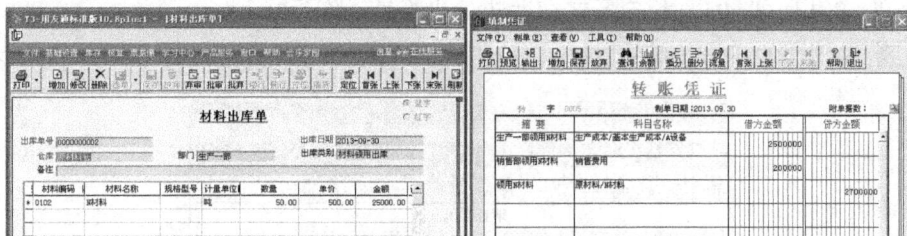

图7-35 填制部门领用材料的凭证

**【步骤提示】**

**STEP 1** 以林志浩（编号：014，密码：jia11A）的身份登录库存系统，在打开的"材料出库单"窗口中分别填制生产一部、销售部领用N材料的出库单，出库类别均为"材料领用出库"。（素材参见：光盘\素材\甲舟有限公司账套\项目七\UfErpAct.Lst）

**STEP 2** 以方琳（编号：013，密码：jia10A）的身份登录库存系统，在"材料出库单"窗口中启用批审功能，审核林志浩填制的出库单。

**STEP 3** 以吴海（编号：002，密码：jia08A）的身份登录总账系统，填制各部门领用材料的会计凭证。

# 实训二 收到赊销款并核销往来业务

**【案例5】**2013年9月5日，甲舟公司向天涯公司销售A设备50台、B设备20台（由销售部陈芳好负责，A设备售价7 800元，B设备售价6 400元），甲舟公司已开出增值税专用发票，列明价款为518 000元，增值税销项税额为88 060元，款项暂未收到。9月27日，天涯公司支付款项。赊销业务涉及的结算方式如表7-4所示。

表 7-4 赊销业务涉及的结算方式

| 结算方式 | 币种 | 科目 |
|---|---|---|
| 转账支票 | 人民币 | 100201 |
| 商业承兑汇票 | 人民币 | 100201 |
| 银行承兑汇票 | 人民币 | 100201 |
| 其他 | 人民币 | 100203 |

**【实训要求】**

要求填制销售发票和收款单并核销往来。

**【实训思路】**

根据销售流程，按照案例信息填写销售发票，并由有审核权限的负责人进行审核。收到款项后，会计人员填写收款单，同时核对收款单和销售发票，对符合条件的单据进行核销处理。

【步骤提示】

**STEP 1** 以吴海的身份（编号：002，密码：jia08A）分别填制销售A设备、B设备的发票（开票日期：2013-09-05，开户名称：天涯，业务员：陈芳好）。

**STEP 2** 以周浩的身份（编号：001，密码：jia07A）审核销售发票，如图7-36所示。

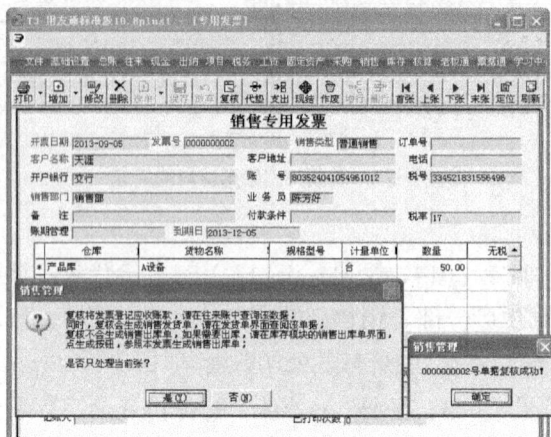

图7-36 审核销售发票

**STEP 3** 以周浩的身份（编号：001，密码：jia07A）打开"客户往来科目设置"窗口，设置"应收科目 本币"输入"1122"（应收账款）、"销售收入科目"输入"600101"（主营业务收入/A设备），"应交增值税科目"输入"22210102"，"现金折扣科目"输入"6603"（财务费用），"预收科目"输入"2203"（预收账款），然后按表7-4设置结算方式，再通过"客户往来制单"功能生成赊销凭证。

**STEP 4** 以吴海的身份（编号：002，密码：jia08A）在9月27日登录，打开"单据结算"窗口，填制收款单（结算方式：转账支票，票据号：092701）。

**STEP 5** 以周浩的身份（编号：001，密码：jia07A）核销与天涯公司的往来，如图7-37所示。

**STEP 6** 以周浩的身份打开"客户制单查询"对话框，选择核销制单方式生成赊销业务凭证，然后以同样的操作方法生成赊销B设备的相关单据和凭证。

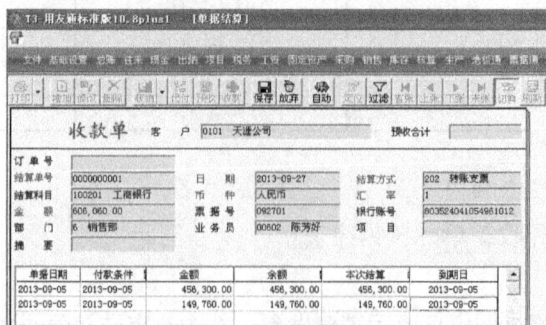

图7-37 核销往来款项

# 实训三 核算本月报废的固定资产

【案例6】因技术原因，甲舟公司于2013年9月27日报废淘汰一台生产车床（卡片编号：00003，原值60万元，累计折旧93 120元），取得清理收入30万元。

## 【实训要求】

要求删除固定资产卡片，填制处置固定资产的会计凭证。

**【实训思路】** 按照处置固定资产的程序删除固定资产卡片，填制转出固定资产原值的会计凭证。

## 【步骤提示】

**STEP 1** 以吴海的身份（编号：002，密码：jia08A）在9月30日打开"资产减少"对话框，进行资产减少操作，如图7-38所示。

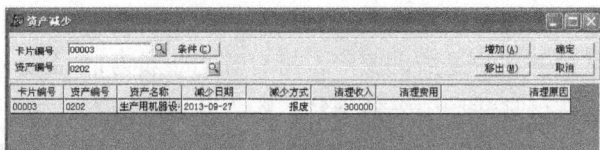

图7-38 减少资产

**STEP 2** 以吴海的身份通过"批量制单"功能转出固定资产原值，然后填制收到清理收入的凭证，如图7-39所示。（效果参见：光盘\效果\甲舟有限公司账套\项目七\UfErpAct. Lst）

图7-39 填制固定资产报废的凭证

# 常见疑难解析

**问：如何取消收款核销？**

答：如果要取消核销，需按照以下步骤进行：选择【销售】/【客户往来】/【取消操作】菜单命令，打开"取消操作条件"对话框，在"客户"文本框中输入客户代码等信息，在"操作类型"下拉列表框中选择"核销"选项，单击 ✓确认 按钮，如图7-40所示，打开"取消操作"窗口，双击"选择标志"下方的单元格，使其出现"Y"标志，单击 确定 按钮，如图7-41所示。

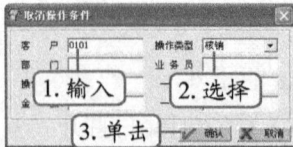

图7-40　设置取消操作参数

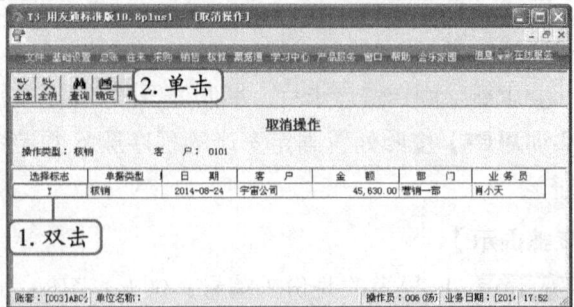

图7-41　取消核销操作

**问：出售存货与处置固定资产有什么区别？**

答：从存货的定义可知，它是流动资产，持有时间一般为1个会计年度或1个营业周期，企业持有存货的目的是在日常活动中以备出售，购入存货的成本、生产或包装存货的费用是通过存货的销售收入（主营业务收入和其他业务收入）得到补偿。而固定资产不同，它是非流动资产，持有时间超过1个会计年度或1个营业周期；企业将其投入生产或提供劳务，目的是从中获得收益，而不是直接将其出售；它的价值通过折旧费用的形式进入商品成本、劳务成本、租赁费或管理费等得到补偿。因此，处置固定资产是企业的非日常活动，具有偶然性、与其经营活动无直接关系等特征，而且，处置固定资产是通过营业外收入或营业外支出来反映损益的。

**问：减少固定资产后，如发现有错误，有什么方法可以删除之前生成的转账凭证？**

答：这种情况与删除折旧凭证类似，需要先在固定资产系统中删除凭证，然后在总账系统中删除对应的凭证。具体操作是：在固定资产系统中选择【固定资产】/【处理】/【凭证查询】菜单命令，打开"凭证查询"对话框，选择需要删除的凭证所在行，单击 ✗删除 按钮，在打开的提示对话框中单击 是(Y) 按钮，如图7-42所示，然后在总账系统删除对应的凭证。

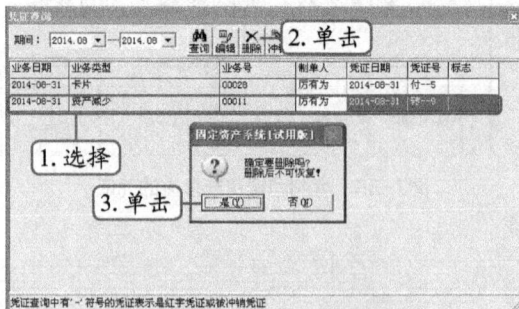

图7-42　删除固定资产系统的凭证

## 拓展知识

### 1. 认识增值税发票

增值税纳税人在发生应税业务时，必须开具增值税发票，该类发票分为专用发票和普通发票两种。增值税专用发票只限于增值税一般纳税人领购使用，且可用于抵扣税款（进项税额），而增值税小规模纳税人和非增值税纳税人不得领购使用，也不能用于抵扣。

### 2. 销售商品涉及现金折扣、商业折扣或销售折让时的会计处理

现金折扣是债权人为鼓励债务人在规定的期限内付款而向债务人提供的债务扣除。涉及现金折扣时，应按扣除现金折扣前的金额确定销售商品收入金额，现金折扣在实际发生时计入当期损益（财务费用）。

商业折扣（即"打折"），是指企业为促进商品销售而在商品标价上给予的价格扣除。涉及商业折扣的，应按扣除商业折扣后的金额确定销售商品收入金额。

销售折让是指企业因售出商品的质量不合格等原因而在售价上给予的减让。已确认收入的售出商品发生销售折让的，通常应当在发生时冲减当期销售商品收入。

## 课后练习

### 1. 单选题

（1）客户往来中可以取消操作的项目不包括（    ）。

A. 应收单记账                    B. 核销

C. 转账                          D. 下达销售订单

（2）填制材料出库单时，"材料编码"无法显示的原因可能是（    ）。

A. 设置存货档案时，未选择"销售"属性

B. 设置存货档案时，未选择"生产耗用"属性

C. 设置存货档案时，未选择"自制"属性

D. 设置存货档案时，未选择"在制"属性

### 2. 多选题

（1）填制销售发票时，"货物名称"无法显示的原因可能是（    ）。

A. 设置存货档案时，未选择"销售"属性

B. 设置存货档案时，未选择"生产耗用"属性

C. 设置存货档案时，未选择"自制"属性

D. 设置存货档案时，未选择"在制"属性

（2）"固定资产清理"账户借方核算的内容包括  （    ）。

A. 结转清理净损失

B. 结转清理净收益

C. 变价收入

D. 转入清理的固定资产净值

### 3. 判断题

（1）只有计提折旧之后，固定资产系统才能进行减少资产的操作。　　（　　）

（2）在客户档案中未填写客户的税号，对开具专用发票不会产生影响。　（　　）

（3）在用友T3的销售系统中，收款单只用于记录企业收到的客户欠款。（　　）

### 4. 操作题

（1）查询2014年8月31日ABC公司的固定资产总账。

（2）查询2014年8月31日ABC公司"机器设备"类固定资产的明细账。

（3）查询ABC公司技术二部2014年8月的折旧明细表。

（4）2014年8月31日，ABC公司收到宇宙公司7月22日赊购空调款（营销一部，房海波，票据号805），并核销双方往来。（效果参见：光盘\效果\ABC公司账套\项目七\UfErpAct.Lst）

# PART 8

# 项目八
# 核算职工薪酬

## 情景导入

阿秀：小白，你知道企业员工的工资都包括哪些项目吗?

小白：有基本工资、奖金和福利费等，不过还不知道它们的金额是怎么确定的。

阿秀：其实在会计上，员工的工资称为"职工薪酬"，不仅包括你说的这几项，还包括社会保险、住房公积金、职工教育经费和工会经费等。至于它们的金额，一般企业的人力部都会根据工资制度来确定，例如，岗位工资会根据部门的性质来确定，假定财务部的会计核算岗是1 500元，业务部门的业务员岗则可能为1 000元。

小白：嗯，有一个问题我一直没弄明白，个税究竟是怎么从工资里面扣的，又怎么交给税务局呢?

阿秀：这个问题其实不复杂，在接下来的讲解中你就能找到答案。

## 学习目标

- 了解工资、补贴、津贴、福利费的概念
- 熟悉工资的发放流程
- 熟悉个人所得税税率表
- 掌握个人所得税的计算公式

## 技能目标

- 掌握工资数据的初始化
- 掌握个税的计算
- 掌握工资分摊的账务处理

# 任务一 初始化工资数据及变动信息

职工薪酬属于流动负债核算的范围，反映一个企业人力资源成本的总量，一般由人力部门进行核算。用友T3专门设置了工资子系统，该系统与总账系统有密切关系，可向后者传递每月的人力成本数据。

## 一、任务目标

本任务主要是掌握工资系统的启用，设置工资项目、人员类别和工资计算公式等。

## 二、相关知识

### （一）工资、补贴、津贴的概念

工资主要由基本工资、岗位工资和绩效奖金等部分组成，其中基本工资属于劳动合同上签订的工资；岗位工资即为职位工资（一般只有管理级的人员才有该项工资）；绩效奖金则根据任务完成情况进行核算发放。补贴由企业根据具体情况核定发放，如夏天的高温补贴和出差补贴等。津贴可分为管理津贴和特殊职位津贴等类型，津贴和岗位工资一样，都是根据人员具体的职位核定，一般企业会制作岗位对照表来进行津贴发放。

### （二）福利费的概念和内容

按照《财政部关于企业加强职工福利费财务管理的通知》（财企[2009]242号），企业职工福利费包括发放给职工或为职工支付的各项现金补贴和非货币性集体福利。

- **为职工卫生保健、生活等发放或支付的各项现金补贴和非货币性福利：**包括职工因公外地就医费用、暂未实行医疗统筹企业职工医疗费用、职工供养直系亲属医疗补贴、职工疗养费用、自办职工食堂经费补贴或未办职工食堂统一供应午餐支出、符合国家有关财务规定的供暖费补贴、防暑降温费等。
- **企业尚未分离的内设集体福利部门所发生的设备、设施和人员费用：**包括职工食堂、职工浴室、理发室、医务所、托儿所、疗养院、集体宿舍等集体福利部门设备、设施的折旧、维修保养费用以及集体福利部门工作人员的工资薪金、社会保险费、住房公积金、劳务费等人工费用。
- **补助或补助性质的支出：**包括职工困难补助，或者企业统筹建立和管理的专门用于帮助、救济困难职工的基金支出。
- **离退休人员统筹外费用：**包括离休人员的医疗费及离退休人员其他统筹外费用。
- **按规定发生的其他职工福利费：**包括丧葬补助费、抚恤费、职工异地安家费、独生子女费、探亲假路费，以及符合企业职工福利费定义但没有包括在本通知各条款项目中的其他支出。

## 三、任务实施

【案例1】ABC公司于2014年8月1日启用工资系统，将下属人员分为两大类：管理人员（含技术人员、采购员、销售人员）和生产人员。

## （一）启用工资套

与固定资产系统类似，工资系统需要单独建立账套才能使用。下面为ABC公司启用工资套，其具体操作如下（素材参见：光盘\素材\ABC公司账套\项目八\UfErpAct.Lst）。
（🎬微课：光盘\微课视频\项目八\启用工资套.swf）

**STEP 1** 以甄实的身份（用户名：004，密码：20140801）登录用友T3，单击主界面左侧的"工资管理"选项卡。

**STEP 2** 打开"建立工资套——参数设置"对话框，保持系统默认的参数，单击 下一步 按钮，如图8-1所示。

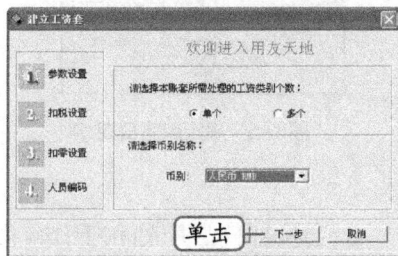

图8-1 设置工资套参数

**STEP 3** 打开"建立工资套——扣税设置"对话框，单击选中"是否从工资中代扣个人所得税"复选框，单击 下一步 按钮，如图8-2所示。

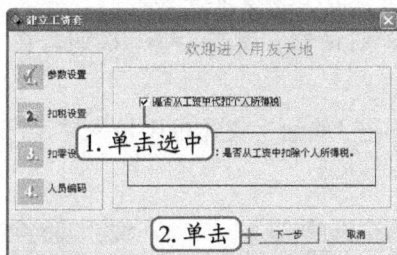

图8-2 确定代扣个人所得税

**STEP 4** 打开"建立工资套——扣零设置"对话框，单击 下一步 按钮，如图8-3所示。

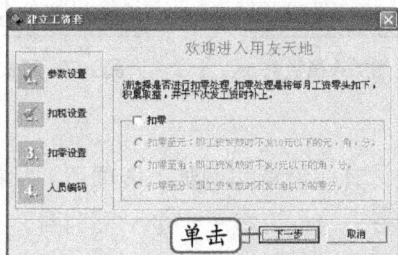

图8-3 确定不对工资扣零处理

**STEP 5** 打开"建立工资套——人员编码"对话框，设置"人员编码长度"为"5"、"本账套的启用日期"为"2014-08-01"，单击 完成 按钮，如图8-4所示。

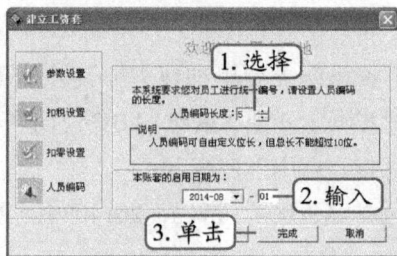

图8-4　设置人员编码长度和工资套启用日期

**STEP 5** 打开提示对话框，单击 是(Y) 按钮，确定工资套启用日期，如图8-5所示。

图8-5　确定启用日期

## （二）设置人员类别

企业在管理人力资源时，一般会按部门、职称和工作年限等对人员进行分类，预测人员流动类型及时间等，同时也便于分配人工费用。下面按照案例信息设置ABC公司的人员类别，其具体操作如下。（微课：光盘\微课视频\项目八\设置人员类别.swf）

**STEP 1** 以甄实的身份（用户名：004，密码：20140801）登录系统，在用友T3主界面中选择【工资】/【设置】/【人员类别设置】菜单命令。

**STEP 2** 打开"类别设置"对话框，单击 增加 按钮，在"类别"文本框中输入"管理人员"，如图8-6所示。

**STEP 3** 单击 增加 按钮，在"类别"文本框中输入"生产人员"，单击 返回 按钮关闭该对话框，如图8-7所示。

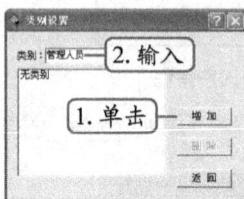

图8-6　增加人员类别

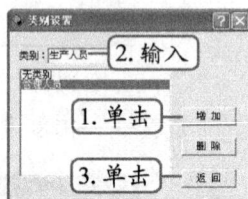

图8-7　增加人员类别

## （三）设置工资项目

ABC公司人力部按照规定，有权设置并调整工资项目。目前该公司员工实发工资的计算公式如下：应发合计＝基本工资＋岗位工资＋奖金＋福利费，扣款合计＝社保费＋代扣税＋业绩考核扣款，实发合计＝应发合计－扣款合计。

下面按照上述公式为ABC公司设置工资项目，其具体操作如下。（微课：光盘\微课视频\项目八\设置工资项目.swf）

**STEP 1** 以甄实的身份（用户名：004，密码：20140801）登录系统，在用友T3主界面中选择【工资】/【设置】/【工资项目设置】菜单命令。

**STEP 2** 打开"工资项目设置"对话框,单击 增加 按钮,将鼠标光标定位于新增行的"工资项目名称"单元格,然后选择"名称参照"下拉列表框中的"基本工资"选项,接着分别设置"类型"、长度"小数"和"增减项"为"数字""8""2""增项",如图8-8所示。

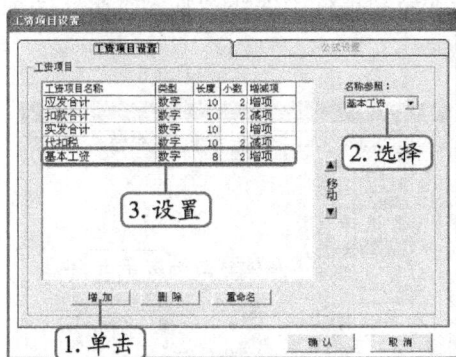

图8-8 增加工资项目

**STEP 3** 按照相同的方法,设置岗位工资、奖金、福利费、社保费和业绩考核扣款,然后通过▲按钮和▼按钮调整工资项目的位置,最终效果如图8-9所示。

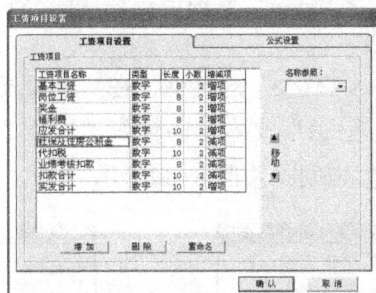

图8-9 完成工资项目设置

**STEP 4** 单击 确认 按钮,退出工资项目设置。

> **操作提示** 在"工资项目设置"对话框中增加工资项目时,除了用▲按钮和▼按钮调整项目位置外,还可以采用在特定位置插入空行的方法,即将鼠标光标定位在目标行,单击 增加 按钮,可在该行下方生成空白行。另外,工资项目名称和小数都可以直接输入。

### (四)设置工资计算公式

设置了工资项目后,还需根据它们之间的加减关系设置公式(系统可能会要求先录入人员档案,然后才能设置公式)。ABC公司的工资计算公式为:(基本工资+岗位工资+奖金+福利费)-(代扣税+业绩考核扣款)。ABC公司,管理人员的基本工资为1 500元/月,福利费为500元/月；生产人员的基本工资为900元/月，福利费为300元/月。下面设置工资计算公式，其具体操作如下。（🎬微课：光盘\微课视频\项目八\设置工资计算公式.swf）

**STEP 1** 以甄实的身份（用户名：004，密码：20140801）登录系统，在用友T3主界面中选择【工资】/【设置】/【工资项目设置】菜单命令，打开"工资项目设置"对话框。

**STEP 2** 单击"公式设置"选项卡，然后单击 增加 按钮，在"工资项目"列表最上方将出现空行，在空白行的下拉列表框中选择"基本工资"选项，然后单击 函数公式向导输入... 按钮，如图8-10所示。

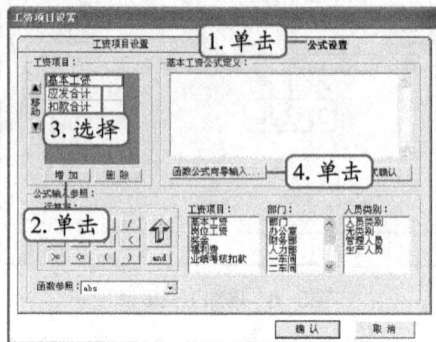

图8-10 开始导入函数

**STEP 3** 打开"函数向导--步骤之1"对话框，在"函数名"列表框中选择"iff"选项，单击 下一步> 按钮，如图8-11所示。

**STEP 4** 打开"函数向导--步骤之2"对话框，在"逻辑表达式"文本框中输入"人员类别="管理人员""，在"算式表达式1"文本框中输入"1 500"，在"算式表达式2"文本框中输入"900"，最后单击 完成 按钮，如图8-12所示。

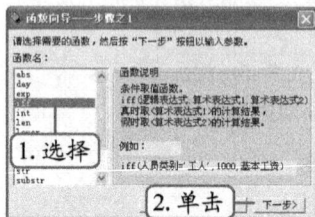

图8-11 选择函数名称

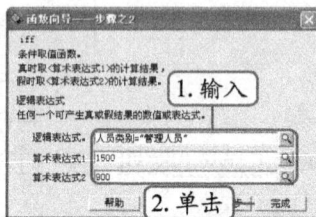

图8-12 设置参数

**STEP 5** 返回"工资项目设置"对话框，单击 公式确认 按钮，保存基本工资的计算公式，如图8-13所示。

> 设置工资项目的计算公式时，如果没有单击 公式确认 按钮，之前的设置将不会保存。另外，计算公式可以在"××公式定义"列表框中直接输入，且应在半角英文状态下进行操作。对于应发合计等合计类的项目，系统不要求设置公式。
>
> 操作提示

**STEP 6** 在"工资项目"列表框中选择"福利费"选项，在"福利费公式定义"列表框中输入"iff(人员类别="管理人员",500,300)"，设置福利费的函数和计算公式，单击 公式确认 按钮保存基本工资的计算公式，然后单击 确认 按钮。

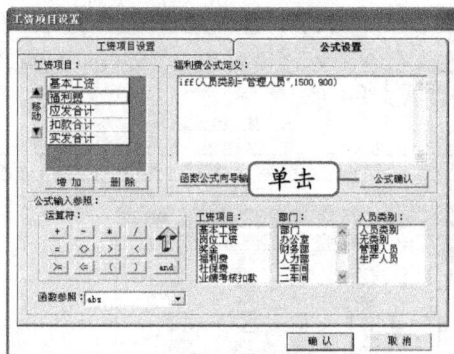

图8-13　保存公式

### （五）设置银行名称

企业一般通过银行代发的方式发放工资，因此需要设置发放工资的银行名称。ABC公司通过工商银行的基本账户发放员工工资，下面设置银行名称，其具体操作如下。（ 微课：光盘\微课视频\项目八\设置银行名称.swf）

**STEP 1** 以甄实的身份（用户名：004，密码：20140801）登录系统，在用友T3主界面中选择【工资】/【设置】/【银行名称设置】菜单命令。

**STEP 2** 打开"银行名称设置"对话框，选择代发工资的银行，在"录入时需要自动带出的账号长度"文本框中输入"8"，然后单击 返回 按钮关闭该对话框，如图8-14所示。

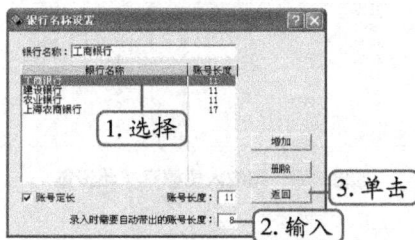

图8-14　设置银行名称

### （六）设置人员档案

与存货、客户和供应商等类似，企业管理的主要对象——员工也需要有档案资料，以便于对其进行考勤、考核和奖励等活动。

#### 1．批量增加人员

根据项目三中的表3-1，设置ABC公司的人员档案，其具体操作如下。（ 微课：光盘\微课视频\项目八\批量增加人员.swf）

**STEP 1** 以甄实的身份（用户名：004，密码：20140801）登录系统，在用友T3主界面中选择【工资】/【设置】/【人员档案】菜单命令。

**STEP 2** 打开"[人员档案-（工资类别：001 ABC公司2014）]"窗口，单击工具栏中的 🔲 按钮，打开"人员批量增加"对话框，单击"选择"下方的单元格，使其出现"√"标志，最后单击 确定 按钮，如图8-15所示。

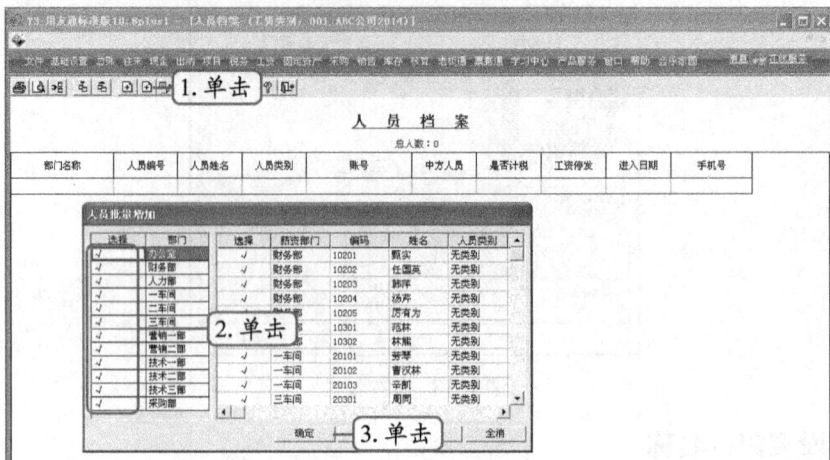

图8-15　批量增加人员

**STEP 3** 此时将打开增加人员后人员档案列表，效果如图8-16所示。

图8-16　完成人员档案初始设置

### 2. 完善人员档案信息

在批量录入人员信息后，需要补充相关人员所属的类别、银行账号（均在工行开办）、工资数据等。ABC公司现有人员的此类档案信息如表8-1所示（技术人员、采购员、销售人员视同管理人员）。

表8-1　人员档案信息

| 名称 | 类别 | 银行账号 | 名称 | 类别 | 银行账号 |
|------|------|----------|------|------|----------|
| 王礼 | 管理人员 | 10000000001 | 房海波 | 销售人员 | 10000000020 |
| 李小艾 | 管理人员 | 10000000002 | 肖小天 | 销售人员 | 10000000021 |
| 甄实 | 管理人员 | 10000000003 | 包宇仁 | 管理人员 | 10000000022 |

| 名称 | 类别 | 银行账号 | 名称 | 类别 | 银行账号 |
|------|------|----------|------|------|----------|
| 任国英 | 管理人员 | 10000000004 | 魏新 | 销售人员 | 10000000023 |
| 韩萍 | 管理人员 | 10000000005 | 贾紫菱 | 销售人员 | 10000000024 |
| 汤芹 | 管理人员 | 10000000006 | 申晓晓 | 销售人员 | 10000000025 |
| 厉有为 | 管理人员 | 10000000007 | 秦国栋 | 管理人员 | 10000000026 |
| 范林 | 管理人员 | 10000000008 | 孟云 | 技术人员 | 10000000027 |
| 林熊 | 管理人员 | 10000000009 | 邢伟 | 技术人员 | 10000000028 |
| 劳琴 | 管理人员 | 10000000010 | 郑尔升 | 管理人员 | 10000000029 |
| 曹汉林 | 生产人员 | 10000000011 | 莫小虎 | 技术人员 | 10000000030 |
| 辛凯 | 生产人员 | 10000000012 | 廖仁 | 技术人员 | 10000000031 |
| 吴猛 | 管理人员 | 10000000013 | 艾志国 | 管理人员 | 10000000032 |
| 卓远 | 生产人员 | 10000000014 | 伍爱民 | 技术人员 | 10000000033 |
| 马涛 | 生产人员 | 10000000015 | 萧志伟 | 技术人员 | 10000000034 |
| 周同 | 管理人员 | 10000000016 | 郝楠 | 管理人员 | 10000000035 |
| 兰小勇 | 生产人员 | 10000000017 | 严光荣 | 采购员 | 10000000036 |
| 方浩 | 生产人员 | 10000000018 | 铁毅强 | 采购员 | 10000000037 |
| 何一伟 | 管理人员 | 10000000019 | 司徒平 | 采购员 | 10000000038 |

下面根据表8-1，为ABC公司完善员工档案，其具体操作如下。（🎬微课：光盘\微课视频\项目八\完善人员档案信息.swf）

**STEP 1** 以甄实的身份（用户名：004，密码：20140801）登录用友T3，打开"人员档案"窗口，选择"王礼"所在行，然后单击工具栏中的 按钮。

**STEP 2** 打开"人员档案"对话框，单击"基本信息"选项卡，在"人员类别"下拉列表框中选择"管理人员"选项，在"银行名称"下拉列表框中选择"工商银行"选项，在"银行账号"文本框中输入"10000000001"，单击 确认 按钮，在打开的提示对话框中单击 确定 按钮，如图8-17所示。

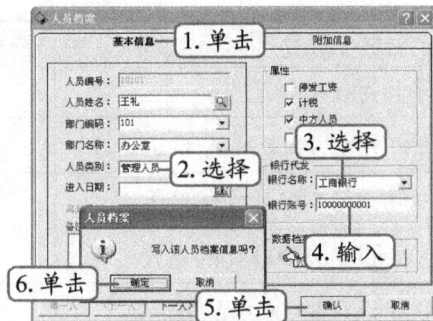

**图8-17 完善人员档案信息**

**STEP 3** 按照相同的方法，完善其他人员的档案信息，最终效果如图8-18所示。

图8-18 完成人员档案修改

**操作提示** 修改人员档案信息还有一种方法，即先选择相关人员档案所在行，然后单击鼠标右键，在弹出的快捷菜单中选择"修改"命令。另外，增加、删除人员或者刷新数据时，也可通过右键菜单进行操作。

# 任务二 计算个人所得税

在设置人员档案和工资项目后，企业要根据每月员工的工资薪酬金额，履行代扣代缴个人所得税的法定义务。

## 一、任务目标

本任务主要了解个人所得税的计算公式，熟练掌握个税的计算方法。

## 二、相关知识

### （一）个人所得税的法律依据

现行《中华人民共和国个人所得税法》是2011年6月30日经第十一届全国人民代表大会常务委员会修正的，自2011年9月1日起施行。工资、薪金所得适用的税率如表8-2所示。

表8-2 个人所得税税率表（工资、薪金所得适用）

| 级数 | 全月应纳税所得额 | 税率（%） | 速算扣除数 |
|------|------------------|-----------|------------|
| 1 | 不超过1 500元的 | 3 | 0 |
| 2 | 超过1 500元至4 500元的部分 | 10 | 105 |
| 3 | 超过4 500元至9 000元的部分 | 20 | 555 |
| 4 | 超过9 000元至35 000元的部分 | 25 | 1 005 |
| 5 | 超过35 000元至55 000元的部分 | 30 | 2 755 |

| 级数 | 全月应纳税所得额 | 税率（%） | 速算扣除数 |
|------|------------------|-----------|------------|
| 6 | 超过 55 000 元至 80 000 元的部分 | 35 | 5 505 |
| 7 | 超过 80 000 元的部分 | 45 | 13 505 |

（注：本表所称全月应纳税所得额是指依照《中华人民共和国个人所得税法》第六条的规定，以每月收入额减除费用3 500元以及附加减除费用后的余额。）

### （二）个人所得税的计算公式

以工资、薪金所得为例，职工的个人所得税的计算公式为：个人所得税 = [每月（应收）收入额 − 3 500 − 五险一金个人缴费部分] × 税率 − 速算扣除数。其中，社保费税前扣除的法律依据如下：

- 《中华人民共和国个人所得税法实施条例》：该条例第二十五条规定，按照国家规定，单位为个人缴付和个人缴付的基本养老保险费、基本医疗保险费、失业保险费、住房公积金，从纳税义务人的应纳税所得额中扣除。
- 《财政部、国家税务总局关于基本养老保险费基本医疗保险费失业保险费、住房公积金有关个人所得税政策的通知》（财税[2006]10号）：个人按照国家或省（自治区、直辖市）人民政府规定的缴费比例或办法实际缴付的基本养老保险费、基本医疗保险费和失业保险费，允许在个人应纳税所得额中扣除。
- 《工伤保险条例》和生育保险相关规定：工伤保险和生育保险由单位缴纳、个人不缴。对单位按规定缴纳的工伤保险、生育保险，不涉及个人所得税。

## 三、任务实施

【案例2】2014年8月31日，ABC公司计提8月份的工资。相关工资数据如表8-3所示。

表8-3 工资数据

| 名称 | 基本工资 | 岗位工资 | 奖金 | 社保费及住房公积金 | 福利费 | 业绩考核扣款 |
|------|----------|----------|------|---------------------|--------|--------------|
| 王礼 | 1 500 | 200 | 500 | 324 | 500 | 0 |
| 李小艾 | 1 500 | 200 | 1 000 | 384 | 500 | 0 |
| 甄实 | 1 500 | 200 | 2 000 | 504 | 500 | 0 |
| 任国英 | 1 500 | 200 | 1 800 | 480 | 500 | 0 |
| 韩萍 | 1 500 | 200 | 1 600 | 456 | 500 | 0 |
| 汤芹 | 1 500 | 200 | 900 | 372 | 500 | 0 |
| 厉有为 | 1 500 | 200 | 900 | 372 | 500 | 0 |
| 范林 | 1 500 | 200 | 1 000 | 384 | 500 | 0 |
| 林熊 | 1 500 | 200 | 1 000 | 384 | 500 | 0 |
| 劳琴 | 1 500 | 200 | 6 000 | 984 | 500 | 0 |

| 名称 | 基本工资 | 岗位工资 | 奖金 | 社保费及住房公积金 | 福利费 | 业绩考核扣款 |
|---|---|---|---|---|---|---|
| 曹汉林 | 900 | 500 | 4 000 | 684 | 300 | 0 |
| 辛凯 | 900 | 500 | 4 000 | 684 | 300 | 0 |
| 吴猛 | 1 500 | 200 | 6 000 | 984 | 500 | 0 |
| 卓远 | 900 | 500 | 4 000 | 684 | 300 | 0 |
| 马涛 | 900 | 500 | 4 000 | 684 | 300 | 0 |
| 周同 | 1 500 | 200 | 6 000 | 984 | 500 | 0 |
| 兰小勇 | 900 | 500 | 4 000 | 780 | 300 | 0 |
| 方浩 | 900 | 500 | 4 000 | 780 | 300 | 0 |
| 何一伟 | 1 500 | 200 | 800 | 360 | 500 | 0 |
| 房海波 | 1 500 | 200 | 1 000 | 384 | 500 | 0 |
| 肖小天 | 1 500 | 200 | 1 000 | 384 | 500 | 0 |
| 包宇仁 | 1 500 | 200 | 1 000 | 384 | 500 | 0 |
| 魏新 | 1 500 | 200 | 1 000 | 384 | 500 | 0 |
| 贾紫菱 | 1 500 | 200 | 1 000 | 384 | 500 | 0 |
| 申晓晓 | 1 500 | 200 | 1 000 | 384 | 500 | 0 |
| 秦国栋 | 1 500 | 200 | 1 000 | 384 | 500 | 0 |
| 孟云 | 1 500 | 200 | 500 | 324 | 500 | 0 |
| 邢伟 | 1 500 | 200 | 500 | 324 | 500 | 0 |
| 郑尔升 | 1 500 | 200 | 1 000 | 384 | 500 | 0 |
| 莫小虎 | 1 500 | 200 | 500 | 324 | 500 | 0 |
| 廖仁 | 1 500 | 200 | 500 | 324 | 500 | 0 |
| 艾志国 | 1 500 | 200 | 1 000 | 384 | 500 | 0 |
| 伍爱民 | 1 500 | 200 | 500 | 324 | 500 | 0 |
| 萧志伟 | 1 500 | 200 | 500 | 324 | 500 | 0 |
| 郝楠 | 1 500 | 200 | 1 000 | 384 | 500 | 0 |
| 严光荣 | 1 500 | 200 | 1 500 | 444 | 500 | 0 |
| 铁毅强 | 1 500 | 200 | 1 500 | 444 | 500 | 0 |
| 司徒平 | 1 500 | 200 | 1 500 | 444 | 500 | 0 |

**（一）录入工资数据**

录入工资数据主要有两种方法：一种是直接手工录入，另一种是对有规律的数据统一替换，如表8-3中的基本工资和福利费（管理人员和生成人员的数据不同），下面录入ABC公司的员工工资数据，其具体操作如下。（微课：光盘\微课视频\项目八\录入工资数据.swf）

**STEP 1** 以甄实的身份（用户名：004，密码：20140801）登录系统，在用友T3主界面中选择【工资】/【业务处理】/【工资变动】菜单命令。

**STEP 2** 打开"[工资变动-（工资类别：ABC公司2014）]"窗口，单击工具栏中的 按钮，打开"工资项数据替换"对话框。在"将工资项目"下拉列表框中选择"基本工资"选项，在"替换成"文本框中输入"1 500"，设置替换条件为"人员类别 = 管理人员"，单击 确认 按钮，在打开的提示对话框中单击 是(Y) 按钮，如图8-19所示。

**STEP 3** 打开提示对话框，单击 是(Y) 按钮，如图8-20所示。

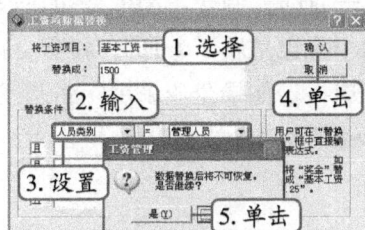

图8-19 设置替换参数　　　　图8-20 确认替换

**STEP 4** 按照相同的方法录入生产人员的岗位工资、所有人员的福利费（管理人员500元、生产人员300元）及其他工资数据，最终效果如图8-21所示。

图8-21 完成工资数据录入

## （二）计算个人所得税

在确认工资数据无误后，即可进行个税计算的操作，其具体操作如下。（微课：光盘\微课视频\项目八\计算个人所得税.swf）

**STEP 1** 以甄实的身份（用户名：004，密码：20140801）登录系统，在用友T3主界面中选择【工资】/【业务处理】/【扣缴所得税】菜单命令。

**STEP 2** 打开"栏目选择"对话框，单击 确认 按钮，在打开的提示对话框中单击 是(Y) 按钮，如图8-22所示。

**STEP 3** 打开"[工资变动-（工资类别：ABC公司2014）]"窗口，"扣缴所得税额"一列即为2014年8月ABC公司员工应交的个人所得税金额，如图8-23所示。

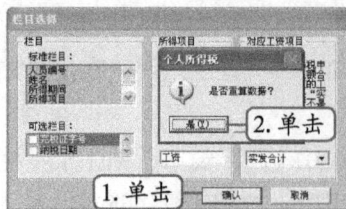

图8-22　设置个人所得税申报表栏目　　　　图8-23　ABC公司8月个人所得税计算结果

> **职场法则**　个人所得税的纳税时间是每月的15日以前，而企业每月发放的工资薪酬是上一月的，须缴纳的个税也是上一月的。例如，ABC公司在9月10日发放8月份的工资，工资表上企业代扣的个税也是属于8月的，税务会计将在9月15日之前将企业代扣的个税向税务局申报。如果企业采用年薪制或者每月发放的工资是相等的，则工资薪酬和个税都属于发放当月的。

# 任务三　发放工资

## 一、任务目标

本任务主要是了解工资的发放流程，掌握工资分摊凭证的填制。

## 二、相关知识

### （一）员工工资发放流程

小型企业发放工资时，一般会通过支付现金的方式进行发放；大型、中型企业则一般通过银行（企业基本账户）转账支付。但不论以哪一种方式支付，都应根据工资表制作工资条，发放工资后，员工在财务部领取工资条，查看工资条的明细，核对各项目数据是否有误，并对比工资条中最终工资和实际收到的工资数额是否相符。银行转账支付方式下，转账凭证即为发放工资的依据，而以现金发放工资时，领取工资的员工需在工资表相应位置签字确认，这份工资表即作为支付工资的原始凭证。

### （二）工资表和工资条

核算员工薪酬后，应制作员工工资表，并将薪酬中的各核算项目都反映在工资表中。工资表通常作为财务部门发放工资的依据，以及月末账务核算的原始凭证。编制完工资表后，一般会分别发给每个员工各自的工资条，让员工核对并查看自己的工资构成。

### （三）工资分摊的账务处理

《企业会计准则第9号——职工薪酬》第四条规定，企业应当在职工为其提供服务的会计期间，将应付的职工薪酬确认为负债，除因解除与职工的劳动关系给予的补偿外，应当根据职工提供服务的受益对象，分别作下列情况处理：（1）应由生产产品或提供劳务负担的职工薪酬，计入产品成本或劳务成本；（2）应由在建工程或无形资产负担的职工薪酬，计入建造固定资产或无形资产成本；上述（1）和（2）之外的其他职工薪酬，计入当期损益。因此，企业计提职工薪酬的会计分录如下。

借：生产成本——基本生产成本（500101，一车间、二车间生产人员）

　　　　　　——辅助生产成本（500102，三车间生产人员）

　　制造费用（5101，生产车间管理人员）

　　管理费用（660201，办公室、财务部、人力部、技术部、采购部人员）

　　销售费用（6601，营销部人员）

　　贷：应付职工薪酬——工资（221101）

企业按照工资总额的一定比例计提的五险一金、职工福利费、工会经费和职工教育经费的账务处理也类似，如计提福利费时，分录中的借方与上述分录相同，贷方变为"应付职工薪酬——福利费"科目。

## 三、任务实施

【案例3】ABC公司按月分摊工资费用，分摊类型和比例如表8-4所示。

表8-4　ABC公司工资分摊表

| 分摊类型 | 分摊比例 | 分摊类型 | 分摊比例 |
| --- | --- | --- | --- |
| 工资 | 100% | 养老保险 | 17% |
| 福利费 | 14% | 医疗保险 | 8% |
| 工会经费 | 2% | 失业保险 | 1% |
| 职工教育费 | 1.5% | 住房公积金 | 10% |

（注：除了"工资"类型的其他类型，都是以"工资"为计提基数，以录入的百分比作为分摊比例计算相应的费用。）

### （一）设置工资分摊类型

企业的职工薪酬一般需要按部门进行分摊，以控制各部门的人工成本，提高生产效率。下面按照表8-4为ABC公司设置工资分摊类型，其具体操作如下。（ 🎬微课：光盘\微课视频\项目八\设置工资分摊类型.swf）

**STEP 1**　以甄实的身份（用户名：004，密码：20140801）登录系统，在用友T3主界面中选择【工资】/【业务处理】/【工资分摊】菜单命令，打开"工资分摊"对话框，单击 工资分摊设置 按钮，如图8-24所示。

**STEP 2**　打开"分摊类型设置"对话框，单击 增加 按钮。打开"分摊计提比例设置"对话框，在"计提类型名称"文本框中输入"工资"，在"分摊计提比例"数值框中输入"100%"，单击 下一步 > 按钮，如图8-25所示。

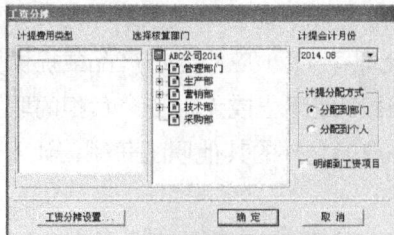

图8-24 开始设置工资分摊类型

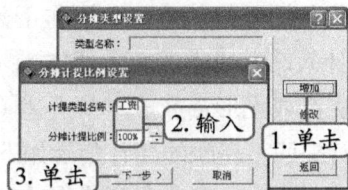

图8-25 设置工资分摊比例

**STEP 3** 打开"分摊构成设置"对话框，设置部门名称及对应的借方科目和贷方科目，单击 完成 按钮，如图8-26所示。

**STEP 4** 返回"分摊类型设置"对话框，单击 增加 按钮，打开"分摊计提比例设置"对话框。在"计提类型名称"文本框中输入"福利费"，在"分摊计提比例"数值框中输入"14%"，单击 下一步> 按钮，如图8-27所示。在打开的"分摊构成设置"对话框中设置分摊工资相同的参数。

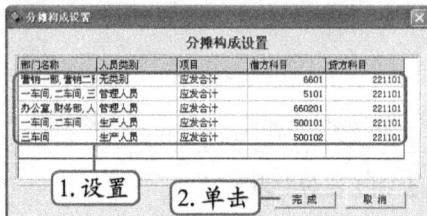

图8-26 设置分摊参数

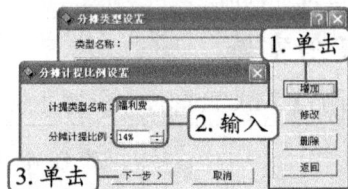

图8-27 分摊福利费

## （二）自动生成工资分摊的记账凭证

设置职工薪酬的计提比例和各部门对应的核算科目后，即可自动工资分摊的会计凭证，其具体操作如下。（微课：光盘\微课视频\项目八\自动生成工资分摊的记账凭证.swf）

**STEP 1** 以甄实的身份（用户名：004，密码：20140801）登录用友T3，打开"工资分摊"对话框，单击选中"工资"复选框，选择相应的核算部门，然后单击选中"明细到工资项目"复选框，单击 确定 按钮，如图8-28所示。

**STEP 2** 打开"工资分摊明细-（工资类别：ABC公司2014）"窗口，单击工具栏中的 按钮，如图8-29所示。

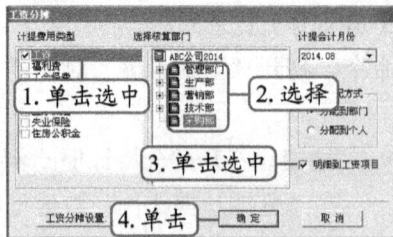

图8-28 设置工资分摊参数

图8-29 确认工资分摊明细

**STEP 3** 打开"填制凭证"窗口，设置凭证类型为转账凭证，然后单击 保存 按钮，如图 8-30所示。

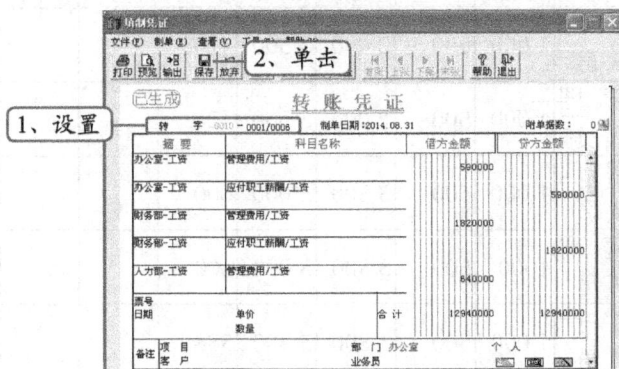

**图8-30 保存工资分摊凭证**

**STEP 4** 再次打开"工资分摊"对话框，单击选中"福利费"复选框，按照前面介绍的相同的方法，继续设置福利费等的分摊凭证。（效果参见：光盘\效果\ABC公司账套\项目八\UfErpAct.Lst）

> **操作提示**
>
> 生成工资分摊凭证时，需按照分摊类型依次进行。在"工资分摊明细-（工资类别：ABC公司2014）"窗口中，如果单击选中"合并科目相同、辅助项相同的分录"复选框，则生成的凭证为多个借方对应一个贷方；如果没有选中该复选框，则凭证为多个借方对应多个贷方。

# 实训一 设置工资计算方式并计算本月个税

【案例3】甲舟公司于2013年9月1日启用工资系统，相关参数为：工资类别个数为单个；由单位代扣个税；不进行扣零处理；人员编码长度为5。另外，甲舟公司全部人员的工资情况如表8-5所示、工资计算方式如表8-7所示，请计算全部人员的应交个人所得税及实收工资。

**表8-5 甲舟公司工资数据**

| 人员编号 | 姓名 | 部门 | 人员类别 | 岗位工资 | 补贴 | 奖金 | 应发合计 | 社保费 | 代扣税 | 请假扣款 | 扣款合计 | 实发合计 | 请假天数 |
|---|---|---|---|---|---|---|---|---|---|---|---|---|---|
| 00101 | 傅斌 | 办公室 | 管理人员 | 1 000 | 500 | 2 000 | 3 500 | 420 | | | | | |
| 00201 | 辛明宇 | 人力部 | 管理人员 | 1 000 | 500 | 1 500 | 3 000 | 360 | | | | | |
| 00301 | 周浩 | 财务部 | 管理人员 | 1 000 | 500 | 2 500 | 4 000 | 540 | | | | | |

项目八 核算职工薪酬

| 人员编号 | 姓名 | 部门 | 人员类别 | 岗位工资 | 补贴 | 奖金 | 应发合计 | 社保费 | 代扣税 | 请假扣款 | 扣款合计 | 实发合计 | 请假天数 |
|---|---|---|---|---|---|---|---|---|---|---|---|---|---|
| 00302 | 吴海 | 财务部 | 管理人员 | 1 000 | 500 | 2 000 | 3 500 | 420 | | | | | 1 |
| 00303 | 李仪 | 财务部 | 管理人员 | 1 000 | 500 | 2 000 | 3 500 | 420 | | | | | |
| 00401 | 郝楠 | 采购部 | 管理人员 | 1 000 | 500 | 3 500 | 5 000 | 600 | | | | | 1 |
| 00402 | 严光荣 | 采购部 | 管理人员 | 1000 | 500 | 3 500 | 5 000 | 600 | | | | | |
| 00501 | 林晨 | 生产一部 | 生产人员 | 1 000 | 500 | 3 800 | 5 300 | 588 | | | | | 1 |
| 00502 | 任刚 | 生产一部 | 生产人员 | 800 | 300 | 4 000 | 5 100 | 612 | | | | | |
| 00503 | 李明朝 | 生产一部 | 生产人员 | 800 | 300 | 3 400 | 4 500 | 550 | | | | | 1 |
| 00504 | 吴钢 | 生产一部 | 生产人员 | 800 | 300 | 3 200 | 4 300 | 500 | | | | | |
| 00601 | 兰依玲 | 销售部 | 管理人员 | 1 000 | 500 | 2 800 | 4 300 | 516 | | | | | 1 |
| 00602 | 陈芳好 | 销售部 | 管理人员 | 1 000 | 500 | 3 400 | 4 900 | 588 | | | | | |
| 00701 | 程度 | 生产二部 | 生产人员 | 1 000 | 500 | 3 500 | 5 000 | 552 | | | | | |
| 00702 | 张强 | 生产二部 | 生产人员 | 800 | 300 | 3 400 | 4 500 | 540 | | | | | |
| 00801 | 方琳 | 资产管理部 | 管理人员 | 1 000 | 500 | 2 000 | 3 500 | 420 | | | | | |
| 00802 | 林志浩 | 资产管理部 | 管理人员 | 1 000 | 500 | 2 500 | 4 000 | 480 | | | | | |
| 00901 | 沈计 | 审计部 | 管理人员 | 1 000 | 500 | 1 800 | 3 300 | 396 | | | | | |
| 00902 | 严慎 | 审计部 | 管理人员 | 1 000 | 500 | 1 800 | 3 300 | 396 | | | | | |
| 00903 | 仲希 | 审计部 | 管理人员 | 1 000 | 500 | 2 000 | 3 500 | 420 | | | | | |

表8-6  工资计算公式

| 工资项目 | 计算公式 |
|---|---|
| 请假扣款 | 请假天数 × 40 |

| 工资项目 | 计算公式 |
|---|---|
| 应发合计 | 岗位工资＋补贴＋奖金 |
| 扣款合计 | 社保费＋个税＋请假扣款 |
| 实发合计 | 应发合计－扣款合计 |

## 【实训要求】

熟练掌握工资账套的启用和工资初始数据的设置。

## 【实训思路】

按照用友T3的安装向导，启用工资系统。然后按照表8-5建立人员档案，根据表8-6设置工资计算公式，最后通过系统自动计算个人所得税。

## 【步骤提示】

**STEP 1** 在2013年9月1日登录用友主界面，单击"工资管理"选项卡，根据安装向导，按照案例题干提供的参数启用甲舟公司工资系统。（素材参见：光盘\素材\甲舟有限公司账套\项目八\\UfErpAct.Lst）

**STEP 2** 设置管理人员和生产人员两个类别，打开"人员批量增加"对话框录入人员档案，如图8-31所示。

图8-31 录入人员档案

**STEP 3** 打开"工资项目设置"对话框，设置工资类别及计算公式，如图8-32所示。

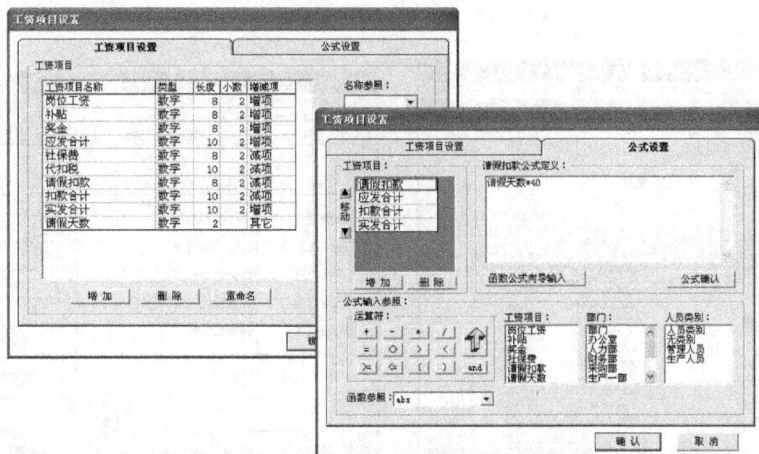

图8-32 设置工资类别及计算公式

**STEP 4** 手动录入或通过替换功能录入工资数据，然后选择【工资】/【业务处理】/【扣缴所得税】菜单命令，计算个人所得税，如图8-33所示。

图8-33　计算个税

# 实训二　分摊本月工资费用并生成记账凭证

【案例4】甲舟公司预计10月10日发放9月工资，在9月末按部门计提职工薪酬。工资薪酬的分摊参数如表8-7所示。

表 8-7　工资薪酬分摊参数

| 分摊类型 | 分摊比例 | 分摊类型 | | 分摊比例 | 部门及对应科目 |
|---|---|---|---|---|---|
| 工资 | 100% | | 养老保险 | 18% | 销售部门－销售费用；生产一部、二部的生产工人－生产成本，生产一部、二部的管理人员－制造费用（A设备），其他部门－管理费用 |
| 福利费 | 14% | 社保 | 医疗保险 | 8% | |
| 职工教育费 | 1.5% | | 失业保险 | 1% | |

【实训要求】

要求设置分摊类型，并生成转账凭证。

【实训思路】

增加分摊类型，设置分摊比例，最后按照分摊类型依次生成转账凭证，效果如图8-34所示。

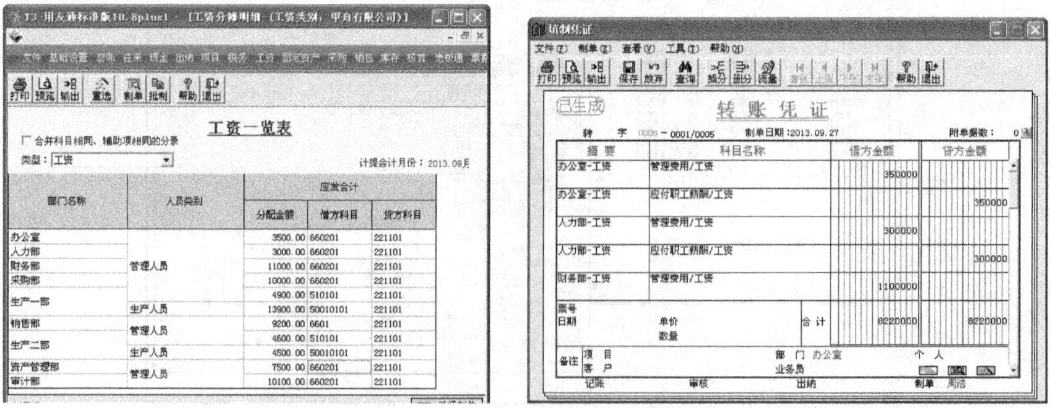

图8-34　生成工资分摊凭证

**【步骤提示】**

**STEP 1** 在"工资分摊"对话框中增加分摊类型：工资、福利费、职工教育费、社保，分别设置对应的分摊比例100%、14%、1.5%、27%。

**STEP 2** 在"工资分摊"对话框中依次选择以上分摊类型，生成分摊一览表，然后通过"制单"功能生成转账凭证。（效果参见：光盘\效果\甲舟有限公司账套\\项目八\UfErpAct.Lst）

# 常见疑难解析

**问：为什么同样是车间的工作人员，生产人员的工资计入"生产成本"科目，而车间管理人员的工资却计入"制造费用"科目？**

答：这是由于这两个科目的性质和核算范围不同所致，生产人员的工资计入生产成本科目是因为其是由生产产品直接发生的费用，而按照会计准则，制造费用核算企业各个生产单位（车间、分厂）为组织和管理生产所发生的一切费用，要通过一定的方法才能计入产品成本，而不能在发生时直接计入某一种产品，若直接计入会造成企业成本核算的不准确，也会影响后期产成品的定价。因此，车间费用发生的相关费用计入"制造费用"科目是暂时的，该科目的金额最终还是要反映在"生产成本"科目。

**问：工资分摊一览表无法显示内容，这可能是什么原因造成的？**

答：无法显示的原因，可能是工资分摊构成设置的人员类别和"分摊构成设置"对话框中的人员类别不一致。只要把两处的设置调整一致，就可以解决这个问题。如果无法显示借方科目和贷方科目，可能是由于在"工资分摊"对话框中没有单击选中"明细到工资项目"复选框。

# 拓展知识

**1. 工资计算函数**

在设置工资计算公式时，可以使用函数向导，如果对函数的使用比较熟练，也可以在"工资项目设置"对话框中的"××公式定义"列表框中直接输入公式。在使用向导时，要注意只能使用系统自带的函数，常用的除了iff函数外，还有abs函数（计算绝对值）和day函数（取月份当中的第几天的数值）等。

**2. 年终奖的计税公式**

企业在年终时，一般会根据员工在过去一年中的总体表现，按贡献大小以物质的方式对员工进行奖励，即年终奖。这笔款项金额较大，且它的计税方式与平时的工资计税有所区别。具体来说，年终奖的计税公式有以下两种情况：

- **发放年终奖的当月工资≥3 500元**：年终奖扣税 = 年终奖×税率-速算扣除数，年终奖适用税率按"年终奖÷12"的结果对应的税率。

● 发放年终奖的当月工资<3 500元：年终奖扣税=[年终奖-（3 500-月工资）]×税率-速算扣除数，税率是按"年终奖-（3 500-月工资）]÷12"的结果对应的税率。

**课后练习**

1. 单选题

（1）在工资系统中，不能与其他系统共享，需要单独进行设置的信息是（    ）。

A. 人员档案                         B. 会计科目

C. 部门档案                         D. 凭证类别

（2）启用工资系统时可以自由选择人员编码长度，但最长不超过（    ）个字符。

A. 5                              B. 10

C. 15                             D. 20

（3）下列功能不属于工资核算系统的是（    ）。

A. 输入各种工资数据                   B. 工资计算和发放

C. 工资费用的汇总和分配                D. 工资成本核算

（4）为了分别管理生产人员和管理人员的工资，工资核算系统应该设置（    ）。

A. 职工性别                         B. 专业类别

C. 职工类别                         D. 部门类别

（5）下列数据项不属于职工初始数据的是（    ）。

A. 职工姓名、编号、所在部门            B. 职工类别、账号、是否计税

C. 职工性别、职务、民族、国籍          D. 应发工资、代扣税、实发工资

2. 多选题

（1）工资系统自带的工资类别有（    ）。

A. 应发合计                         B. 扣款合计

C. 实发合计                         D. 奖金合计

（2）工资系统提供的快速操作功能主要有（    ）。

A. 按指定条件快速查找                 B. 成批替换某工资项目内容

C. 职工工资数据的编辑                 D. 指定需要输入的某些工资项

# 项目九
# 期末核算损益并结账

## 情景导入

小白：阿秀，每个月的业务录入凭证之后，就可以直接结账了吗?

阿秀：是的，不过结账里面有很多值得注意的地方。

小白：是吗? 我以为只要动一下鼠标，剩下的事就可以由计算机去完成了。

阿秀：话是这样说，但是还是有很多事情要手动做的。对于会计主管来说，月末要安排出纳核对现金库存金额和银行存款余额，如果银行存款日记账与银行对账单金额不符的，出纳还需要编制银行存款余额调节表。此外，会计主管应在结账前核对相关账户是否有异常，例如，资产类科目是否出现了贷方余额。另外，月末需要结转的凭证（结转制造费用、销售成本等）都需要设置结转公式，以保证自动生成的结转数据的准确性。

小白：哇，难怪每到月底会计人员都这么忙呢，看来我得好好学习这一课了。

## 学习目标

- 了解净利润分配的法律规定
- 熟悉制造费用和销售成本的结转
- 熟悉利润的分类和计算
- 熟悉结账的顺序

## 技能目标

- 掌握记账的方法
- 掌握自动转账凭证的设置和生成方法
- 掌握期末对账和结账的方法

# 任务一 期末结转制造费用和销售成本

月末，企业需要归集并分配在生产过程中发生的制造费用，以保证产品成本的准确性。同时，应将售出产品的成本进行结转，使收入与成本相配比，从而符合权责发生制的要求。

## 一、任务目标

本任务主要是掌握制造费用的分配方法、填制结转制造费用和销售成本的凭证。

## 二、相关知识

### （一）制造费用的结转

在实际操作中，一般应先分配辅助生产发生的制造费用，将其计入辅助生产成本；然后再分配辅助生产费用，将其中应由基本生产负担的计入基本生产成本；最后再分配基本生产发生的制造费用。制造费用账务处理的基本过程如下。

（1）根据分配计算结果编制制造费用分配表。

（2）根据制造费用分配表进行制造费用分配的总分类核算和明细核算；根据制造费用的期末余额，借记"生产成本"科目，贷记"制造费用"科目。

（3）将归集在辅助生产成本的费用按辅助生产费用的方法进行分配。分配给基本生产的制造费用在归集了全部基本生产车间的制造费用后，转入"生产成本——基本生产成本"科目。

### （二）销售成本的计算与结转

销售成本（主营业务成本）是指企业因销售商品、提供劳务等确认主营业务收入时应结转的成本。企业一般在确认销售商品、提供劳务等主营业务收入时，或在月末将已销售商品、已提供劳务的成本转入主营业务成本。

### （三）自动转账凭证

每个会计期末（如每月）企业都要进行计提（职工薪酬、固定资产折旧等）、分摊（制造费用等）、结转销售成本等业务，这些业务是重复出现的，因此可以预先设置凭证框架，到了期末由系统自动生成相应凭证，这个过程一般称为"自动转账"，由此生成的凭证一般称为"自动转账凭证"。

## 三、任务实施

> 【案例1】2014年8月31日，ABC公司分配制造费用。根据实际情况，该公司决定将当月制造费用直接转入基本生产成本。

### （一）对所有凭证进行记账

记账是指有权限的操作员根据已审核无误的凭证，发出指令，最终由系统自动更新数据得出账簿和报表所需数据的过程。在使用自动结转功能前，应保证所有未记账凭证都进行了记账，否则，生成的转账凭证可能不准确。记账之前，需要先按照项目四中介绍的出纳签字、凭证审核等知识进行相应操作（此处不再讲述），然后才能进行记账。其具体操作如下（素材参见：光盘\素材\ABC公司账套\项目九\UfErpAct.Lst）。（微课：光盘\微课视频\项目九\对所有凭证进行记账.swf）

**STEP 1**　以甄实的身份（用户名：004，密码：20140801）登录系统，在用友T3主界面中选择【总账】/【凭证】/【记账】菜单命令。

**STEP 2**　打开"记账"对话框，单击 下一步 按钮，如图9-1所示。

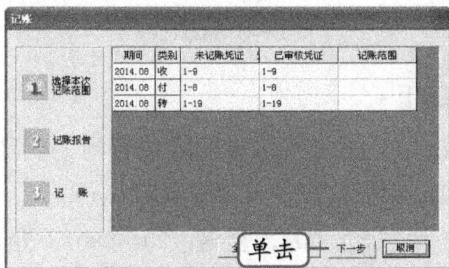

图9-1　选择本次记账范围

**STEP 3**　打开"记账报告"对话框，单击 下一步 按钮，如图9-2所示。

图9-2　记账报告

**STEP 4**　打开"记账"对话框，单击 记账 按钮，在打开的提示对话框中单击 确认 按钮，如图9-3所示。

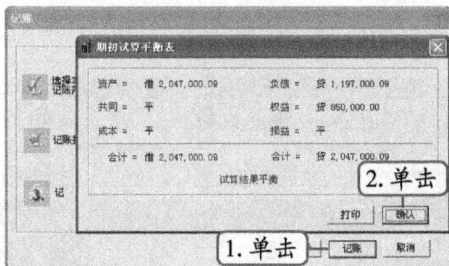

图9-3　确认期初试算平衡表进行记账

**STEP 5**　系统开始记账，记账完毕后打开提示对话框，单击 确定 按钮，如图9-4所示。

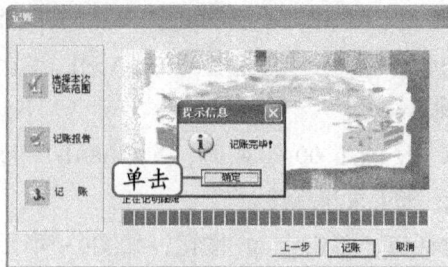

图9-4　完成记账

## （二）结转当月制造费用

根据案例要求，ABC公司利用自动结转功能结转当月制造费用，其具体操作如下。
（🎬微课：光盘\微课视频\项目九\结转当月制造费用.swf）

**STEP 1**　以甄实的身份（用户名：004，密码：20140801）登录系统，在用友T3主界面中选择【总账】/【期末】/【转账定义】/【自定义转账】菜单命令。

**STEP 2**　打开"自动转账设置"对话框，单击增加按钮。打开"转账目录"对话框，在"转账序号"文本框中输入"001"，在"转账说明"文本框中输入"结转制造费用"，在"凭证类别"下拉列表框中选择"转 转账凭证"选项，然后单击　确定　按钮，如图9-5所示。

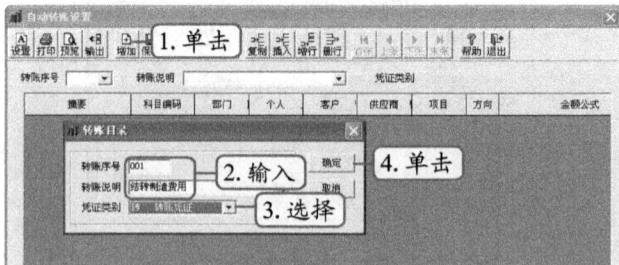

图9-5　设置转账目录

**STEP 3**　返回"自动转账设置"对话框，在"科目编码"下方的第一个单元格中输入"500101"，双击"金额公式"下方的第一个单元格，然后单击🔍按钮，打开"公式向导"对话框，在"公式名称"列表框中选择"期末余额"选项，单击　下一步　按钮，如图9-6所示。

图9-6　选择自动转账取数公式

**STEP 4** 打开"公式向导"对话框，在"科目"文本框中输入"5101"（制造费用），单击 完成 按钮，如图9-7所示。

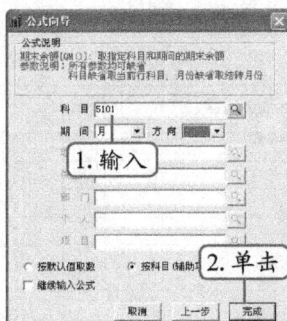

图9-7 完成公式设置

**STEP 5** 按照前面两步的方法，设置自动结转凭证的贷方科目为"5101"（制造费用），金额公式为"QM(5101,月)"，然后单击 保存 按钮，最终效果如图9-8所示。

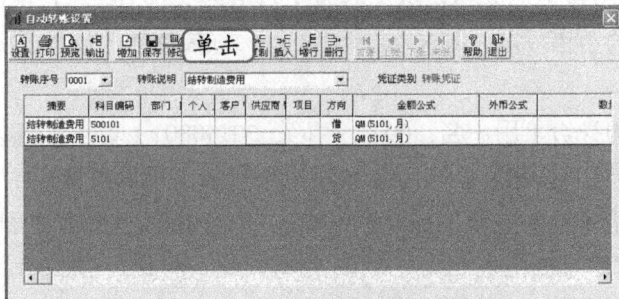

图9-8 完成自动转账凭证模板设置

**STEP 6** 选择【总账】/【期末】/【转账生成】菜单命令，打开"转账生成"对话框，单击选中"自定义转账"单选项，单击 全选 按钮或直接双击编号为"0001"的自定义转账凭证类别所在行，使"是否结转"下方对应的单元格出现"Y"标志，然后单击 确定 按钮，如图9-9所示。

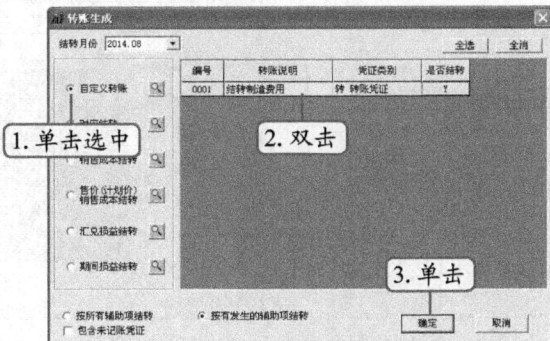

图9-9 确认生成自动转账凭证

**STEP 7** 打开"转账生成"窗口，单击 保存 按钮后保存生成的结转制造费用的凭证，如图

9-10所示。

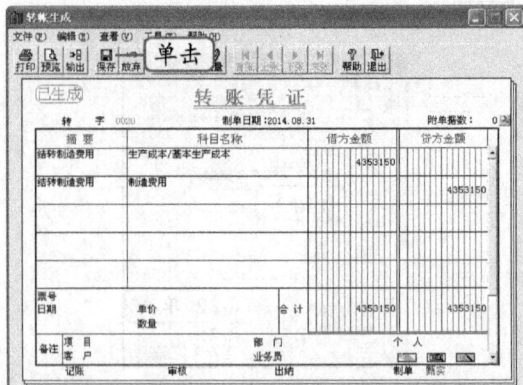

图9-10　保存生成的结转制造费用的凭证

### （三）结转当月销售成本

月末，企业需要结转销售成本，以便与当期的销售收入相匹配，从而核算销售利润。下面结转ABC公司8月的销售成本，其具体操作如下。（🎬微课：光盘\微课视频\项目九\结转当月销售成本.swf）

**STEP 1**　以甄实的身份（用户名：004，密码：20140801）登录系统，在用友T3主界面中选择【总账】/【期末】/【转账定义】/【销售成本结转】菜单命令。

**STEP 2**　打开"销售成本结转设置"对话框，在"凭证类别"下拉列表框中选择"转 转账凭证"选项，在"库存商品科目"、"商品销售收入科目"和"商品销售成本科目"文本框中分别输入"140501"（A空调）、"600101"（A空调销售收入）和"640101"（A空调），然后单击　确定　按钮，如图9-11所示。

**STEP 3**　选择【总账】/【期末】/【转账生成】菜单命令，打开"转账生成"对话框，分别单击选中"销售成本转账"单选项和"包含未记账凭证"复选框，然后单击　确定　按钮，如图9-12所示。

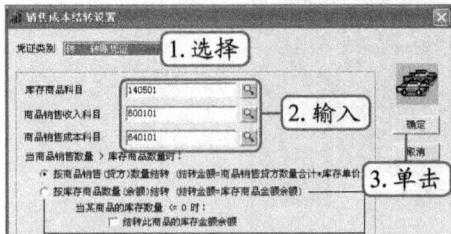

图9-11　设置销售成本结转参数

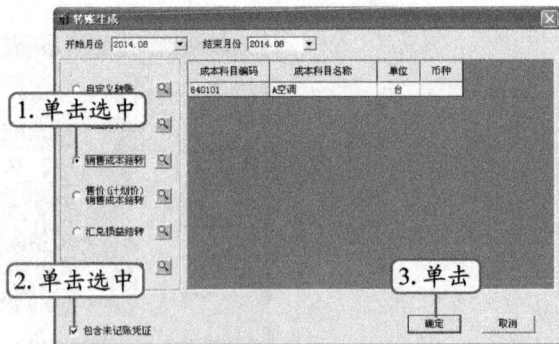

图9-12　确认生成销售成本结转凭证

**STEP 4**　打开"销售成本结转一览表"对话框，单击　确定　按钮，如图9-13所示。

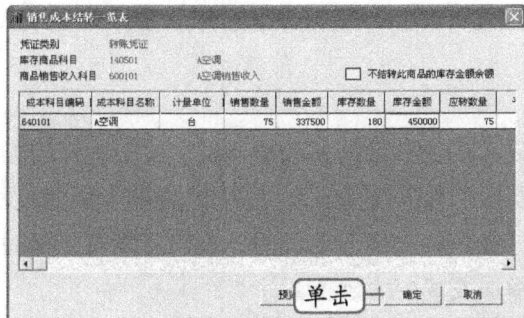

图9-13 核对结转数据

**STEP 5** 打开"转账生成"窗口，单击 按钮后保存生成的结转A空调销售成本的凭证，如图9-14所示。

图9-14 保存生成的结转A空调销售成本的凭证

**STEP 6** 再次打开"销售成本结转设置"对话框，在"凭证类别"下拉列表框中选择"转 转账凭证"选项，在"库存商品科目""商品销售收入科目"和"商品销售成本科目"文本框中分别输入"140502"（B空调）、"600102"（B空调销售收入）和"640102"（B空调），如图9-15所示。

**STEP 7** 选择【总账】/【期末】/【转账生成】菜单命令，打开"转账生成"对话框，分别单击选中"销售成本结转"单选项和"包含未记账凭证"复选框，然后单击 确定 按钮，如图9-16所示。

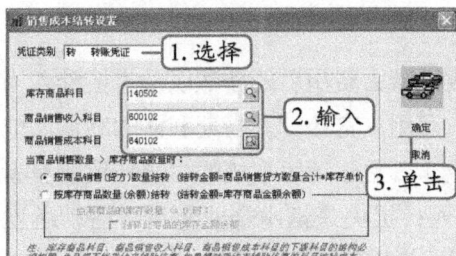

图9-15 设置销售成本结转参数

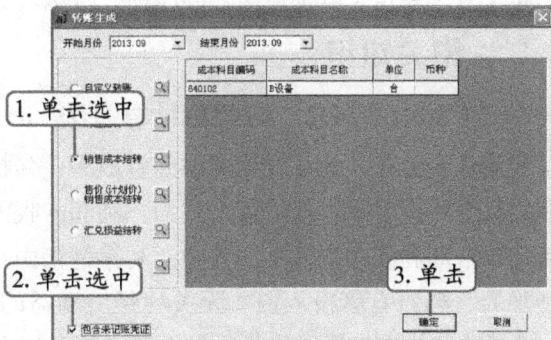

图9-16 确认生成销售成本结转凭证

**STEP 8** 按照结转A空调销售成本的方法，生成结转B空调销售成本的凭证，然后以汤芹的身份（用户名：006，密码：20140803）登录总账系统，审核甄实填制的结转制造费用和销售成本的凭证。

以自动转账的方式结转销售成本前，需要在设置会计科目时，将库存商品、主营业务收入以及主营业务成本相应的明细科目设置数量核算，核算单位为"台"，如图9-17所示。同时，在设置期初余额时，也要设置期初库存数量、当期增加或减少的数量。

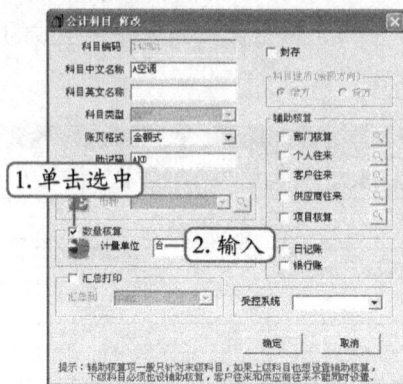

图9-17　设置数量核算

# 任务二　期末结转期间损益

利润表（或损益表）是反映企业在一定会计期间经营成果的报表。企业在每个月月末都需要结转损益类科目的发生额，从而计算得出当月的营业收入及营业利润等数据，以便企业确定业绩完成情况，为考核管理层管理效率及管理能力提供评价依据。

## 一、任务目标

本任务主要是了解损益结转的原则、方法，以及掌握生成自动结转损益凭证的操作。

## 二、相关知识

### （一）利润的概念、分类和计算方法

利润是企业在一定会计期间的经营成果，包括收入减去费用后的净额以及直接计入当期利润的利得和损失等。其计算公式为：利润=收入-费用+直接计入当期利润的利得（或-直接计入当期利润的损失），其中，利得是指由企业非日常活动所形成的、会导致所有者权益增加的、与所有者投入资本无关的经济利益的流入；损失是指由企业非日常活动所发生的、会导致所有者权益减少的、与向所有者分配利润无关的经济利益的流出。

利润按其构成的不同层次可划分为：营业利润、利润总额和净利润。

（1）营业利润=营业收入-营业成本-营业税金及附加-销售费用-管理费用-财务

费用－资产减值损失＋公允价值变动收益（－公允价值变动损失）＋投资收益（－投资损失），其中：营业收入＝主营业务收入＋其他业务收入，营业成本＝主营业务成本＋其他业务成本。

（2）利润总额＝营业利润＋营业外收入－营业外支出

（3）净利润＝利润总额－所得税费用

## （二）企业所得税的计算方法

企业的所得税费用等于当期所得税与递延所得税之和，其中，当期所得税是指当期应交所得税，递延所得税分为递延所得税资产和递延所得税负债（本书不涉及递延所得税，且不考虑纳税调整事项）。企业所得税的税率一般为25%，所得税的计算公式为：当期应交所得税＝应纳税所得额×所得税税率。

## （三）净利润分配的法律规定

企业应按照规定的比例，从净利润中提取法定盈余公积金。上市公司的法定盈余公积按照税后利润的10%提取，法定盈余公积累计额达到注册资本的50%时可以不再提取。企业可按照股东会或股东大会的决议提取任意盈余公积。

根据《中华人民共和国公司法》等法律的规定，企业一般应按照下列内容、顺序和金额分配当年实现的净利润。

（1）弥补以前年度亏损（企业纳税年度发生的亏损，准予向以后年度结转，用以后年度的所得弥补，但结转年限最长不得超过5年）。

（2）提取法定盈余公积金。

（3）分配优先股股利（企业按照利润分配方案分配给优先股股东的现金股利）。

（4）提取任意盈余公积金。

（5）向投资者分配利润（非股份公司）或向股东分配股利（股份公司）。

## （四）期末结转期间损益的账务处理

会计期末，都要进行结转损益的操作，涉及的会计分录如下。

（1）会计期末，企业应将各收益类科目的余额转入"本年利润"科目的贷方。

借：主营业务收入、其他业务收入、公允价值变动损益、投资收益、营业外收入
　　贷：本年利润

（2）会计期末，结转各项成本、费用或支出。

借：本年利润
　　贷：主营业务成本、营业税金及附加、其他业务成本、销售费用、管理费用、财务费用、资产减值损失、营业外支出

（3）资产负债表日，企业按照税法规定计算确定的当期应交所得税。

借：所得税费用
　　贷：应交税费——应交企业所得税

会计期末，结转所得税费用。

借：本年利润

　　贷：所得税费用

（4）年度终了，企业应将"本年利润"科目的本年累计余额转入"利润分配——未分配利润"科目，结转后"本年利润"科目无余额。

①本年实现净利润时，分录如下。

借：本年利润

　　贷：利润分配——未分配利润

②本年发生净亏损时，分录如下。

借：利润分配——未分配利润

　　贷：本年利润

（5）分配净利润时，相关分录如下。

①提取法定盈余公积

借：利润分配——提取法定盈余公积

　　贷：盈余公积——法定盈余公积

②提取任意盈余公积

借：利润分配——提取任意盈余公积

　　贷：盈余公积——任意盈余公积

③向投资者分配现金股利或利润

借：利润分配——应付现金股利或利润

　　贷：应付股利

（6）将"利润分配"科目所属其他明细科目的余额，转入"未分配利润"明细科目。结转后，"利润分配——未分配利润"科目如为贷方余额，表示累积未分配的利润总额；如为借方余额，则表示累积未弥补的亏损总额。

借：利润分配——未分配利润

　　贷：利润分配——提取法定盈余公积

　　　　　　　——提取任意盈余公积

　　　　　　　——应付现金股利或利润等

## 三、任务实施

【案例2】ABC公司于2014年8月31日完成当月业务凭证的填制，由账套主管甄实结转当月损益类科目。

### （一）结转收入和利得

8月31日，账套主管甄实先对所有凭证进行记账处理，确认记账无误后，结转收入和利得类科目，其具体操作如下。（❀微课：光盘\微课视频\项目九\结转收入和利得.swf）

**STEP 1** 以甄实的身份（用户名：004，密码：20140801）登录系统，在用友T3主界面中选择【总账】/【期末】/【转账定义】/【期间损益】菜单命令。

**STEP 2** 打开"期间损益结转设置"对话框，在"凭证类别"下拉列表框中选择"转 转账凭证"选项，在"本年利润科目"文本框中输入"4103"（本年利润），单击表格中的任意位置，系统将自动显示利润科目编码和利润科目名称，然后单击 确定 按钮，如图9-18所示。

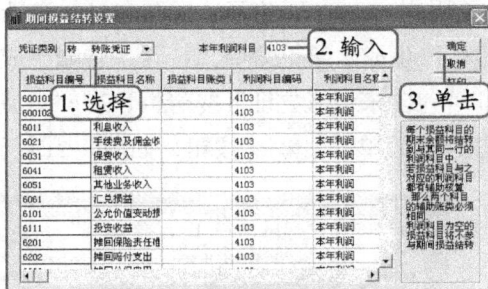

图9-18 设置损益结转参数

**STEP 3** 选择【总账】/【期末】/【转账生成】菜单命令，打开"转账生成"对话框，分别单击选中"期间损益结转"单选项和"包含未记账凭证"复选框，在"类型"下拉列表框中选择"收入"选项，单击 全选 按钮，然后单击 确定 按钮，如图9-19所示。

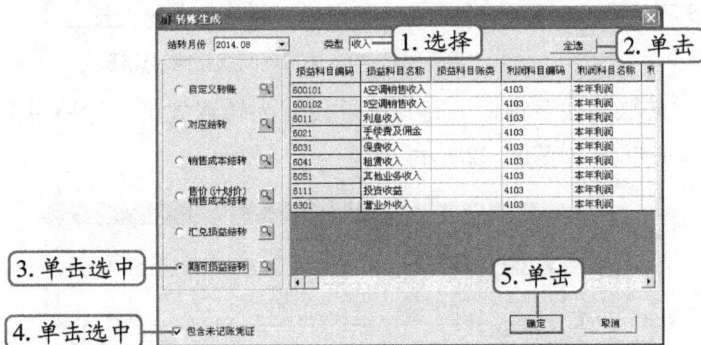

图9-19 确认生成期间损益结转凭证

**STEP 4** 打开"转账生成"窗口，将该凭证设置为转账凭证，然后单击圖按钮保存生成的结转收入和利得的凭证，如图9-20所示。

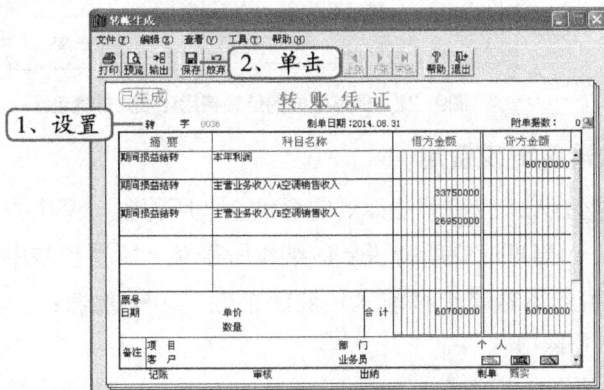

图9-20 保存生成的结转收入和利得的凭证

项目九 期末核算损益并结账

## （二）结转费用和损失

结转费用和损失的操作与结转收入和利得的类似，其具体操作如下。（微课：光盘\微课视频\项目九\结转费用和损失.swf）

**STEP 1** 以甄实的身份（用户名：004，密码：20140801）登录系统，在用友T3主界面中选择【总账】/【期末】/【转账生成】菜单命令，打开"转账生成"对话框，分别单击选中"期间损益结转"单选项和"包含未记账凭证"复选框，在"类型"下拉列表框中选择"支出"选项，单击 全选 按钮，然后单击 确定 按钮，如图9-21所示。

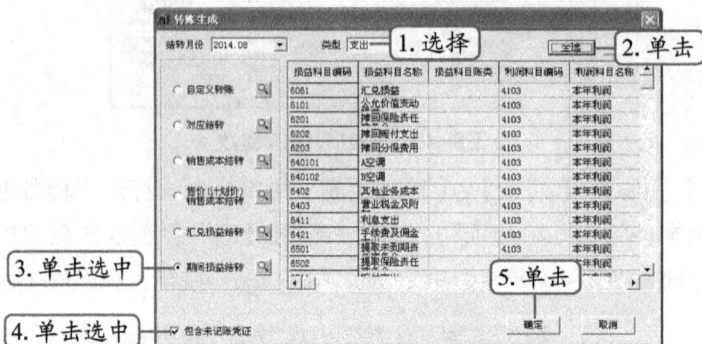

图9-21 确认生成期间损益结转凭证

**STEP 2** 打开"转账生成"窗口，将该凭证设置为转账凭证，然后单击 按钮保存生成的结转费用和损失的凭证，如图9-22所示。

图9-22 保存生成的结转费用和损失的凭证

## （三）计算并结转所得税费用

ABC公司作为企业法人，应按照法律规定缴纳企业所得税（假定未发生纳税调整事项，且不考虑递延所得税）。当期应交所得税＝应纳税所得额×所得税税率，在不考虑纳税调整事项的前提下，应纳税所得额等于税前本年利润余额。（微课：光盘\微课视频\项目九\计算并结转所得税费用.swf）

**STEP 1** 以甄实的身份（用户名：006，密码：20140803）登录系统，在用友T3主界面中选择【总账】/【账簿查询】/【余额表】菜单命令。

**STEP 2** 打开"发生额及余额查询条件"对话框，设置科目范围为"4103-4103"，单击选中"本期无发生无余额、累计有发生显示"和"包含未记账凭证"复选框，单击 确认 按钮，如图9-23所示。

**STEP 3** 查询结果如图9-24所示，8月应交所得税 = 104 383.5 × 25% = 26 095.88（元）。

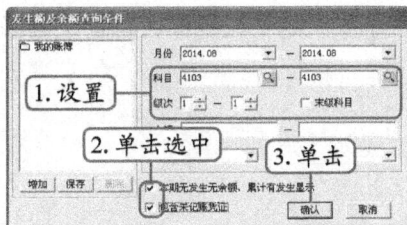

图9-23  设置查询条件

图9-24  科目余额查询结果

**STEP 4** 根据前面的学习内容，以甄实的身份编制确认所得税费用的转账凭证，单击 保存 按钮保存该凭证，如图9-25所示。

图9-25  确认所得税费用的凭证

**STEP 5** 以甄实的身份编制结转所得税费用的转账凭证，单击 保存 按钮保存该凭证，该凭证如图9-26所示。

图9-26  结转所得税费用的凭证

**STEP 6** 以汤芹的身份（用户名：006，密码：20140803）登录系统，选择【总账】/【凭证】/【审核凭证】菜单命令，审核甄实填制的确认并结转所得税费用的凭证，然后以甄实的身份登录系统，选择【总账】/【凭证】/【记账】菜单命令，按照前述的记账操作，对上述凭证记账。

# 任务三 期末对账与结账

## 一、任务目标

本任务主要是了解对账和结账的流程，熟练掌握各子系统的结账操作，特别是核算子系统，它涉及单据记账、期末处理和月末结转3个主要步骤。

## 二、相关知识

### （一）对账与试算平衡的概念

对账是对账簿数据进行核对，以检查记账是否正确，账簿是否平衡。对账主要是通过核对总账与明细账、总账与辅助账数据来完成账账核对。试算平衡是将系统中设置的所有科目的期末余额按照会计等式"借方余额＝贷方余额"进行平衡校验。为了避免各种账簿之间数据不相符，一般在结账前至少要对账一次。

### （二）结账的定义及顺序

在会计电算化条件下，每月的结账由计算机自动完成，结账成功后将限制继续录入当月的凭证，并生成下个月账簿的初始数据。结账虽然是在总账系统中进行的，但是由于用友T3基于整体设计和综合管理的原则，将子系统与总账系统的相关功能紧密结合，使各系统之间的数据得到及时传递以及有效利用，因此采购、销售、库存、核算、固定资产和工资子系统必须先结账，然后才能在总账系统结账。其顺序如图9-27所示。

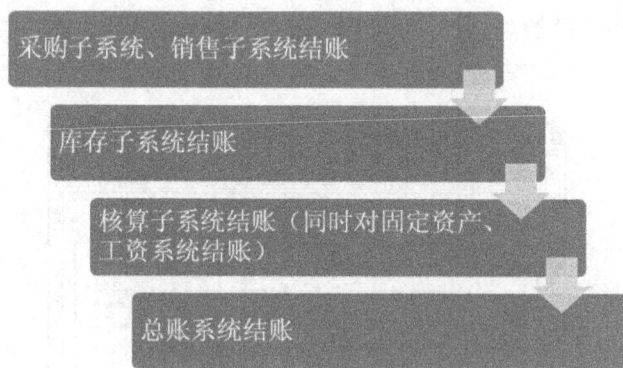

图9-27 各系统结账顺序

## 三、任务实施

【案例3】ABC公司在做好结账前的准备工作后，由甄实具体负责期末对账与结账工作。

## （一）对2014年8月的会计账簿进行对账

在对所有凭证完成记账程序后，甄实对ABC公司8月的会计账簿进行对账，其具体操作如下。（🎬微课：光盘\微课视频\项目九\对2014年8月的会计账簿进行对账.swf）

**STEP 1** 以甄实的身份（用户名：004，密码：20140801）登录系统，在用友T3主界面中选择【总账】/【期末】/【对账】菜单命令。

**STEP 2** 打开"对账"对话框，将鼠标指针定位于"2014.08"所在行，单击 选择按钮（或者直接双击该行"是否对账"单元格，使其出现"Y"标志），然后单击 对账按钮，系统开始自动对账，对账结果如图9-28所示。

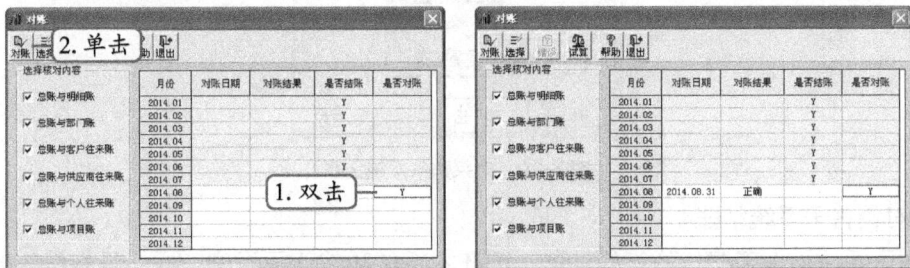

图9-28 "对账"对话框

**STEP 3** 单击 试算按钮，系统打开提示对话框，单击 确认按钮完成试算平衡，最后单击 退出按钮完成对账，如图9-29所示。

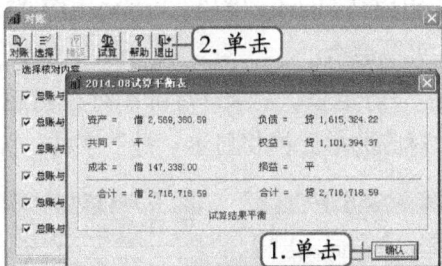

图9-29 进行试算平衡并完成对账

## （二）对2014年8月的会计账簿进行结账

对账正确后，如果没有未记账凭证，即可进行结账。结账后，将终止当月的账务处理，即不能再填制当月的凭证。结账时，应按照"图9-25各系统　结账顺序"对各子系统结账，然后再对总账系统结账。

### 1. 对采购子系统结账

月末结账是逐月将每月的单据数据封存，并将当月的采购数据记入有关账表中。采购子系统月末结账可以连续将多个月的单据进行结账，但不允许跨月结账。结账后，当月的单据将不能修改或删除。其具体操作如下。（🎬微课：光盘\微课视频\项目九\对采购子系统结账.swf）

**STEP 1** 以甄实的身份（用户名：004，密码：20140801）登录系统，在用友T3主界面中选择【采购】/【月末结账】菜单命令。

**STEP 2** 打开"月末结账"对话框，双击8月所在行"选择标记"对应的单元格，使其出现"选中"字样，单击 结账 按钮，然后在打开的提示对话框中单击 确定 按钮，如图9-30所示。

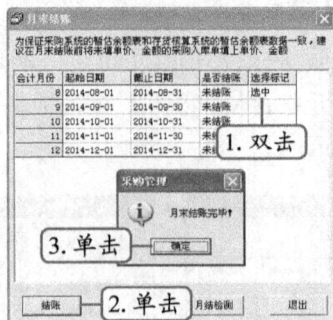

图9-30　对采购子系统结账

### 2. 对销售子系统结账

销售子系统包含了销售核算的功能，因此本系统和其他子系统一样，具有结账的过程。结账每月只能进行一次，一般在当前的会计期间终了时进行。结账后本月不能再进行发货、开票、代垫费用等业务的增删改审等处理。其具体操作如下。（🎬微课：光盘\微课视频\项目九\对销售子系统结账.swf）

**STEP 1** 以甄实的身份（用户名：004，密码：20140801）登录系统，在用友T3主界面中选择【销售】/【月末结账】菜单命令。

**STEP 2** 打开"月末结账"对话框，选择8月所在行，然后单击 月末结账 按钮。结账成功后，8月所在行"是否结账"对应的单元格将显示"是"字样，如图9-31所示。

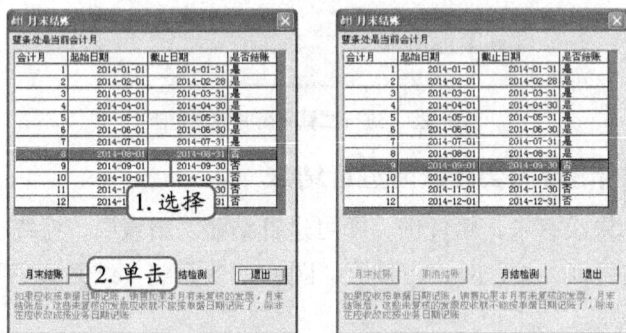

图9-31　对销售子系统结账

### 3. 对库存子系统结账

采购子系统和销售子系统结账后，库存子系统才可进行结账，结账后当月不能再填制单据。其具体操作如下。（🎬微课：光盘\微课视频\项目九\对库存子系统结账.swf）

**STEP 1** 以甄实的身份（用户名：004，密码：20140801）登录系统，在用友T3主界面中选择【库存】/【月末结账】菜单命令。

**STEP 2** 打开"结账处理"对话框，选择8月所在行，然后单击 结账 按钮。结账成功后，8月所在行"已经结账"对应的单元格将显示"是"字样，如图9-32所示。

图9-32 对库存子系统结账

### 4. 对核算子系统结账

库存子系统结账后，核算子系统才可进行结账。其具体操作如下。（微课：光盘\微课视频\项目九\对核算子系统结账.swf）

**STEP 1** 以甄实的身份（用户名：004，密码：20140801）登录系统，在用友T3主界面中选择【核算】/【核算】/【正常单据记账】菜单命令。

**STEP 2** 打开"正常单据记账条件"对话框，单击选中"包含未审核单据"和"包含未开票的出库单"复选框，然后单击 确定 按钮，如图9-33所示。

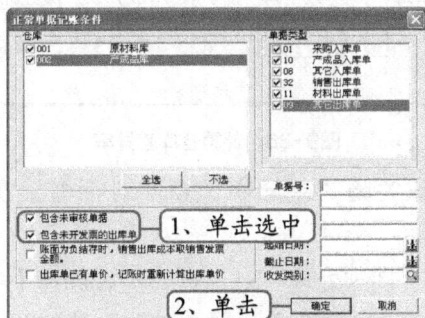

图9-33 设置正常单据记账条件

**STEP 3** 打开"正常单据记账"窗口，单击工具栏中的 全选 按钮，使目标单据对应的"选择"单元格出现"√"标志，然后单击工具栏中的 记账 按钮，如图9-34所示。

图9-34 进行正常单据记账

**STEP 4** 完成记账后单击 按钮，然后选择【核算】/【月末处理】菜单命令，打开"期末处理"对话框，分别单击选中"原材料库"和"产成品库"复选框，然后单击 确定 按钮，在打开的提示对话框中单击 确定 按钮，如图9-35所示。

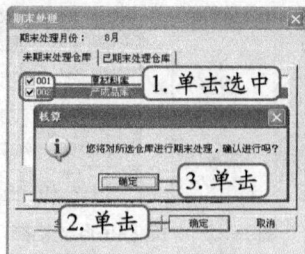

图9-35 确认期末处理仓库

**STEP 5** 打开"差异率计算"对话框，单击按钮后，系统将自动计算仓库差异率，然后单击按钮，如图9-36所示。

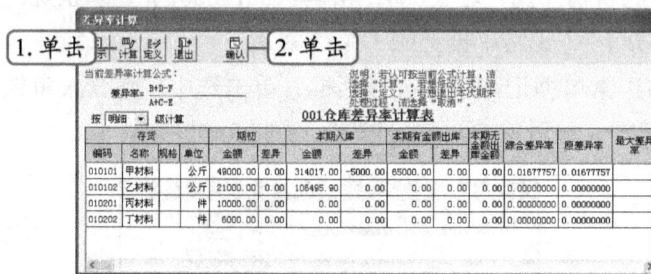

图9-36 计算仓库差异率

**STEP 6** 再次单击按钮关闭"差异率计算"对话框，在打开的提示对话框中单击 确定 按钮，如图9-37所示。

**STEP 7** 单击按钮关闭"期末处理"对话框，然后选择【核算】/【月末结账】菜单命令。打开"月末结账"对话框，单击选中"月末结账"单选项，然后单击 确定 按钮，如图9-38所示。

图9-37 完成期末处理

图9-38 对核算子系统结账

**STEP 8** 打开提示对话框，单击 确定 按钮，如图9-39所示。

图9-39 完成对核算子系统结账

### 5. 对固定资产子系统结账

启用固定资产账套时，ABC公司设置了与总账系统对账，因此在固定资产子系统结转前，先要对其进行对账，以保证本系统管理的固定资产的价值和总账系统中固定资产科目的数值相等。系统在执行月末结账时自动对账一次，给出对账结果，并根据初始化或选项中的判断确定不平情况下是否允许结账。其具体操作如下。（微课：光盘\微课视频\项目九\对固定资产子系统结账.swf）

**STEP 1** 以甄实的身份（用户名：004，密码：20140801）登录系统，在用友T3主界面中选择【固定资产】/【处理】/【对账】菜单命令。

**STEP 2** 打开提示对话框，单击 确定 按钮，完成固定资产对账，如图9-40所示。

**STEP 3** 选择【固定资产】/【处理】/【月末结账】菜单命令，打开"月末结账..."对话框，单击 开始结账 按钮，如图9-41所示。

图9-40 完成固定资产对账　　图9-41 开始对固定资产子系统结账

**STEP 4** 系统将自动结账，然后连续打开两个提示对话框，分别单击 确定 按钮，如图9-42所示。

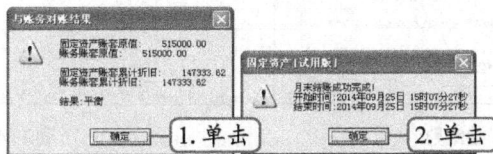

图9-42 确定对账结果完成结账

**STEP 5** 打开提示对话框，单击 确定 按钮，完成固定资产子系统结账，如图9-43所示。

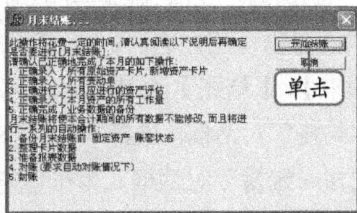

图9-43 完成对固定资产子系统结账

### 6. 对工资子系统结账

当月工资数据处理完毕后，才可进行工资子系统月末结账。其具体操作如下。（微课：光盘\微课视频\项目九\对工资子系统结账.swf）

**STEP 1** 以甄实的身份（用户名：004，密码：20140801）登录系统，在用友T3主界面中选择【工资】/【业务处理】/【月末处理】菜单命令。

**STEP 2** 打开"月末处理"对话框，单击 确认 按钮，在打开的提示对话框中单击按钮，如图9-44所示。

**STEP 3** 在连续打开的两个提示对话框中，先后单击 否(N) 按钮、 确定 按钮，如图9-45所示。

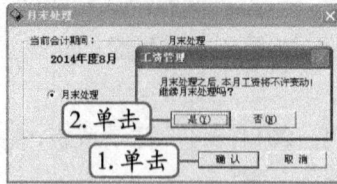

图9-44 开始对工资子系统结账

图9-45 完成对工资子系统结账

### 7. 对总账系统结账

总账系统是用友T3的核心系统，在各子系统结账完成后，即可对该系统进行结账处理，其具体操作如下。（🎬微课：光盘\微课视频\项目九\对总账系统结账.swf）

**STEP 1** 以甄实的身份（用户名：004，密码：20140801）登录系统，在用友T3主界面中选择【总账】/【期末】/【结账】菜单命令。

**STEP 2** 打开"结账"对话框，选择"2014.08"所在行，单击 下一步 按钮，如图9-46所示。

**STEP 3** 打开"核对账簿"对话框，单击 对账 按钮，如图9-47所示。

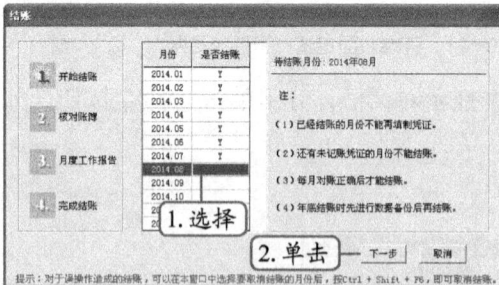

图9-46 开始结账

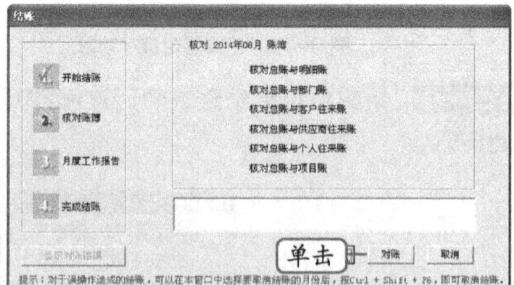

图9-47 核对账簿

**STEP 4** 系统自动进行账账核对，完成核对后将在下方文本框中显示"对账完毕"，然后单击 下一步 按钮，如图9-48所示。

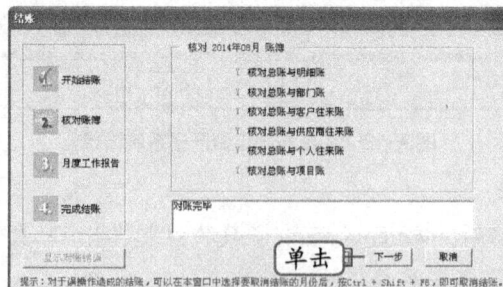

图9-48 对账完毕

**STEP 5** 打开"月度工作报告"对话框，单击 下一步 按钮，如图9-49所示。

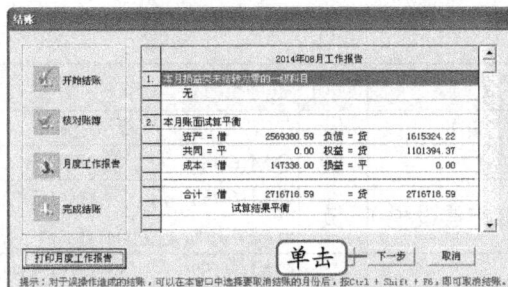

图9-49 显示2014年8月工作报告

**STEP 5** 打开"完成结账"对话框，单击 结账 按钮，完成2014年8月的结账，如图9-50所示。（效果参见：光盘\效果\ABC公司账套\UfErpAct9.Lst）

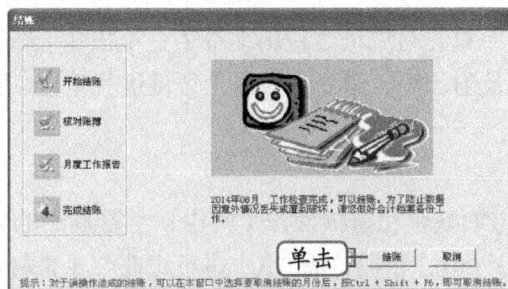

图9-50 完成2014年8月的结账

# 实训一 结转本月期间损益

【案例4】甲舟有限公司于9月30日完成当月全部业务的核算，先进行结转制造费用、销售成本、营业税金及附加等操作，相关参数如表9-1~表9-3所示，然后由周浩结转期间损益。

表9-1 制造费用结转参数

| 摘要 | 科目编码 | 方向 | 金额公式 |
|------|----------|------|----------|
| 结转9月制造费用 | 50010101（生产成本－基本生产成本－A设备） | 借 | QM(510101,月,借) |
| 结转9月制造费用 | 510101（制造费用－A设备） | 贷 | QM(510101,月,借) |

表9-2 销售成本结转参数

| 项目 | 结转A设备销售成本 | 结转B设备销售成本 |
|------|------------------|------------------|
| 库存商品科目 | 140501 | 140502 |
| 商品销售收入科目 | 600101 | 600102 |
| 商品销售成本科目 | 640101 | 640102 |

**表 9-3 营业税金及附加结转参数**

| 摘要 | 科目编码 | 方向 | 金额公式 |
|---|---|---|---|
| 计提营业税金及附加 | 6403（营业税金及附加） | 借 | CE()（借贷平衡差额） |
| | 222102（应交营业税） | 贷 | QM(6051,月,贷)*0.05 |
| | 222103（应交城市维护建设税） | 贷 | QM(6051,月,贷)*0.05*0.07+FS(22210102,月,贷)*0.07-FS(22210101,月,借)*0.07 |
| | 222104（应交教育费附加） | 贷 | QM(6051,月,贷)*0.05*0.03+FS(22210102,月,贷)*0.03-FS(22210101,月,借)*0.03 |

**【实训要求】**

熟练掌握期末结转凭证的设置与生成操作。

**【实训思路】**

在结账期间损益前，应首先对凭证进行出纳签字、审核和记账等操作，然后结转制造费用、销售成本、营业税金及附加等，最后在对以上凭证进行审核、记账的基础上进行结转期间损益的操作。

**【步骤提示】**

**STEP 1** 对凭证进行出纳签字和审核操作（其中，主管周浩的凭证由吴海进行审核），然后以周浩的身份（编号：001，密码：jia07A）进行记账。（素材参见：光盘\素材\甲舟有限公司账套\UfErpAct9.Lst）

**STEP 2** 打开"自动转账设置"对话框，"转账序号"输入"001"，"转账说明"输入"结转制造费用"，"凭证类别"选择"转 转账凭证"选项，然后按照表9-1设置制造费用结转参数。

**STEP 3** 打开"销售成本结转设置"对话框，按照表9-2设置销售成本结转参数。

**STEP 4** 打开"自动转账设置"对话框，"转账序号"输入"002"，"转账说明"输入"计提营业税金及附加"，"凭证类别"选择"转 转账凭证"选项，按照表9-3设置营业税金及附加结转参数，如图9-51所示。

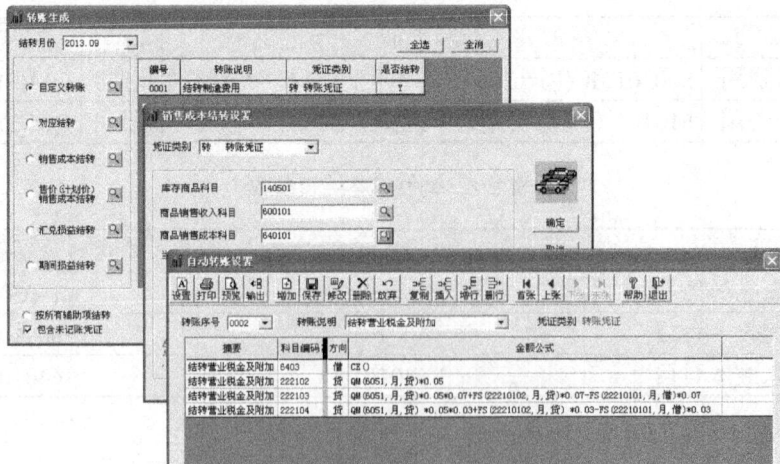

**图9-51 结转制造费用、销售成本和营业税金及附加**

**STEP 5**　吴海审核周浩的上述结转凭证，周浩记账。然后，周浩结转收入和利得及费用和损失，确认与结转的所得税费用 =（543 000 - 324 599）× 25% = 218 401 × 25% = 54 600.25（元），如图9-52所示。

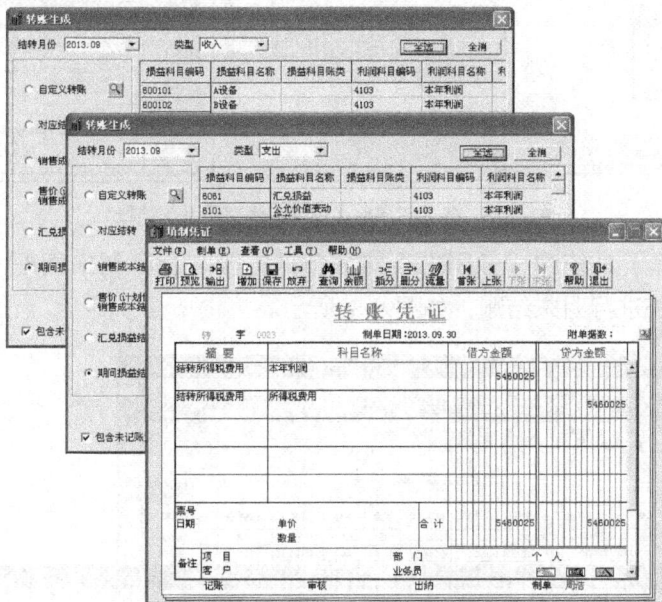

图9-52　结转收入和利得及费用和损失

**STEP 6**　由吴海审核周浩的上述结转凭证，周浩记账，然后由周浩对2013年9月的会计账簿进行记账。

# 实训二　对9月会计账簿进行结账

【案例5】完成所有凭证记账后，周浩对9月账簿进行结账操作。

## 【实训要求】

熟悉各子系统的结账顺序，熟练掌握各系统的结账操作。

## 【实训思路】

按照采购、销售和库存、核算、固定资产、工资以及总账系统的先后顺序，分别进行结账操作。

## 【步骤提示】

**STEP 1**　选择【采购】/【月末结账】菜单命令，打开"月末结账"对话框，对采购子系统结账；选择【销售】/【月末结账】菜单命令，打开"月末结账"对话框，对销售子系统结账；选择【库存】/【月末结账】菜单命令，打开"结账处理"对话框，对库存子系统结账，如图9-53所示。

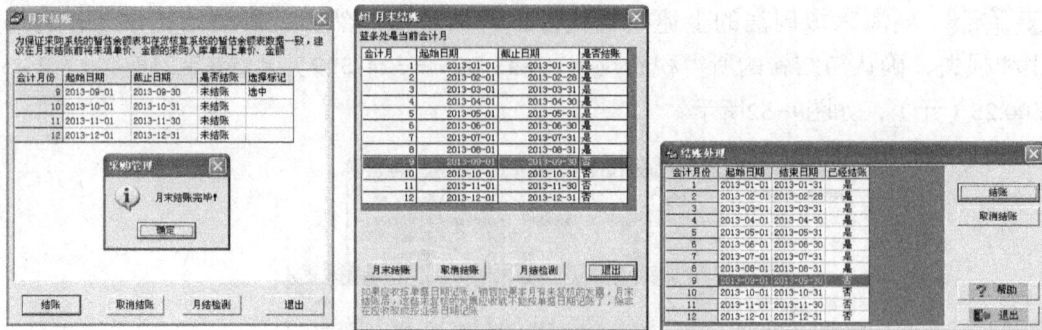

图9-53　先后对采购、销售和库存子系统结账

**STEP 2**　在核算子系统中，分别进行核算单据记账、仓库期末处理（差异率计算）操作，然后对该子系统进行月末结账，如图9-54所示。

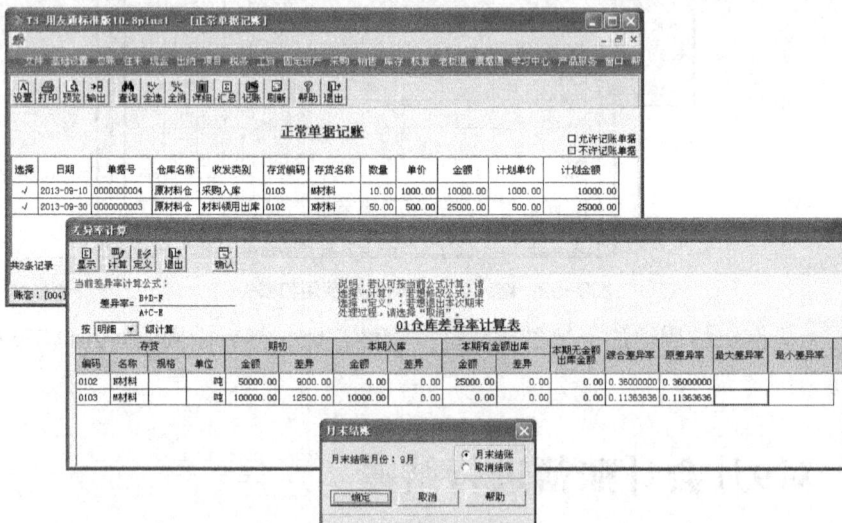

图9-54　对核算子系统结账

**STEP 3**　选择【固定资产】/【处理】/【对账】菜单命令，对固定资产子系统结账；选择【工资】/【业务处理】/【月末处理】菜单命令，对工资子系统进行结账，如图9-55所示。

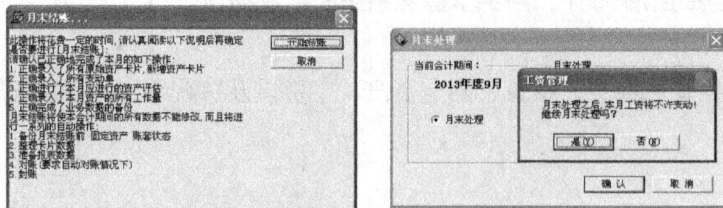

图9-55　对固定资产、工资子系统结账

**STEP 4**　选择【总账】/【期末】/【结账】菜单命令，对总账系统结账，如图9-56所示。（效果参见：光盘\效果\甲舟有限公司账套\UfErpAct9.Lst）

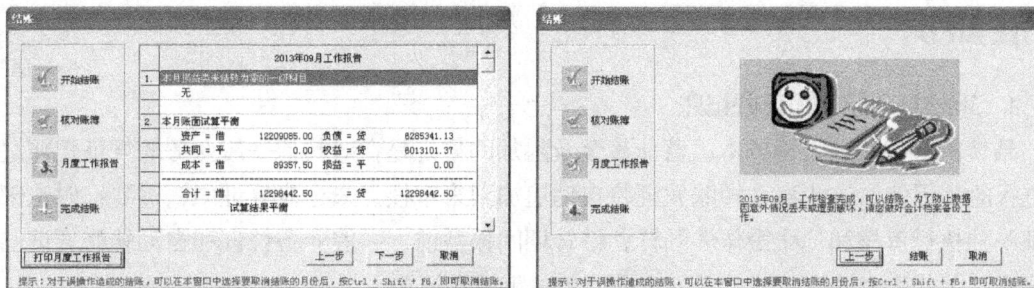

图9-56 对总账系统结账

# 常见疑难解析

**问：如何取消记账？**

答：记账后，如果需要修改相关凭证，则需要取消记账。具体操作方法如下：选择【总账】/【凭证】/【恢复记账前状态】菜单命令，打开"恢复记账前状态"对话框，单击选中"最近一次记账前状态"单选项，然后单击 确定 按钮，如图9-57所示，打开"输入"对话框，在"请输入主管口令："文本框中输入账套主管的登录密码，然后单击 确认 按钮，如图9-58所示。

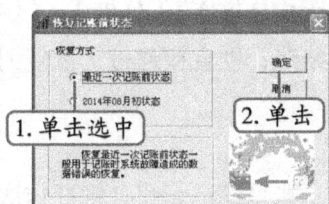

图9-57 确认取消记账

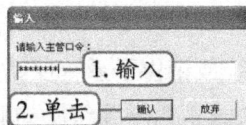

图9-58 输入主管口令

**问：如何反结账？**

答：为了保证重要数据不遗失，结账前要进行数据备份。结账后如果出现由于非法操作或计算机病毒等原因造成数据被破坏的情况，可使用反结账功能，取消结账，需要注意的是，反结账只能由账套主管进行。反结账的具体操作方法如下：在"结账"对话框中选择要反结账的月份，按【Ctrl + Shift + F6】组合键，打开"确认口令"对话框，在"输入口令"文本框中输入账套主管密码，然后单击 确认 按钮，如图9-59所示。

图9-59 反结账

# 拓展知识

### 1. 审核自动转账凭证并记账

结转制造费用、销售成本、营业税金及附加的凭证是在对其他一般业务的凭证记账之后才进行的，因此，这些自动转账凭证将自动追加到未审核、未记账凭证中，需要针对这部分凭证单独执行审核和记账操作。同样，结转期间损益前，一般业务凭证和自动转账凭证已经记账了，因此生成的损益结转凭证也需要单独审核和记账。

### 2. 固定资产子系统反结账

固定资产子系统结账后，如果发现已结账月份需要修改凭证，则应区分两种情况分别处理：第一种为总账系统已结账，此时应先对总账系统进行反结账，然后单击"固定资产"选项卡，系统将打开提示对话框，提示已结账月份将不能进行任何修改操作，单击 是(Y) 按钮，如图9-60所示。

图9-60 确认进入已结账月份的固定资产子系统

进入已结账月份的固定资产系统后，选择【固定资产】/【处理】/【恢复月末结账前状态】菜单命令进行反结账。第二种为总账系统未结账，则直接通过"恢复月末结账前状态"功能进行反结账。

### 3. 采购子系统或销售子系统反结账

对采购子系统或销售子系统反结账时，如果总账系统已记账，则要依次对总账系统、核算系统、库存系统反结账。以对采购子系统反结账为例，具体操作方法如下：选择【采购】/【月末结账】菜单命令，打开"月末结账"对话框，双击已结账月份所在行"选择标记"对应的单元格，使其出现"选中"字样，单击 取消结账 按钮，如图9-61所示。

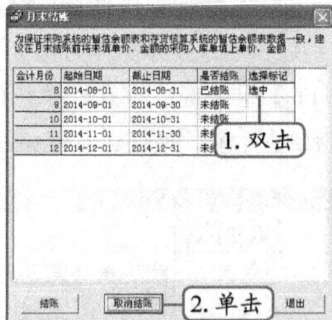

图9-61 对采购子系统反结账

### 4. 取消对库存系统、核算系统结账

取消对库存系统结账时，在用友T3主界面中选择【库存】/【月末结账】菜单命令，打

开"结账处理"对话框，单击 [取消结账] 按钮，如图9-62所示。

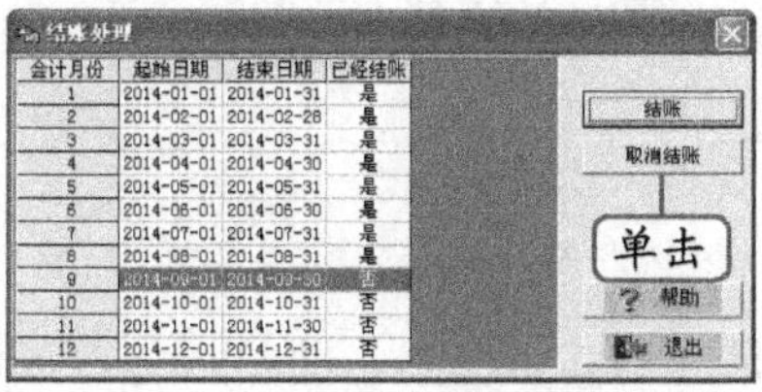

**图9-62 取消对库存系统结账**

# 课后练习

### 1. 单选题

（1）某企业2013年发生的费用有：车间管理人员工资60万元，车间设备计提折旧100万元，车间信息系统维护费25万元，行政管理部门办公费10万元。则该企业当年应该计入"制造费用"科目的金额为（　　）万元。

A. 137　　　　　　　　　　　　B. 207

C. 185　　　　　　　　　　　　D. 112

（2）某企业2013年12月主营业务收入为200万元，主营业务成本为150万元，管理费用为8万元，公允价值变动收益为3万元，资产减值损失为1万元，投资收益为7万元，营业外收入为6万元。假定不考虑其他因素，该企业当月的营业利润为（　　）万元。

A. 42　　　　　　　　　　　　B. 51

C. 45　　　　　　　　　　　　D. 57

### 2. 多选题

（1）制造费用一般核算的对象有（　　）。

A. 行政管理人员的福利费

B. 车间机器设备的折旧

C. 车间管理人员的工资

D. 销售部门人员的工资

（2）下列各项费用中，不应计入产品生产成本的有（　　）。

A. 销售费用

B. 管理费用

C. 财务费用

D. 制造费用

（3）以下属于产品成本项目中制造费用包括的内容有（　　）。

A. 生产车间生产工人薪酬

B. 生产车间机器设备的折旧费

C. 生产工人的劳动保护费

D. 季节性和修理期间停工损失

（4）制造费用的分配通常采用的方法有（  ）。

A. 生产工时比例法

B. 生产工资比例法

C. 机器工时比例法

D. 年度计划分配率分配法

（5）下列各项中，影响企业当期营业利润的有（  ）。

A. 所得税费用

B. 固定资产减值损失

C. 销售商品收入

D. 投资性房地产公允价值变动收益

（6）下列各科目的余额，期末应结转到"本年利润"科目的有（  ）。

A. 主营业务成本                    B. 公允价值变动损益

C. 以前年度损益调整              D. 营业外支出

3. 判断题

（1）所得税费用科目的期末余额应直接转入未分配利润科目，结转后本科目应无余额。                                                          （  ）

（2）每月月末，企业应将"本年利润"科目的本年累计余额转入"利润分配——未分配利润"科目，结转后"本年利润"科目无余额。                （  ）

# PART 10

# 项目十
# 填制和分析会计报表

## 情景导入

阿秀：小白，你见过会计报表吗？

小白：见过，在上市公司的网站上一般可以下载年报，里面就有会计报表。而且现在的财务软件不是都可以直接生成报表吗？

阿秀：不错，现在你能够自主学习了。虽然报表可以自动生成，但是在学习阶段，最好能够通过自行设置公式的方式来学习编制会计报表，那样你会更加清楚报表项目的数据构成、计算过程和报表之间的勾稽关系。

小白：嗯，我在看报表的时候，只是大概知道数据的计算过程，不过要想了解透彻，还是需要自己动手编制才行。

阿秀：是的，而且会计报表不只是拿来"看"的，更是要"用"的，要通过学习财务分析，才能知道企业的财务状况和发展趋势。

小白：好的，我会好好学习的。

## 学习目标

- 了解会计报表的构成
- 熟悉报表项目的填制方法
- 熟悉财务分析的方法和指标
- 了解财务分析的局限性

## 技能目标

- 掌握报表格式的设置
- 掌握报表项目公式的设置
- 掌握财务指标分析

# 任务一　填制会计报表

生成会计报表是用友T3会计信息链中的重要环节，在电算化环境下，企业可按照实际情况，在会计准则的基础上增减报表项目，也可直接使用报表模板以节省生成报表时间。

## 一、任务目标

本任务主要是了解会计报表的构成和分类，掌握会计报表项目的填列方法。

## 二、相关知识

### （一）会计报表的构成

会计报表是企业对外提供的财务报告的主要内容，它反映了企业的财务状况和经营成果。一套完整的财务报表至少应当包括资产负债表、利润表、现金流量表、所有者权益（或股东权益）变动表以及附注，即"四表一注"，具体内容如表10-1所示。

表 10-1　会计报表的构成

| 构成部分 | 反映的内容 | 编制目的 |
| --- | --- | --- |
| 资产负债表 | 反映企业在某一特定日期的财务状况 | 帮助使用者评价企业资产的质量以及短期偿债能力、长期偿债能力、利润分配能力等 |
| 利润表 | 反映企业在一定会计期间的经营成果和综合收益 | 帮助使用者分析评价企业的盈利能力及其构成与质量 |
| 现金流量表 | 反映企业在一定会计期间的现金和现金等价物的流入和流出 | 帮助使用者评价企业生产经营特别是经营活动中所形成的现金流量和资金周转情况 |
| 所有者权益（或股东权益，下同）变动表 | 反映构成企业所有者权益的各组成部分当期的增减变动情况 | 帮助使用者准确掌握所有者权益增减变动的根源 |
| 附注 | 对在会计报表中列示项目所作的进一步说明，以及对未能在这些报表中列示项目的说明等 | 更加全面、系统地反映企业财务状况、经营成果和现金流量的全貌 |

### （二）资产负债表项目的填列方法

#### 1. 资产项目的填列说明

（1）"货币资金"项目金额＝"库存现金"科目期末余额＋"银行存款"科目期末余额＋"其他货币资金"科目期末余额。

（2）"交易性金融资产"项目金额，根据"交易性金融资产"科目的期末余额填列。

（3）"应收票据"项目金额＝"应收票据"科目的期末余额－"坏账准备"科目中对有关应收票据计提的坏账准备的期末余额。

（4）"应收账款"项目金额＝"应收账款"科目所属各明细科目的期末余额（借方）

+ "预收账款"科目所属各明细科目的期末余额（借方） - "坏账准备"科目中有对关应收账款计提的坏账准备的期末余额。

（5）"预付款项"项目金额 = "预付账款"科目所属各明细科目的期末余额（借方） + "应付账款"科目所属各明细科目的期末余额（借方） - "坏账准备"科目中有对关预付款项计提的坏账准备的期末余额。

（6）"应收利息"项目金额 = "应收利息"科目的期末余额 - "坏账准备"科目中对有关应收利息计提的坏账准备的期末余额。

（7）"应收股利"项目金额 = "应收股利"科目的期末余额 - "坏账准备"科目中有关应收股利计提的坏账准备的期末余额。

（8）"其他应收款"项目金额 = "其他应收款"科目的期末余额 - "坏账准备"科目中对有关其他应收款计提的坏账准备的期末余额。

（9）"存货"项目金额 = "材料采购" + "原材料" + "低值易耗品" + "库存商品" + "周转材料" + "委托加工物资" + "委托代销商品" + "生产成本"等科目期末余额 - "代销商品款"科目期末余额 - "存货跌价准备"科目的期末余额。

材料采用计划成本核算，以及库存商品采用计划成本或售价核算的企业，还应按加上或减去材料成本差异或商品进销差价后的金额填列。

（10）"一年内到期的非流动资产"项目金额，根据有关科目的期末余额分析填列。

（11）"长期股权投资"项目金额 = "长期股权投资"科目的期末余额 - "长期股权投资减值准备"科目的期末余额。

（12）"固定资产"项目金额 = "固定资产"科目的期末余额 - "累计折旧"科目期末的余额 - "固定资产减值准备"科目的期末余额。

（13）"在建工程"项目金额 = "在建工程"科目的期末余额 - "在建工程减值准备"科目的期末余额。

（14）"工程物资"项目，根据"工程物资"科目的期末余额填列。

（15）"固定资产清理"项目，根据"固定资产清理"科目的期末借方余额填列，如"固定资产清理"科目期末为贷方余额，以"-"号填列。

（16）"无形资产"项目。

①对于使用寿命确定的无形资产。

本项目金额 = "无形资产"科目的期末余额 - "累计摊销"科目的期末余额 - "无形资产减值准备"科目的期末余额。

②对于使用寿命不确定的无形资产。

本项目金额 = "无形资产"科目的期末余额 - "无形资产减值准备"科目期末余额。

（17）"开发支出"项目，根据"研发支出"科目中所属的"资本化支出"明细科目的期末余额填列。

（18）"长期待摊费用"项目金额 = "长期待摊费用"科目的期末余额 - 将于一年内（含一年）摊销的长期待摊费用的金额。长期待摊费用中将在一年内（含一年）摊销的部分，在资产负债的"一年内到期的非流动资产"项目填列。

（19）"其他非流动资产"项目金额，根据有关科目的期末余额填列。

2. 负债项目的填列说明

（1）"短期借款"项目金额，根据"短期借款"科目的期末余额填列。

（2）"应付票据"项目金额，根据"应付票据"科目的期末余额填列。

（3）"应付账款"项目金额 = "应付账款"科目所属各明细科目的期末余额（贷方）＋ "预付账款"科目所属各明细科目的期末余额（贷方）。

（4）"预收款项"项目金额 = "预收账款"科目所属各明细科目期末余额（贷方）＋ "应收账款"科目所属各明细科目的期末余额（贷方）。

（5）"应付职工薪酬"项目金额，根据有关规定应付给职工的工资、福利、社会保险费、住房公积金、工会经费、职工教育经费等各种薪酬账面的余额填列。

（6）"应交税费"项目，根据"应交税费"科目的期末贷方余额填列，如"应交税费"科目期末为借方余额，应以"－"号填列。

（7）"应付利息"项目金额，根据"应付利息"科目的期末余额填列。

（8）"应付股利"项目金额，根据"应付股利"科目的期末余额填列。

（9）"其他应付款"项目金额，根据"其他应付款"科目的期末余额填列。

（10）"一年内到期的非流动负债"项目金额，根据有关科目的期末余额分析填列。

（11）"长期借款"项目金额，根据"长期借款"科目的期末贷方余额填列。

（12）"应付债券"项目金额，根据"应付债券"科目的期末余额填列。

（13）"其他非流动负债"项目金额 = 有关科目期末余额 － 将于1年内（含1年）到期偿还的金额。非流动负债各项目中将于1年内（含1年）到期的非流动负债，应在"一年内到期的非流动负债"项目反映。

3. 所有者权益项目的填列说明

（1）"实收资本（或股本）"项目金额 = "实收资本"（或"股本"）科目的期末余额。

（2）"资本公积"项目金额 = "资本公积"科目的期初余额＋本期增加－本期减少。

（3）"盈余公积"项目金额 = "盈余公积"科目的期初余额＋本期增加－本期减少。

（4）"未分配利润"项目，根据"本年利润"科目和"利润分配"科目的余额计算填列。未弥补的亏损在本项目以"－"号填列。

## （三）利润表项目的填列方法

利润表中各项目均需填列"本期金额"和"上期金额"两栏。其中，"上期金额"栏，应根据上年该期利润表的"本期金额"栏填列。"本期金额"应根据损益类科目的发生额分析填列，具体的填列方法归纳如下。

（1）"营业收入"项目金额，根据"主营业务收入"和"其他业务收入"科目的发生额分析填列。

（2）"营业成本"项目金额，根据"主营业务成本"和"其他业务成本"科目的发生额分析填列。

（3）"营业税金及附加"项目金额，根据"营业税金及附加"科目的发生额分析填列。

（4）"销售费用"项目金额，根据"销售费用"科目的发生额分析填列。

（5）"管理费用"项目金额，根据"管理费用"科目的发生额分析填列。

（6）"财务费用"项目金额，根据"财务费用"科目的发生额分析填列。

（7）"资产减值损失"项目金额，根据"资产减值损失"科目发生额分析填列。

（8）"公允价值变动收益"项目金额，根据"公允价值变动损益"科目的发生额分析填列，如为净损失，本项目以"-"号填列。

（9）"投资收益"项目金额，根据"投资收益"科目的发生额分析填列。如为投资损失，本项目用"-"号填列。

（10）"营业利润"项目金额，反映企业实现的营业利润。如为亏损，本项目以"-"号填列。

（11）"营业外收入"项目金额，根据"营业外收入"科目的发生额分析填列。

（12）"营业外支出"项目金额，根据"营业外支出"科目的发生额分析填列。

（13）"利润总额"项目金额，反映企业实现的利润，根据利润表中相关计算填列。如为亏损，本项目以"-"号填列。

（14）"所得税费用"项目金额，根据"所得税费用"科目的发生额分析填列。

（15）"净利润"项目金额，反映企业实现的净利润，根据利润表中相关计算填列。如为亏损，本项目以"-"号填列。

（16）"每股收益"项目金额，包括基本每股收益和稀释每股收益两项指标，反映普通股或潜在普通股已公开交易的企业，以及正处在公开发行普通股或潜在普通股过程中的企业的每股收益信息，根据利润表中相关计算填列。

（17）"其他综合收益"项目金额，反映企业根据企业会计准则规定未在损益中确认的各项利得和损失扣除所得税影响后的净额，根据利润表中相关计算填列。

（18）"综合收益总额"项目金额，反映企业净利润与其他综合收益的合计金额，根据利润表中相关计算填列。

我国企业利润表的主要编制步骤和内容如表10-2所示。

表 10-2 利润表的主要编制步骤和内容

| 步骤 | 计算公式或计算基础 |
|---|---|
| ①计算营业利润 | 营业利润＝营业收入－营业成本－营业税金及附加－销售费用－管理费用－财务费用－资产减值损失＋公允价值变动收益（－公允价值变动损失）＋投资收益（－投资损失） |
| ②计算利润总额 | 利润总额＝营业利润＋营业外收入－营业外支出 |
| ③计算净利润 | 净利润＝利润总额－所得税费用 |

| 步骤 | 计算公式或计算基础 |
|------|------------------|
| ④计算每股收益 | 以净利润（或净亏损）为基础 |
| ⑤计算综合收益总额 | 以净利润（或净亏损）和其他综合收益为基础 |

### （四）账务取数公式

在用友T3中，报表数据是通过账务取数公式生成的，通过账务取数函数，可从有关系统中取得数据，从而快速生成财务报表。账务取数公式的基本格式如下：

=函数名("科目编码","会计期间",[方向],[账套号],[会计年度],[编码1],[编码2])

其中，"="、"函数名"、"( )"、","等均为半角状态下输入的字符。如果是全角字符，则系统不能正确取数。

- **函数名**：主要的取数函数有QC——期初额，QM——期末额，FS——发生额，LFS——累计发生额。
- **科目编码**：会计科目代码或名称，可以是一级科目，也可以是明细科目。
- **会计期间**：取数的期间，可以是年、季、月等。
- **方向**：取数科目的方向，即借或贷，可省略。
- **账套号**：取数的账套号。
- **会计年度**：取数时的年度，可省略。
- **编码1、编码2**：在辅助类账中取数。

报表中的有些数据是报表项目的总和，通过报表取数公式即可求得。常用取数函数有，数据合计函数PTOTAL、平均值函数PAVG、计数函数PCOUNT、最大值函数PMAX和最小值函数PMIN等。

## 三、任务实施

【**案例1**】ABC公司在成功完成8月账簿的记账后，开始进行报表编制工作。其中，资产负债表的参数如下：

（1）报表尺寸为37行8列；定义第1行行高为12mm（毫米，下同）、第2~37行的行高为5mm，将A1:H1单元格区域组合成一个单元；将A1:H37单元格区域画上表格线；将A1:H1单元格中的内容设置为宋体、粗体、16号字、水平及垂直方向居中；

（2）设置单位名称年、月、日关键字（"年""月""日"的偏移值为"05""8""−120"）；设置C6:D17、C19:D37、G6:H18、G20:H28、G30:H37单元格区域为数值类型，且用逗号分隔，保留两位小数。

利润表的参数如下：

（1）A1:D1、A2:D2单元格区域分别组合成一个单元，A1:D1单元格内容设置为宋体、粗体、16号字、水平及垂直方向居中；

（2）设置单位名称、年、月关键字（"年"偏移−70、"月"偏移−60）和货币单位；C5:D20、C22:D23单元格区域为数值类型，且用逗号分隔，保留两位小数。

## （一）启用报表系统并新建报表

在编制财务报表时，主要有两种方法：一种是直接使用系统提供的报表模板，另一种是根据企业的实际情况自定义报表（素材参见：光盘\素材\ABC账套\ABC公司2014年8月资产负债表.rep、ABC公司2014年8月利润表.rep），首先讲解自定义报表的方法，其具体操作如下。（💿微课：光盘\微课视频\项目十\启用报表系统并新建报表.swf）

以甄实的身份（用户名：004，密码：20140801）登录系统，单击主界面左侧的"财务报表"选项卡，打开"用友通-财务报表"窗口，如图10-1所示。

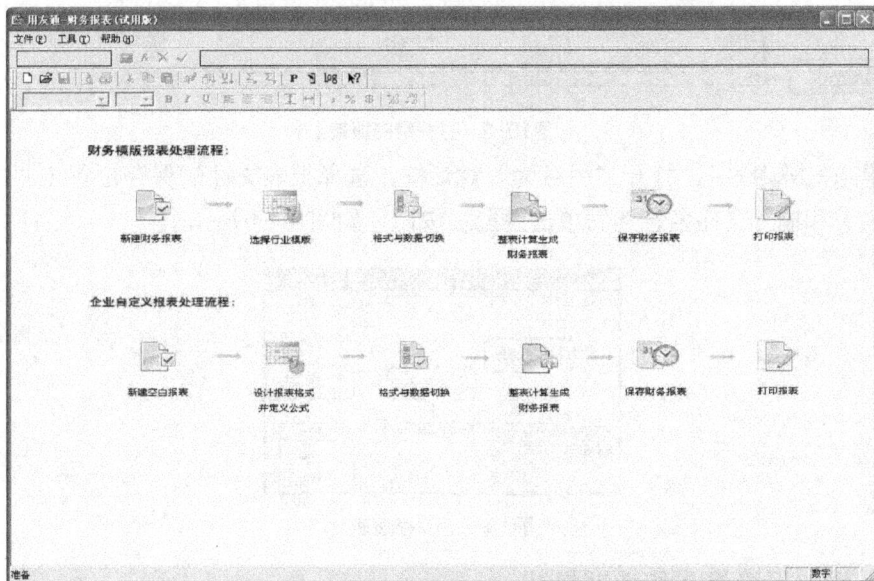

图10-1 "用友通-财务报表"窗口

选择【文件】/【新建】菜单命令，打开"新建"对话框，在"模板分类"列表框中选择"常用"选项，选择"空报表"模板，然后单击 确定 按钮，如图10-2所示。

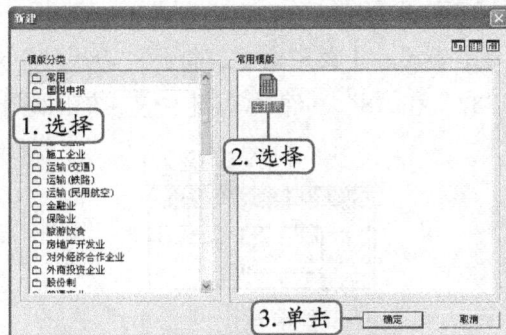

图10-2 新建报表

打开"用友通-财务报表-【report1】"窗口，如图10-3所示。

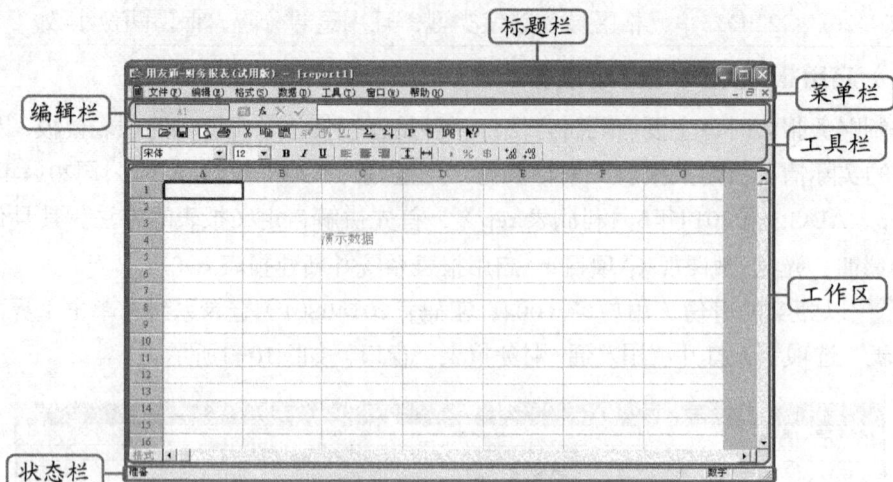

图10-3　打开空白报表

**STEP 4** 单击 ![保存按钮] 按钮，打开"另存为"对话框，选择报表文件的保存位置（"D:\报表文件"文件夹）和输入文件名，然后单击 保存(S) 按钮，如图10-4所示。

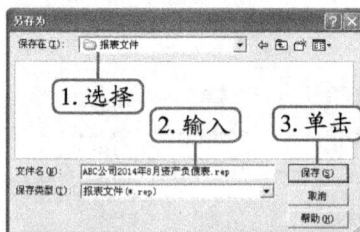

图10-4　保存报表

## （二）设置报表格式和数据格式

### 1. 设置报表格式

报表的内容一般是根据会计准则而确定的，但格式可以根据企业需要做些调整，从而让报表显得专业、布局合理。下面为ABC公司设置报表格式，其具体操作如下。（![微课图标]**微课**：光盘\微课视频\项目十\设置报表格式.swf）

**STEP 1** 选择【格式】/【表尺寸】菜单命令，打开"表尺寸"对话框，分别在"行数"和"列数"数值框中输入"37"和"8"，然后单击 确认 按钮如图10-5所示。

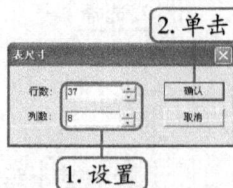

图10-5　设置报表表尺寸

**STEP 2** 选择A1:H1单元格区域，选择【格式】/【行高】菜单命令。

**STEP 3** 打开"行高"对话框，在"行高"数值框中输入"12"，然后单击 确认 按钮，如图10-6所示。按照相同的方法，设置第2~37行的行高。

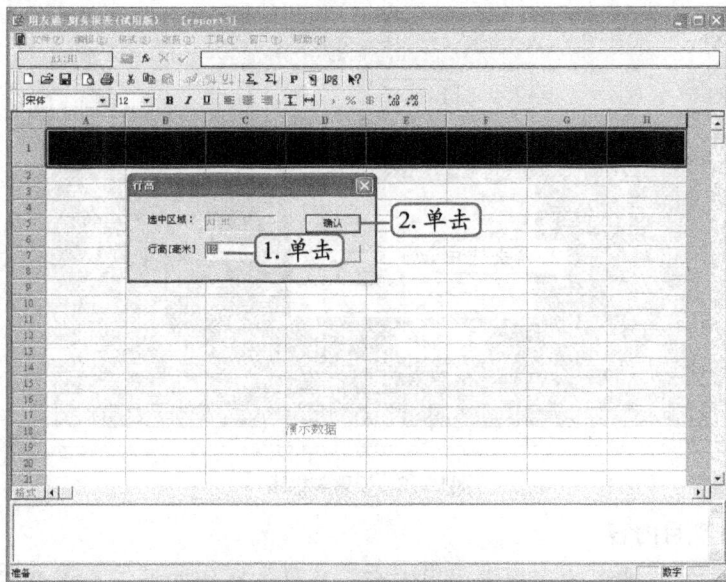

图10-6 设置行高

**STEP 4** 选择A1:H1单元格区域，然后选择【格式】/【组合单元】菜单命令。

**STEP 5** 打开"组合单元"对话框，单击 整体组合 按钮，如图10-7所示。

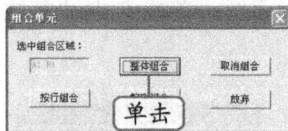

图10-7 设置组合单元

**STEP 6** 选择A4:H37单元格区域，然后选择【格式】/【区域画线】菜单命令。

为了避免在录入数据或其他操作时改动报表格式，影响报表生成效率，报表系统将报表的格式设计与数据处理功能相分离，这两种工作状态可以通过 数据 / 格式 按钮转换。在格式状态下，可设计报表的格式，且所做的操作对本报表所有的表页都发生作用，但不能录入、计算、显示数据。在数据状态下，不能修改报表的格式，但可看到报表的全部内容（包括格式和数据）。

**STEP 7** 打开"区域画线"对话框，单击选中"网线"单选项，在"样式"下拉列表框中选择"细实线"选项，单击 确认 按钮，如图10-8所示。

图10-8 设置表格线

## 2. 输入报表项目内容

设置报表格式后，即可输入报表项目内容，其具体操作如下。（ 微课：光盘\微课视频\项目十\输入报表项目内容.swf）

**STEP 1** 选择A1:H1单元格区域，输入"资产负债表"。选择A3单元格，选择【数据】/【关键字】/【设置】菜单命令。

**STEP 2** 打开"设置关键字"对话框，单击选中"单位名称"单选项，单击 确定 按钮，如图10-9所示。

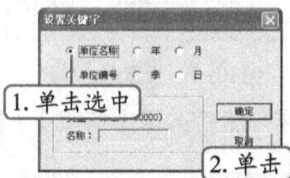

图10-9 设置单位名称关键字

**STEP 3** 按照相同的方法，分别设置C3、D3、E3单元格的关键字为"年""月""日"，然后选择C3:E3单元格区域，选择【数据】/【关键字】/【偏移】菜单命令。

**STEP 4** 打开"定义关键字偏移"对话框，分别设置"年""月""日"的偏移值为"50""8""-120"（向右偏移为正、向左偏移为负），单击 确定 按钮，如图10-10所示。

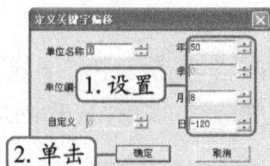

图10-10 定义关键字偏移

**STEP 5** 录入资产负债表的项目内容，最终效果如图10-11所示。

图10-11 录入报表项目内容

学习用友T3时，需举一反三，不仅要知道怎么操作，而且要知道怎么取消操作，以便灵活使用，提高效率。以下列举几个例子。

（1）删除行或列时，选择【编辑】/【删除】/【行】（或【列】）菜单命令，如果行或列中有组合单元，则应先取消组合（打开"组合单元"对话框，单击 取消组合 按钮）。

（2）取消线条时，选择目标单元格区域，打开"区域画线"对话框，在"样式"下拉列表框中选择线型为空，然后单击 确认 按钮。

（3）取消关键字时（如"年"），选择目标单元格，选择【数据】/【关键字】/【取消】菜单命令。打开"取消关键字"对话框，单击选中"年"复选框，单击 确定 按钮，如图10-12所示。

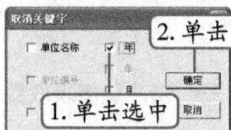

图10-12 取消关键字

### 3. 定义单元属性

单元属性包括单元类型、字体图案、对齐方式和边框格式等。输入报表项目内容后，有必要对单元属性进行定义，以美化报表，提高报表数据的准确性。其具体操作如下。

**STEP 1** 选择A1:H1单元格区域，然后选择【格式】/【单元属性】菜单命令。

**STEP 2** 打开"单元格属性"对话框，单击"字体图案"选项卡，在"字型"下拉列表框中选择"粗体"选项，在"字号"下拉列表框中选择"16"选项，如图10-13所示。

**STEP 3** 单击"对齐"选项卡，单击选中水平方向和垂直方向的"居中"单选项，然后单击 确定 按钮，如图10-14所示。按照相同的方法，设置A4:H4单元格区域内容居中显示。

图10-13 设置字体图案          图10-14 设置对齐方式

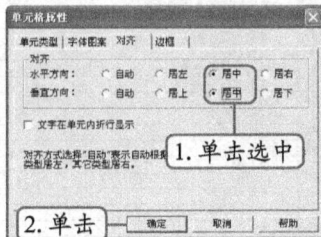

**STEP 4** 选择C6:D17单元格区域，按相同方法打开"单元格属性"对话框，单击"单元类型"选项卡，在"单元类型"列表框中选择"数值"选项，单击选中"逗号"复选框，在"小数位数"数值框中输入"2"，然后单击 确定 按钮，如图10-15所示。

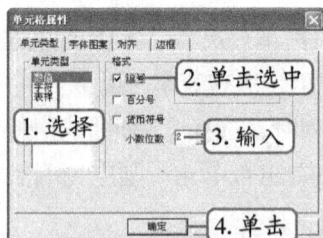

图10-15 设置单元类型

**STEP 5** 按照相同的方法，设置C6:D17、C19:D36、G6:H18、G20:H28、G30:H36单元格区域的单元类型。

#### 4. 设置资产负债表取数公式和审核公式

资产负债表取数公式如表10-3所示（假定坏账准备都与应收账款有关）。同时，为了保证同一表页中相关数据的勾稽关系，需设立审核公式，此处设置"资产总计（期末余额）=负债和所有者权益总计（期末余额）"。

表 10-3 资产负债表取数公式

| 报表项目 | （期末余额）取数公式 |
| --- | --- |
| 货币资金 | C6=QM("1001", 月 ,,,,)+QM("1002", 月 ,,,,)+QM("1012", 月 ,,,,) |
| 交易性金融资产 | C7=QM("1101", 月 ,,,,) |
| 应收票据 | C8=QM("1121", 月 ,,,,) |

| 报表项目 | （期末余额）取数公式 |
|---|---|
| 应收账款 | C9=QM("1122",月,借,,,,)+QM("2203",月,借,,,,)−QM("1231",月,贷,,,,) |
| 预付款项 | C10=QM("1123",月,借,,,,)+QM("2202",月,借,,,,) |
| 应收股利 | C12=QM("1131",月,,,,,) |
| 其他应收款 | C13=QM("1221",月,,,,,) |
| 存货 | C14=QM("1401",月,,,,,)+QM("1403",月,,,,,)+QM("1404",月,借,,,,)−QM("1404",月,贷,,,,)+QM("1405",月,,,,,)+QM("5001",月,,,,,)−QM("1471",月,贷,,,,) |
| 流动资产合计 | C17=PTOTAL(C6:C16) |
| 固定资产 | C24=QM("1601",月,,,,,)−QM("1602",月,,,,,) |
| 在建工程 | C25=QM("1604",月,,,,,) |
| 工程物资 | C26=QM("1605",月,,,,,) |
| 固定资产清理 | C27=QM("1606",月,借,,,,)−QM("1606",月,贷,,,,) |
| 非流动资产合计 | C36=PTOTAL(C19:C35) |
| 资产总计 | C37=C17+C36 |
| 短期借款 | G6=QM("2001",月,,,,,) |
| 应付票据 | G8=QM("2201",月,,,,,) |
| 应付账款 | G9=QM("2202",月,贷,,,,)+QM("1123",月,贷,,,,) |
| 预收款项 | G10=QM("2203",月,贷,,,,)+QM("1122",月,贷,,,,) |
| 应付职工薪酬 | G11=QM("2211",月,,,,,) |
| 应交税费 | G12=QM("2221",月,,,,,) |
| 应付利息 | G13=QM("2231",月,,,,,) |
| 其他应付款 | G15=QM("2241",月,,,,,) |
| 流动负债合计 | G18=PTOTAL(G6:G17) |
| 长期借款 | G20=QM("2501",月,,,,,) |
| 非流动负债合计 | G27=PTOTAL(G20:G26) |
| 负债合计 | G28=G18+G27 |
| 实收资本 | G30=QM("4001",月,,,,,) |
| 资本公积 | G31=QM("4002",月,,,,,) |
| 未分配利润 | G33=QM("4103",月,,,,,)+QM("4104",月,,,,,) |
| 所有者权益合计 | G36=PTOTAL(G30:G35) |
| 负债与所有者权益总计 | G37=G28+G36 |

项目十　填制和分析会计报表

下面按照上表，为ABC公司的资产负债表设置取数公式，其具体操作如下。（微课：

光盘\微课视频\项目十\设置资产负债表取数公式和审核公式.swf）

**STEP 1** 选择C6单元格，选择【数据】/【编辑公式】/【单元公式】菜单命令。

**STEP 2** 打开“定义公式”对话框，在“公式”文本框中输入“QM("1001",月,,,,)+QM("1002",月,,,,)+QM("1012",月,,,,)”，然后单击 确认 按钮，设置“货币资金”取数公式，如图10-16所示。

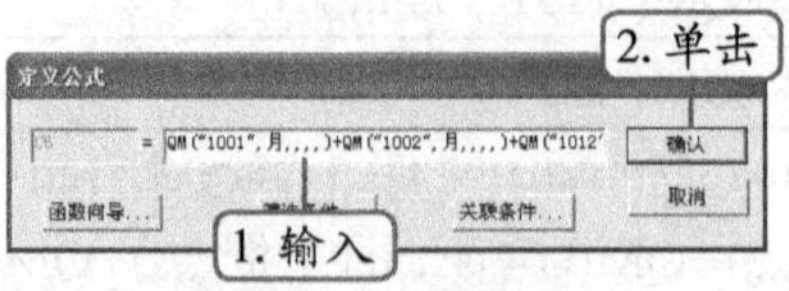


图10-16　设置公式

**操作提示**

要打开“定义公式”对话框，除了通过菜单命令外，还可以选择单元格后按【=】键，或者通过单击编辑栏中的fx按钮来打开。在“公式”文本框中，也可以通过快捷键进行复制粘贴操作，同时输入公式后该单元格将显示“公式单元”字样。另外，如果对公式不熟悉，可通过单击 函数向导... 按钮，按照步骤进行设置。

**STEP 3** 按照相同的方法，设置其他报表项目的公式，最终效果如图10-17所示。

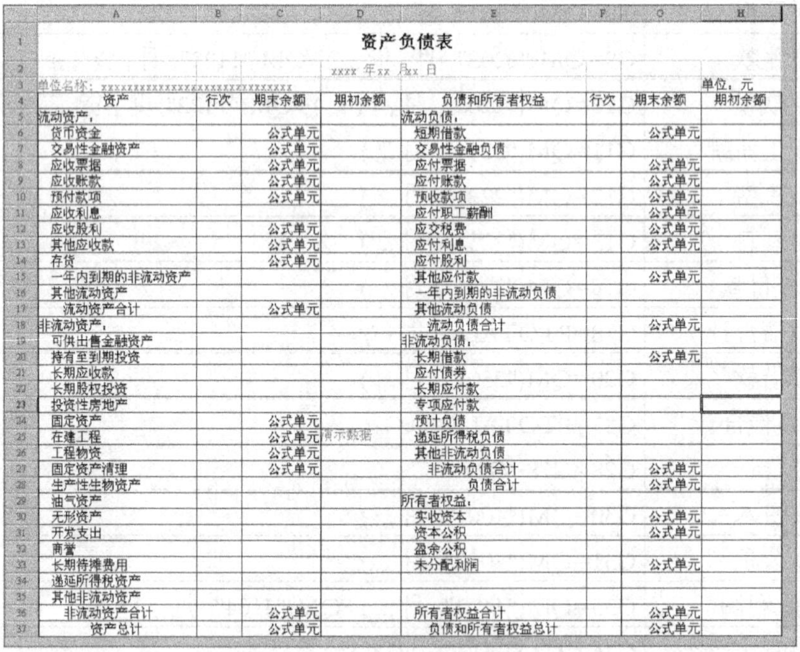

| | A | B | C | D | E | F | G | H |
|---|---|---|---|---|---|---|---|---|
| 1 | 资产负债表 | | | | | | | |
| 2 | | | | xxxx 年xx 月xx 日 | | | | |
| 3 | 单位名称：xxxxxxxxxxxxxxxxxxxxxxxxxxxxxx | | | | | | | 单位：元 |
| 4 | 资产 | 行次 | 期末余额 | 期初余额 | 负债和所有者权益 | 行次 | 期末余额 | 期初余额 |
| 5 | 流动资产： | | | | 流动负债： | | | |
| 6 | 货币资金 | | 公式单元 | | 短期借款 | | 公式单元 | |
| 7 | 交易性金融资产 | | 公式单元 | | 交易性金融负债 | | | |
| 8 | 应收票据 | | 公式单元 | | 应付票据 | | 公式单元 | |
| 9 | 应收账款 | | 公式单元 | | 应付账款 | | 公式单元 | |
| 10 | 预付款项 | | 公式单元 | | 预收款项 | | 公式单元 | |
| 11 | 应收利息 | | | | 应付职工薪酬 | | 公式单元 | |
| 12 | 应收股利 | | 公式单元 | | 应交税费 | | 公式单元 | |
| 13 | 其他应收款 | | 公式单元 | | 应付利息 | | 公式单元 | |
| 14 | 存货 | | 公式单元 | | 应付股利 | | | |
| 15 | 一年内到期的非流动资产 | | | | 其他应付款 | | 公式单元 | |
| 16 | 其他流动资产 | | | | 一年内到期的非流动负债 | | | |
| 17 | 流动资产合计 | | 公式单元 | | 其他流动负债 | | | |
| 18 | 非流动资产： | | | | 流动负债合计 | | 公式单元 | |
| 19 | 可供出售金融资产 | | | | 非流动负债： | | | |
| 20 | 持有至到期投资 | | | | 长期借款 | | 公式单元 | |
| 21 | 长期应收款 | | | | 应付债券 | | | |
| 22 | 长期股权投资 | | | | 长期应付款 | | | |
| 23 | 投资性房地产 | | | | 专项应付款 | | | |
| 24 | 固定资产 | | 公式单元 | | 预计负债 | | | |
| 25 | 在建工程 | | 公式单元 | 演示数据 | 递延所得税负债 | | | |
| 26 | 工程物资 | | 公式单元 | | 其他非流动负债 | | | |
| 27 | 固定资产清理 | | 公式单元 | | 非流动负债合计 | | 公式单元 | |
| 28 | 生产性生物资产 | | | | 负债合计 | | 公式单元 | |
| 29 | 油气资产 | | | | 所有者权益： | | | |
| 30 | 无形资产 | | | | 实收资本 | | 公式单元 | |
| 31 | 开发支出 | | | | 资本公积 | | 公式单元 | |
| 32 | 商誉 | | | | 盈余公积 | | | |
| 33 | 长期待摊费用 | | | | 未分配利润 | | 公式单元 | |
| 34 | 递延所得税资产 | | | | | | | |
| 35 | 其他非流动资产 | | | | | | | |
| 36 | 非流动资产合计 | | 公式单元 | | 所有者权益合计 | | 公式单元 | |
| 37 | 资产总计 | | 公式单元 | | 负债和所有者权益总计 | | 公式单元 | |

图10-17　完成资产负债表公式设置

**STEP 4** 选择【数据】/【编辑公式】/【审核公式】菜单命令，打开“审核公式”对话框，在“审核关系”列表框中输入“C37=G37 MESS"资产总计的期末数<>负债和所有者权益总计的期末数""，然后单击 [确定] 按钮，如图10-18所示。

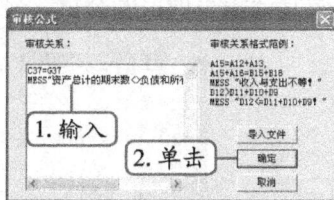

209

图10-18 设置审核公式

### 5. 设置利润表格式和报表取数公式

按照设置资产负债表格式的方法，设置利润表格式，然后设置利润表取数公式，具体如表10-4所示。

表 10-4 利润表取数公式

| 报表项目 | （本月金额）取数公式 |
| --- | --- |
| 营业收入 | C5=FS("6001"，月，贷 ,,,,)+FS("6051"，月，贷 ,,,,) |
| 营业成本 | C6=FS("6401"，月，借 ,,,,)+FS("6402"，月，借 ,,,,) |
| 营业税金及附加 | C7=FS("6403"，月，借 ,,,,) |
| 销售费用 | C8=FS("6601"，月，借 ,,,,) |
| 管理费用 | C9=FS("6602"，月，借 ,,,,) |
| 财务费用 | C10=FS("6603"，月，借 ,,,,) |
| 资产减值损失 | C11=FS("6701"，月，借 ,,,,) |
| 公允价值变动净收益 | C12=FS("6101"，月，借 ,,,,) |
| 投资净收益 | C13=FS("6111"，月，借 ,,,,) |
| 营业利润 | C14=C5−PTOTAL(C6:C11)+C12+C13 |
| 营业外收入 | C15=FS("6301"，月，贷 ,,,,) |
| 营业外支出 | C16=FS("6711"，月，借 ,,,,) |
| 利润总额 | C18=C14+C15−C16 |
| 所得税费用 | C19=FS("6801"，月，借 ,,,,) |
| 净利润 | C20=C18−C19 |

下面按照表10-4所示，为ABC公司的利润表设置取数公式，其具体操作如下。

（🎬微课：光盘\微课视频\项目十\设置利润表格式和报表取数公式.swf）

**STEP 1** 选择【文件】/【新建】菜单命令，选择"空报表"模板新建利润表，将其以"ABC公司2014年8月利润表"为名保存到"D:\报表文件"文件夹。选择C5单元格，选择【数据】/【编辑公式】/【单元公式】菜单命令。

**STEP 2** 打开"定义公式"对话框，在"公式"文本框中输入"FS("6001",月,

项目十 填制和分析会计报表

贷,,,,)+FS("6051",月,贷,,,,)"，然后单击 [确认] 按钮，如图10-19所示。

**STEP 3** 按照相同的方法，设置其他报表项目的公式，最终效果如图10-20所示。

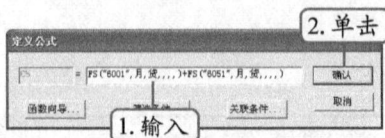

图10-19　设置"营业收入"取数公式

图10-20　完成利润表公式设置

### （三）自动生成财务报表

除了自行设置报表公式外，企业还可选择直接使用系统提供的报表模板，这样可提高生成报表的效率，但可能有些项目与企业实际情况没有联系，其具体操作如下。（🎬微课：光盘\微课视频\项目十\自动生成财务报表.swf）

**STEP 1** 以甄实的身份（用户名：004，密码：20140801）登录系统，在用友T3主界面中选择【文件】/【新建】菜单命令。

**STEP 2** 打开"新建"对话框，在"模板分类"列表框中选择"一般企业（2007年新会计准则）"选项，选择"资产负债表"模板，然后单击 [确定] 按钮，如图10-21所示。

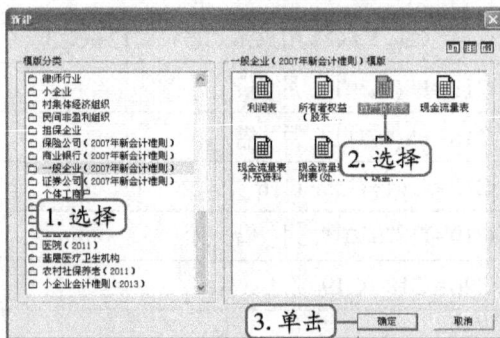

图10-21　选择报表模板

### （四）整表重算与表页重算

整表重算与表页重算都是生成报表的最后一步，它们的区别在于：前者对所有表页进行重算，后者仅对当前表页进行重算。设置好报表的格式和公式后，即可生成报表数据，其具体操作如下。（🎬微课：光盘\微课视频\项目十\.swf）

**STEP 1** 以甄实的身份登录，选择【文件】/【打开】菜单命令，选择"光盘\素材\ABC 账套"文件夹中的"ABC公司2014年8月资产负债表.rep"文件，单击 数据 / 格式 按钮，进入 数据状态，然后选择【数据】/【关键字】/【录入】菜单命令。

**STEP 2** 打开"录入关键字"对话框，分别设置"单位名称""年""月"和"日"为 "ABC有限责任公司""2014""8"和"31"，然后单击 确认 按钮，在打开的提示对话 框中单击 否(N) 按钮，如图10-22所示。

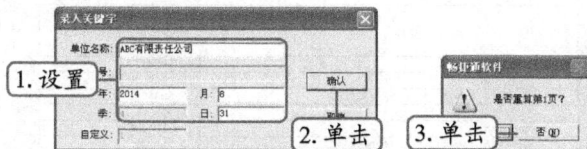

图10-22　录入关键字

**STEP 3** 选择【数据】/【账套初始】菜单命令，打开"账套及时间初始"对话框，系 统默认为所在的ABC公司账套（003），时间默认为该账套的启用年份"2014"，然后单击 确认 按钮，如图10-23所示。

图10-23　设置账套及时间初始

**STEP 4** 选择【数据】/【表页重算】菜单命令，打开提示对话框，单击 是(Y) 按钮，重 算结果如图10-24所示。（效果参见：光盘\效果\ABC账套\ABC公司2014年8月利润表.rep、 ABC公司2014年8月资产负债表.rep）

图10-24　资产负债表重算结果

**STEP 5** 选择【文件】/【打开】菜单命令，选择"光盘\素材\ABC账套"文件夹中的文件夹中的"ABC公司2014年8月利润表.rep"文件，然后按照相同的方法生成利润表，如图10-25所示。（效果参见：光盘\效果\ABC账套\ABC公司2014年8月资产负债表.rep、ABC公司2014年8月利润表.rep）

图10-25　利润表重算结果

### （五）输出会计报表

报表生成后，可以通过发送到邮箱以及另存为等方式输出，而且报表还可供查询和打印，其具体操作如下。（🎬微课：光盘\微课视频\项目十\输出并打印会计报表.swf）

**STEP 1** 选择【文件】/【打开】菜单命令，打开"2014年8月ABC公司资产负债表.rep"文件，然后选择【工具】/【发送和接收】/【发送】菜单命令。

**STEP 2** 打开"文件传输_发送"对话框，单击 选择文件 按钮，单击选中"电子邮件"单选项，然后单击 发送(S) 按钮，如图10-26所示。

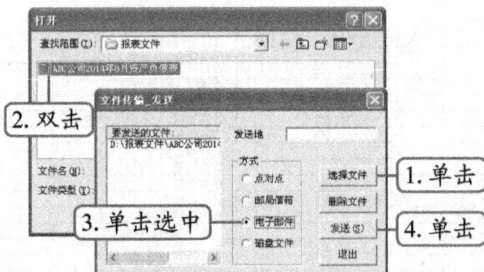

图10-26　输出会计报表

# 任务二　分析ABC公司会计报表

会计报表是企业进行管理活动的主要资料，它反映了某个时点的财务状况和某个时间段的经营成果，企业在完成报表编制后，需要分析报表数据的质量及趋势等，据此发现经营过程中的利弊，并通过与行业数据的对比，以保持企业长久、持续的发展。

# 一、任务目标

本任务主要是了解财务分析的方法分指标，能够初步分析财务比率反映的问题。

# 二、相关知识

## （一）财务分析的方法和指标

财务分析的方法很多，目前主要有比较分析法（对比两个或两个以上的可比数据）、比率分析法（如部分占总体的百分比）、因素分析法（计算某因素对相关指标的影响程度）。其中，比率分析法是企业常用的财务分析方法，它是通过财务比率（财务指标）来揭示企业经营管理的问题。主要的财务指标如表10-5所示。

表 10-5  主要的财务指标

| 分析内容 | 财务指标及其计算公式 |
|---|---|
| 偿债能力 | 营运资金 = 流动资产 − 流动负债<br>流动比率 = 流动资产 ÷ 流动负债<br>资产负债率 =（负债总额 ÷ 资产总额）×100%<br>现金比率 =（货币资金 + 交易性金融资产）÷ 流动负债 |
| 营运能力 | 应收账款周转次数 = 销售收入净额 ÷ 应收账款平均余额<br>存货周转次数 = 销售成本 ÷ 存货平均余额 |
| 盈利能力 | 销售毛利率 =（销售收入 − 销售成本）÷ 销售收入 ×100%<br>总资产净利率 = 净利润 ÷ 资产平均总额 |
| 发展能力 | 销售收入增长率 = 本年销售收入增长额 ÷ 上年销售收入 ×100%<br>总资产增长率 = 本年资产增长额 ÷ 年初资产总额 ×100% |
| 现金流量 | 销售现金比率 = 经营活动现金流量净额 ÷ 销售收入总额<br>净收益营运指数 =（净利润 − 非经营净收益）÷ 净利润 |

## （二）财务分析的局限

借助财务指标，企业可直观地了解组织现状，适时调整发展战略与经营方针。但是，财务指标自产生以来，就不可避免地存在局限性，其具体表现在：

- **财务指标体系不严密**：某一类财务指标只能反映财务状况或经营状况的某一方面，或者过分强调本身所反映的其他方面，导致整个指标体系不严密。
- **财务指标的评价标准不统一**：用财务指标在不同企业之间进行评价时，没有一个统一标准，不便于不同行业间的对比。例如，一般认为流动比率指标值为2比较合理，但许多成功企业的流动比率都低于2。
- **财务指标的比较基础不统一**：以同业标准作为比较的基础时，同业标准不一定具有合理性、代表性，而且有的经营类型没有明确的行业归属。不同行业、不同企业对于相同的财务指标采用不同的取数基础和计算方法，其计算结果也会不一样，不利于评价与比较。例如，对反映企业营运能力的指标，其分母的计算有的取年末数，有的取平均数。

## 三、任务实施

【案例2】ABC公司在9月初将举行管理层会议，讨论8月财务状况，因此，甄实作为会计主管，需通过财务分析来分析企业存在问题。

### （一）财务指标分析

现根据ABC公司8月财务报表，计算并分析相关财务指标，其具体操作如下。（🎬微课：光盘\微课视频\项目十\财务指标分析.swf）

**STEP 1** 在用友T3主界面中单击"财务分析"选项卡，系统将打开"新会计制度说明"提示对话框，单击 关闭 按钮。

**STEP 2** 打开"用友通-财务分析"窗口，双击左侧列表中的"指标分析"选项，打开"基本指标分析"对话框，单击 确定 按钮，如图10-27所示。

**STEP 3** 打开"用友财务通-财务分析"窗口，显示相关财务指标的计算结果，如图10-28所示。

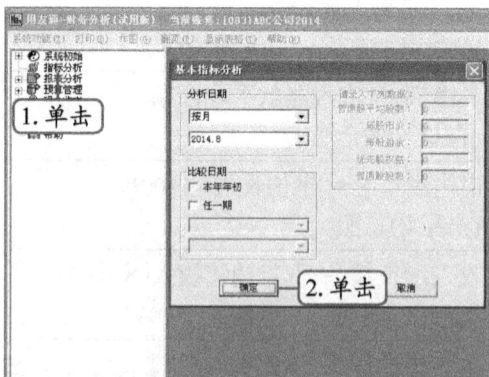

图10-27 开始分析指标

图10-28 基本财务指标一览表

下面以流动比率、速动比率、现金比率、资产负债率、产权比率这5个指标为例来分析ABC公司的偿债能力。上述比率的具体计算如下：

（1）流动比率=流动资产÷流动负债=2 005 537.36÷1 385 324.22=1.45，一般认为，生产企业合理的最低流动比率是2，如果与这个标准相比较，ABC公司的短期偿债能力偏弱，但这只是初步估计，偏弱的原因需要进一步分析才能得出。

（2）速动资产=流动资产-存货=2 005 537.36-874 047.36=1 131 490（元），速动比率=速动资产÷流动负债=1 131 490÷1 385 324.22=0.82。需注意的是，此处采用的是简便处理法，其实，理论上预付账款不具有变现能力，只是减少企业未来的现金流出量，所以也应剔除，但实务中，由于它们在流动资产中所占的比重较小，所以计算速动资产时也可以不扣除。速动比率通常以1为标准，如果该指标过低，企业将面临偿债风险。

（3）现金比率=（货币资金+交易性金融资产）÷流动负债=（866 215+128 980）÷

1 385 324.22=0.71。相对于标准，流动比率和速动比率都不太理想，但现金比率较高（一般标准为0.2），有充裕的变现能力，但也可能因过多持有盈利能力较低的现金资产而影响企业的整体盈利。

（4）资产负债率=负债总额÷资产总额×100%=1 615 324.22÷2 716 718.59×100%=59.46%。该指标的一般标准是50%，如果大于50%，则表明企业资产来源主要依靠负债，财务风险较大，但该指标还要和行业平均数进行比较，才能判断企业是否有空间进一步提高负债水平。

（5）产权比率=负债总额÷所有者权益×100%=1 615 324.22÷1 101 394.37×100%=146.66%。该值与图10-28有差异的原因是，8月暂未将本年利润转入未分配利润，因此系统默认只计算了未分配利润。该指标与资产负债率对于提示偿债能力的作用基本一致，但前者侧重于表现所有者自有资金对偿债风险的承受能力。

### （二）资产负债表分析

下面以分析资产负债表项目的结构为例，分析ABC公司的资产形成和安排是否合理，其具体操作如下。（◉微课：光盘\微课视频\项目十\资产负债表分析.swf）

**STEP 1** 打开"用友通-财务分析"窗口，双击左侧列表中的"报表分析/资产负债表/结构分析"选项，打开"结构分析选择"对话框，单击 确定 按钮，如图10-29所示。

**STEP 2** 打开"用友通-财务分析"窗口，显示资产负债表的结构分析结果，如图10-30所示。

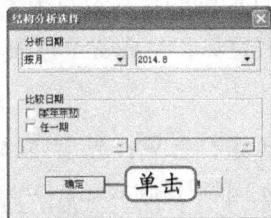

图 10-29　选择结构分析参数

图 10-30　资产负债表项目的结构分析

从图10-30可知，资产中比例最大的是货币资金和存货，其中，8月借入了生产周转资金50万元，可能由于该笔款项未及时投入生产，而导致资金无效占用。

### （三）利润表分析

下面以分析利润表项目的结构为例，分析企业的盈利能力、成本控制能力，其具体操作如下。（ 微课：光盘\微课视频\项目十\利润表分析.swf）

**STEP 1** 打开"用友通-财务分析"窗口，双击左侧列表中的"报表分析/利润表/结构分析"，打开"结构分析选择"对话框，单击 确定 按钮，如图10-31所示。

**STEP 2** 打开"用友财务通-财务分析"窗口，显示利润表的结构分析结果，如图10-32所示。

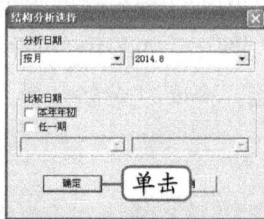

图10-31　选择结构分析参数

结 构 利 润 表

| 项目 | 2014.8 | | 期末累计数 | |
|---|---|---|---|---|
| | 金额 | 结构 | 金额 | 结构 |
| 一、主营业务收入 | 607,000.00 | 100.00% | 607,000.00 | 100.00% |
| 减：主营业务成本 | 359,000.00 | 59.14% | | 59.14% |
| 营业税费 | 7,854.00 | 1.29% | 7,854.00 | 1.29% |
| 销售费用 | 8,735.00 | | 8,735.00 | 1.44% |
| 管理费用 | 134 | | 134 | 22.13% |
| 财务费用（收益以"-"号 | 2,250.00 | 0.37% | 2,250.00 | 0.37% |
| 资产减值损失 | | | | |
| 加：公允价值变动收益（净 | | | | |
| 投资收益（净损失以"-" | | | | |
| 其中对联营企业与合营企 | | | | |
| 二、营业利润（亏损以"-"号 | 94,867.00 | 15.63% | 94 | 15.63% |
| 营业外收入 | | | | |
| 减：营业外支出 | | | | |
| 其中：非流动资产处置净 | | | | |
| 三、利润总额（亏损总额以"-" | 94,867.00 | 15.63% | 94,867.00 | 15.63% |
| 减：所得税 | 23,798.13 | 3.92% | 23,798.13 | 3.92% |
| 四、净利润（净亏损以"-"号 | 71,068.87 | 11.71% | 71 | 11.71% |

核算单位：ABC有限责任公司　　　　打印日期：2014年10月10日
制表：颜实　　　　　　　　　　　　　　　　　　　[用友财务软件]

图10-32　利润表项目的结构分析

从上图可知，ABC公司每100元销售收入最终赚取了11.71元的利润，在利润的扣除项目中，营业成本的金额占比最大，是影响销售净利率的主要因素。

# 实训一　生成并重算资产负债表

【案例3】9月账务处理完结后，甲舟公司的账套主管周浩开始着手编制财务报表。

### 【实训要求】

要求按照报表项目的填列方法和勾稽关系设置公式。

### 【实训思路】

启用报表系统后，自行设置报表格式，按照企业会计准则的要求设置报表项目；根据报表项目的不同，分别设置报表公式；进行表页重算或整表重算，生成资产负债表报表。

### 【步骤提示】

**STEP 1** 按照表10-6，设置资产负债表取数公式。（素材参见：光盘\素材\甲舟有限公司账套\甲舟公司2013年9月资产负债表.rep、甲舟公司2013年9月利润表.rep）

**表 10-6 资产负债表取数公式**

| 报表项目 | （期末余额）取数公式 |
|---|---|
| 货币资金 | C6=QM("1001", 月 ,,,,)+QM("1002", 月 ,,,,) |
| 应收账款 | C9=QM("1122", 月, 借 ,,,,)+QM("2203", 月, 借 ,,,,)−QM("1231", 月, 贷 ,,,,) |
| 其他应收款 | C13=QM("1221", 月 ,,,,) |
| 存货 | C14=QM("1401", 月 ,,,,)+QM("1403", 月 ,,,,)+QM("1404", 月, 借 ,,,,)−QM("1404", 月, 贷 ,,,,)+QM("1405", 月 ,,,,)+QM("5001", 月 ,,,,)+QM("5101", 月 ,,,,)−QM("1471", 月, 贷 ,,,,) |
| 流动资产合计 | C17=PTOTAL(C6:C16) |
| 投资性房地产 | C23=QM("1521", 月 ,,,,) |
| 固定资产 | C24=QM("1601", 月 ,,,,)−QM("1602", 月 ,,,,) |
| 在建工程 | C25=QM("1604", 月 ,,,,) |
| 固定资产清理 | C27=QM("1606", 月, 借 ,,,,)−QM("1606", 月, 贷 ,,,,) |
| 非流动资产合计 | C36=PTOTAL(C19:C35) |
| 资产总计 | C37=C17+C36 |
| 短期借款 | G6=QM("2001", 月 ,,,,) |
| 应付账款 | G9=QM("2202", 月, 贷 ,,,,)+QM("1123", 月, 贷 ,,,,) |
| 应付职工薪酬 | G11=QM("2211", 月 ,,,,) |
| 应交税费 | G12=QM("2221", 月 ,,,,) |
| 流动负债合计 | G18=PTOTAL(G6:G17) |
| 长期借款 | G20=QM("2501", 月 ,,,,) |
| 非流动负债合计 | G27=PTOTAL(G20:G26) |
| 负债合计 | G28=G18+G27 |
| 实收资本 | G30=QM("4001", 月 ,,,,) |
| 资本公积 | G31=QM("4002", 月 ,,,,) |
| 盈余公积 | G32=QM("4101", 月 ,,,,) |
| 未分配利润 | G33=QM("4103", 月 ,,,,)+QM("4104", 月 ,,,,) |
| 所有者权益合计 | G36=PTOTAL(G30:G35) |
| 负债与所有者权益总计 | G37=G28+G36 |

**STEP 2** 录入关键字（甲舟有限公司，2013年9月30日），进行表页重算，生成甲舟有限公司的资产负债表，如图10-33所示。

**STEP 3** 将生成的报表以“甲舟公司2013年9月资产负债表”的名称保存。

资产负债表

2013 年 9 月 30 日

单位名称：甲舟有限公司　　单位：元

| 资产 | 行次 | 期末余额 | 期初余额 | 负债和所有者权益 | 行次 | 期末余额 | 期初余额 |
|---|---|---|---|---|---|---|---|
| 流动资产： | | | | 流动负债： | | | |
| 货币资金 | | 4,422,590.00 | | 短期借款 | | 300,000.00 | |
| 交易性金融资产 | | | | 交易性金融负债 | | | |
| 应收票据 | | | | 应付票据 | | | |
| 应收账款 | | 793,260.00 | | 应付账款 | | 202,700.00 | |
| 预付款项 | | | | 预收款项 | | | |
| 应收利息 | | | | 应付职工薪酬 | | 509,635.00 | |
| 应收股利 | | | | 应交税费 | | 273,006.13 | |
| 其他应收款 | | 5,000.00 | | 应付利息 | | | |
| 存货 | | 550,857.50 | | 应付股利 | | | |
| 一年内到期的非流动 | | | | 其他应付款 | | | |
| 其他流动资产 | | | | 一年内到期的非流动负债 | | | |
| 流动资产合计 | | 5,771,707.50 | | 其他流动负债 | | | |
| 非流动资产： | | | | 流动负债合计 | | 1,285,341.13 | |
| 可供出售金融资产 | | | | 非流动负债： | | | |
| 持有至到期投资 | | | | 长期借款 | | 5,000,000.00 | |
| 长期应收款 | | | | 应付债券 | | | |
| 长期股权投资 | | | | 长期应付款 | | | |
| 投资性房地产 | | 2,050,000.00 | | 专项应付款 | | | |
| 固定资产 | | 6,319,855.00 | | 预计负债 | | | |
| 在建工程 | | | | 递延所得税负债 | | | |
| 工程物资 | | | | 其他非流动负债 | | | |
| 固定资产清理 | | 206,880.00 | | 非流动负债合计 | | 5,000,000.00 | |
| 生产性生物资产 | | | | 负债合计 | | 6,285,341.13 | |
| 油气资产 | | | | 所有者权益： | | | |
| 无形资产 | | | | 实收资本 | | 4,000,000.00 | |
| 开发支出 | | | | 资本公积 | | 200,000.00 | |
| 商誉 | | | | 盈余公积 | | 700,000.00 | |
| 长期待摊费用 | | | | 未分配利润 | | 3,163,101.37 | |
| 递延所得税资产 | | | | | | | |
| 其他非流动资产 | | | | | | | |
| 非流动资产合计 | | 8,576,735.00 | | 所有者权益合计 | | 8,063,101.37 | |
| 资产总计 | | 14,348,442.50 | | 负债和所有者权益总计 | | 14,348,442.50 | |

图10-33　资产负债表重算结果

## 实训二　分析本月甲舟公司的盈利能力

**【案例4】**为了应对日趋激烈的市场竞争环境，甲舟公司决定召开经营分析会，对企业的盈利能力进行考查，挖掘进一步提升销售额和销售质量的策略。

**【实训要求】**

要求生成利润表，计算盈利指标，分析指标的经济意义。

**【实训思路】**

按照生成资产负债表的方法，先生成利润表，然后进入报表分析系统，对系统自动生成反映盈利能力的财务指标进行分析。

**【步骤提示】**

**STEP 1** 按照表10-7，设置利润表取数公式。

表 10-7　利润表取数公式

| 报表项目 | （本月金额）取数公式 |
|---|---|
| 营业收入 | C5=FS("6001", 月 , 贷 ,,,,)+FS("6051", 月 , 贷 ,,,,) |
| 营业成本 | C6=FS("6401", 月 , 借 ,,,,)+FS("6402", 月 , 借 ,,,,) |
| 营业税金及附加 | C7=FS("6403", 月 , 借 ,,,,) |

| 报表项目 | （本月金额）取数公式 |
|---|---|
| 销售费用 | C8=FS("6601",月,借,,,,) |
| 管理费用 | C9=FS("6602",月,借,,,,) |
| 财务费用 | C10=FS("6603",月,借,,,,) |
| 资产减值损失 | C11=FS("6701",月,借,,,,) |
| 公允价值变动净收益 | C12=FS("6101",月,借,,,,) |
| 投资净收益 | C13=FS("6111",月,借,,,,) |
| 营业利润 | C14=C5−PTOTAL(C6:C11)+C12+C13 |
| 营业外收入 | C15=FS("6301",月,贷,,,,) |
| 营业外支出 | C16=FS("6711",月,借,,,,) |
| 利润总额 | C18=C14+C15−C16 |
| 所得税费用 | C19=FS("6801",月,借,,,,) |
| 净利润 | C20=C18−C19 |

**STEP 2** 在"数据"状况下选择【数据】/【关键字】/【录入】菜单命令，在打开的对话框中录入关键字（甲舟有限公司，2013年9月），进行表页重算，生成甲舟有限公司的利润表，如图10-34所示。

**STEP 3** 在用友T3主界面中单击"财务分析"选项卡，打开"用友通-财务分析"窗口，双击左侧列表中的"指标分析"选项，打开"基本指标分析"对话框，单击 确定 按钮后将显示财务指标一览表，如图10-35所示。然后从盈利能力指标的概念、与行业数据比较等角度对甲舟公司的盈利能力进行评价。（效果参见：光盘\效果\ABC账套\甲舟公司2013年9月利润表.rep、甲舟公司2013年9月资产负债表.rep）

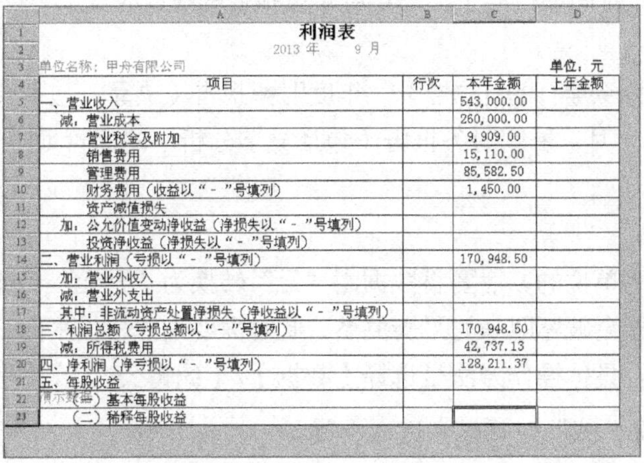

图10-34 利润表重算结果　　　　图10-35 基本财务指标一览表

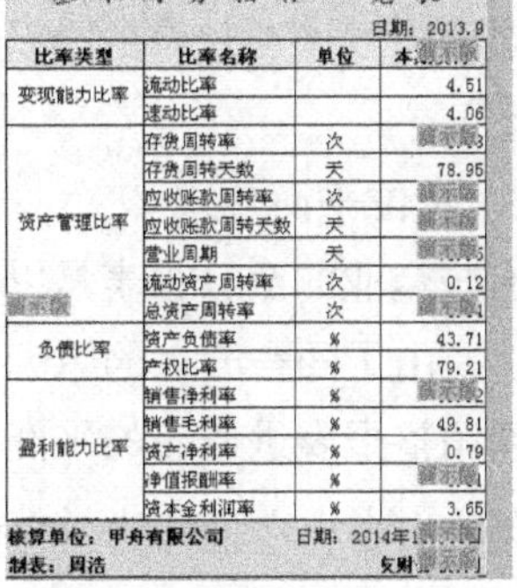

## 常见疑难解析

**问：如何插入表页？表页与整表之间是什么关系？**

答：表页相当于Excel软件中的一个工作表（Sheet），整表相当于Excel软件中的一个工作簿。企业结合会计准则的要求和实际情况，在"格式"状态下编辑报表格式和数据格式，然后在"数据"状态下可增加表页（选择【编辑】/【插入】/【表页】菜单命令），例如，在利润表报表中，按照月份增加表页；在生成报表时，先选择目标月份，然后通过表页重置功能生成当月的利润表。

**问：怎么判断生成的报表是否正确？**

答：如果设置了审核公式，生成报表后，在"数据"状态下选择【数据】/【审核】菜单命令，系统将按照审核公式逐条审核表内或表间数据的勾稽关系。如果不符合勾稽关系，将提示错误信息。另外，在生成报表时，可根据报表项目的性质来判断是否有异常。例如，如果"货币资金"、"固定资产"等项目出现负值，那该报表可能是错误的。

## 拓展知识

### 1. 财务会计报表的审计和报送

财务会计报表的使用者很多，其完成、披露、报送的时限一般由政府监管部门设定，例如，按照《公司法》的规定，公司应当在每一会计年度终了时编制财务会计报告，并依法经会计师事务所审计。

由于上市公司牵涉众多利益相关方，监管部门对上市公司披露财务报表的义务和时限作出了很严格和详细的规定。根据《上市公司信息披露管理办法》（中国证券监督管理委员会令第40号）的规定，年度报告应当在每个会计年度结束之日起4个月内，中期报告应当在每个会计年度的上半年结束之日起2个月内，季度报告应当在每个季度结束后的1个月内编制完成并披露。第一季度季度报告的披露时间不得早于上一年度年度报告的披露时间。

### 2. 财务会计报告的保管

根据《会计档案管理办法》（财会字[1998]32号），年度财务报告（决算，包括文字分析）属于需要永久保存的会计档案，月、季度财务报告（包括文字分析）的保管期限为3年（最低）。

### 3. 舍位平衡公式

有些企业的会计报表是以万元为单位的，需要将数据由"元"转换为"万元"（即进位操作），由于四舍五入的原因，可能会破坏原来的平衡关系，此时需要设置舍位平衡公式，以重新调整报表进位后的平衡关系。具体操作方法是选择【数据】/【编辑公式】/【舍位公式】菜单命令，在打开的"舍位平衡公式"对话框中进行设置。

# 课后练习

## 1. 单选题

（1）报表中的单元格是指（　　）。

A. 区域 　　　　　　　　　B. 行与列构成的方格

C. 行 　　　　　　　　　　D. 列

（2）报表管理系统的基本操作步骤是（　　）。

A. 新建报表→设计报表格式、数据公式→报表传递→报表审核→报表生成

B. 新建报表→设计报表格式、数据公式→报表生成→报表审核→报表传递

C. 设计报表格式、数据公式→新建报表→报表生成→报表审核→报表传递

D. 新建报表→报表生成→设计报表格式、数据公式→报表审核→报表传递

（3）编制会计报表时，其数据来源主要是（　　）。

A. 固定资产系统 　　　　　B. 核算系统

C. 总账系统 　　　　　　　D. 往来管理系统

（4）用友报表系统中，"QM"函数的含义是取（　　）数据。

A. 期初余额 　　　　　　　B. 期末余额

C. 借方发生额 　　　　　　D. 贷方发生额

（5）报表系统中，公式"QM("1511",月,,,,,)"的含义是（　　）。

A. 取1511科目的本月期初余额

B. 取1511科目的本月期末余额

C. 取1511账套的本月期初余额

D. 取1511账套的本月期末余额

（6）报表系统中，可以用（　　）来惟一标识一个表页。

A. 单元 　　　　　　　　　B. 函数

C. 区域 　　　　　　　　　D. 关键字

（7）报表系统中，取数操作一般是通过（　　）实现的。

A. 函数 　　　　　　　　　B. 关键字

C. 直接输入 　　　　　　　D. 审核公式

（8）报表系统中，要生成有数据的报表，最重要的一个步骤是（　　）。

A. 输入关键字 　　　　　　B. 保存报表格式

C. 组合单元 　　　　　　　D. 区域画线

## 2. 多选题

（1）报表系统中，报表的单元类型包括（　　）。

A. 数值 　　　　　　　　　B. 表样

C. 字符 　　　　　　　　　D. 日期

（2）报表系统中，报表格式定义包括的内容有（　　）。

A. 设置表尺寸          B. 设置组合单元

C. 画表格线           D. 输入报表项目

（3）报表系统中，报表数据文件除了保存为.rep格式外，还可以转换成（　　）格式。

A. xls              B. mdb

C. txt              D. exe

（4）报表系统中，可打开"定义公式"对话框的操作有（　　）。

A. 单击编辑栏中的按钮    B. 双击某公式单元

C. 按【＝】键          D. 按【＋】键

（5）在"数据"状态下，下列可进行的操作是（　　）。

A. 增加表页          B. 关键字录入

C. 设置报表取数公式     D. 设置表尺寸

（6）下列选项中，属于可设置关键字的是（　　）。

A. 单位编号          B. 月

C. 日               D. 报表名称

3. 判断题

（1）财务报表系统只能编制会计报表，不能进行财务分析。      （　　）

（2）为了便于编辑和查找，可将同一会计期间的资产负债表和利润表存放在同一报表文件中。      （　　）

4. 操作题

打开"甲舟公司2013年9月资产负债表.rep"，插入一张表页，将报表以原文件名进行保存。（效果参见：光盘\效果\甲舟有限公司账套\甲舟公司2013年9月资产负债表.rep、甲舟公司2013年9月利润表.rep）

# 附录一
# 综合上机实训

## 实训一 上岗准备——章成公司概况与基础数据准备

在使用会计核算软件进行日常账务核算前，应做好充分的准备，包括掌握企业基础资料（企业概况、经营范围、银行账号、建账前企业会计总账资料等），建立会计电算化管理制度，理顺财务、业务、管理等环节的信息传递流程。

### 一、实训准备

在计算机中安装T3用友通标准版10.8.1（以下简称用友T3）会计核算软件，熟悉软件界面和功能模块的使用，了解收集资料、建账、录入资料等流程。

### 二、实训内容

首先了解企业概况，然后根据企业的类型新建账套，收集各种公共基础资料，并将期初会计数据录入账套，以完善企业会计信息，为以后的会计核算做好准备工作。

### 三、实训资料

#### （一）章成有限公司概况

章成有限公司成立于2013年，是一家小型的、专门从事工业产品生产的制造业企业。章成有限公司总部设立在广东广州，生产厂房与行政办公地点分离，设置有办公室、财务部、人力部、销售部、采购部、基本生产车间、供电车间、修配车间等多个部门。该公司员工总数约为20人。

2014年1月1日，章成有限公司经过充分的前期准备，正式采用用友T3进行会计核算，以提高企业的信息化水平。

章成公司注重财务管理制度的建设和完善，不断加强内部控制制度，以实现公司治理的有效运转。该公司的存货采用计划成本核算，月末一次结转成本差异；产品销售成本月末一次结转；适用的增值税税率为17%，企业所得税税率为25%，税后利润按10%提取法定盈余公积；固定资产按照直线法计提折旧。

#### （二）账套资料和财务系统核算框架

##### 1. 账套资料

根据附表1所示的账套信息，在用友T3中为章成有限公司创建一个新的账套。

附表 1　账套初始信息

| 项目 | 具体内容 |
|---|---|
| 账套信息 | 账套号：001；账套名称：章成公司；<br>账套路径为系统默认；启用会计期：2014 年 1 月 |
| 单位信息 | 单位名称：章成有限公司；<br>单位简称：章成公司 |
| 核算类型 | 本币代码：RMB；本币名称：人民币；<br>企业类型：工业；行业性质：2007 年新会计准则；<br>账套主管：demo；按行业性质预置科目 |
| 基础信息 | 对存货、客户、供应商进行分类管理，无外币核算业务 |
| 业务流程 | 采购与销售流程均按标准流程 |
| 分类编码方案 | 科目编码级次为 4222，其他项目为系统默认 |
| 数据精度定义 | 保持系统默认值 |
| 启用的子系统 | 老板通、固定资产、总账、核算、工资管理、购销存管理 |

### 2. 用户及其权限

账套是公司存放一切财务数据和核算资料的"容器"，账套创建好后，才能进行其他设置，根据附表2所示的人员信息详情，在账套中新增人员，并分别为其设置口令和权限。

附表 2　章成有限公司电算化岗位信息

| 操作员 | 部门 | 口令 | 职务 / 权限 |
|---|---|---|---|
| 贾沙 | 财务部 | 140101 | 账套主管 / 所有权限 |
| 信蓝 | 财务部 | 140102 | 出纳 / 现金管理、总账（凭证签字） |
| 付豪 | 财务部 | 140103 | 负责销售管理 / 总账、核算，公共目录、往来、应收款管理 |
| 康凯 | 财务部 | 140104 | 负责成本管理 / 总账，审核主管的凭证 |
| 王迪 | 财务部 | 140105 | 负责资产管理 / 公共目录、核算、库存 |
| 吴浩 | 采购部 | 140106 | 采购主管 / 采购管理、采购管理 |
| 李捷 | 采购部 | 140107 | 采购员 / 采购管理、采购管理 |

### 3. 公共档案

企业的公共档案包括部门档案、职员档案、结算方式、存货分类、存货档案等。根据附表3~附表5所示的信息，在"章成公司"账套中添加公共档案数据。

附表3 职员档案

| 编号 | 名称 | 部门 | 属性 | 编号 | 名称 | 部门 | 属性 |
|---|---|---|---|---|---|---|---|
| 10101 | 郝尼 | 办公室 | 管理人员 | 60101 | 田猛 | 基本生产车间 | 管理人员 |
| 20101 | 贾沙 | 财务部 | 管理人员 | 60102 | 卓非 | 基本生产车间 | 管理人员 |
| 20102 | 信蓝 | 财务部 | 管理人员 | 60103 | 凌涛 | 基本生产车间 | 生产人员 |
| 20103 | 付豪 | 财务部 | 管理人员 | 60104 | 周海 | 基本生产车间 | 生产人员 |
| 20104 | 康凯 | 财务部 | 管理人员 | 60105 | 兰强 | 基本生产车间 | 生产人员 |
| 20105 | 王迪 | 财务部 | 管理人员 | 60106 | 李浩 | 基本生产车间 | 生产人员 |
| 30101 | 王琳 | 人力部 | 管理人员 | 60107 | 何伟岸 | 基本生产车间 | 生产人员 |
| 40101 | 费涌 | 销售部 | 管理人员 | 70101 | 房薄 | 供电车间 | 生产人员 |
| 40102 | 汤峰 | 销售部 | 管理人员 | 70102 | 肖迪 | 供电车间 | 生产人员 |
| 50101 | 吴浩 | 采购部 | 管理人员 | 80101 | 保爱民 | 修配车间 | 生产人员 |
| 50102 | 李捷 | 采购部 | 管理人员 | 80102 | 束新 | 修配车间 | 生产人员 |

附表4 结算方式

| 结算方式编码 | 结算方式名称 | 票据管理（是/否） |
|---|---|---|
| 1 | 现金结算 | 否 |
| 2 | 支票 | 是 |
| 201 | 现金支票 | 是 |
| 202 | 转账支票 | 是 |
| 3 | 商业汇票 | 否 |
| 301 | 银行承兑汇票 | 否 |
| 302 | 商业承兑汇票 | 否 |
| 4 | 其他 | 否 |

附表5 存货分类档案

| 编号 | 分类 | 名称 | 计量单位 | 计划价/售价 | 属性 |
|---|---|---|---|---|---|
| 001 | 主要材料 0101 | 甲材料 | 千克 | 2.24元 | 外购、生产耗用 |
| 002 | | 乙材料 | 千克 | 1.64元 | 外购、生产耗用 |
| 003 | | 丙材料 | 千克 | 16元 | 外购、生产耗用 |
| 004 | 备件 0102 | 生产备件 | 件 | 1.4元 | 外购、生产耗用 |
| 005 | 燃料 0103 | 生产燃料 | 吨 | —— | 外购、生产耗用 |
| 006 | 其他材料 0104 | 其他材料 | 吨 | | 外购、生产耗用 |
| 007 | 产成品 02 | A产品 | 件 | 198元（成本），450元（售价） | 自制、销售 |
| 008 | | B产品 | 件 | 53.5元（成本），150元（售价） | 自制、销售 |

### 4. 总账资料

章成公司有两个银行账户：工商银行（编号：01，账号：2010000100000000001）和中国银行（编号：02，账号：2020000100000000001），与往来公司的付款条件是"2/10，1/20，n/30"。其他资料如附表6~附表13所示。

**附表6　供应商档案**

| 供应商编号 | 供应商名称 | 简称 | 所属分类码 |
|---|---|---|---|
| 0101 | 海潮公司 | 海潮 | 01 主要材料供应商 |
| 0201 | 光英公司 | 光英 | 02 其他材料供应商 |

**附表7 客户分类与档案**

| 编号 | 客户名称 | 简称 | 所属分类码 | 税号 | 银行账号 | 开户银行 |
|---|---|---|---|---|---|---|
| 0101 | 奔永公司 | 奔永 | 01 粤西 | 125461831556496 | 8035240410549610112 | 中行 |
| 0102 | 风志公司 | 风志 | 01 粤西 | 334554698594856 | 8035284957645961012 | 深发行 |
| 0201 | 鹏展公司 | 鹏展 | 02 粤北 | 346985849526496 | 8035240410541123452 | 中行 |
| 0202 | 凡华公司 | 凡华 | 02 粤北 | 334148956256448 | 811452041054961012 | 农行 |

**附表8　会计凭证类别**

| 类别字 | 类别名称 | 限制类型 | 限制科目 |
|---|---|---|---|
| 收 | 收款凭证 | 借方必有 | 库存现金、银行存款、其他货币资金 |
| 付 | 付款凭证 | 贷方必有 | 库存现金、银行存款、其他货币资金 |
| 转 | 转账凭证 | 凭证必无 | 库存现金、银行存款、其他货币资金 |

**附表9　会计科目信息**

| 科目编码 | 科目名称 | 辅助账类型 | 计量单位 | 余额方向 | 期初余额 |
|---|---|---|---|---|---|
| 1001 | 库存现金 | | | 借 | 1 600 |
| 1002 | 银行存款 | | | 借 | 274 400.5 |
| 100201 | 工商银行 | | | 借 | 204 400.5 |
| 100202 | 中国银行 | | | 借 | 70 000 |
| 1012 | 其他货币资金 | | | 借 | 23 000 |
| 1101 | 交易性金融资产 | | | 借 | 60 000 |
| 110101 | 成本 | | | 借 | 55 000 |
| 110102 | 公允价值变动 | | | 借 | 5 000 |
| 1121 | 应收票据 | 客户往来 | | 借 | 147 420 |
| 112101 | 奔永公司 | 客户往来 | | 借 | 115 830 |
| 112102 | 风志公司 | 客户往来 | | 借 | 31 590 |

| 科目编码 | 科目名称 | 辅助账类型 | 计量单位 | 余额方向 | 期初余额 |
|---|---|---|---|---|---|
| 1122 | 应收账款 | 客户往来 | | 借 | 561 600 |
| 112201 | 奔永公司 | 客户往来 | | 借 | 368 550 |
| 112202 | 风志公司 | 客户往来 | | 借 | 157 950 |
| 112203 | 鹏展公司 | 客户往来 | | 借 | 35 100 |
| 1123 | 预付账款 | 供应商往来 | | 借 | |
| 112301 | 海潮公司 | 供应商往来 | | 借 | |
| 1221 | 其他应收款 | | | 借 | 4 710 |
| 122101 | 采购部李捷 | 个人往来 | | 借 | 4 710 |
| 1231 | 坏账准备 | | | 贷 | 1 388 |
| 1401 | 材料采购 | | | 借 | 98 510 |
| 140101 | 甲材料 | | | 借 | 15 925 |
| | | | 千克 | 借 | 0 |
| 140102 | 乙材料 | | | 借 | 21 385 |
| | | | 千克 | 借 | 0 |
| 140103 | 丙材料 | | | 借 | 46 200 |
| | | | 千克 | 借 | 0 |
| 140104 | 燃料 | | | 借 | 6 000 |
| | | | 吨 | 借 | 0 |
| 140105 | 其他材料 | | | 借 | 9 000 |
| 1403 | 原材料 | | | 借 | 711 400 |
| 140301 | 主要材料 | | | 借 | 668 000 |
| 14030101 | 甲材料 | | | 借 | 89 600 |
| | | | 千克 | 借 | 40 000 |
| 14030102 | 乙材料 | | | 借 | 98 400 |
| | | | 千克 | 借 | 60 000 |
| 14030103 | 丙材料 | | | 借 | 480 000 |
| | | | 千克 | 借 | 30 000 |
| 140302 | 备件 | | | 借 | 43 400 |
| | | | 件 | 借 | 31 000 |
| 140303 | 燃料 | | 吨 | 借 | |
| 140304 | 其他材料 | | | 借 | |
| 1404 | 材料成本差异 | | | 借 | 21 928.64 |
| 140401 | 主要材料 | | | 借 | 21 928.64 |
| 14040101 | 甲材料 | | | 借 | 4 385.73 |
| 14040102 | 乙材料 | | | 借 | 6 578.59 |
| 14040103 | 丙材料 | | | 借 | 10 964.32 |

| 科目编码 | 科目名称 | 辅助账类型 | 计量单位 | 余额方向 | 期初余额 |
|---|---|---|---|---|---|
| 140402 | 备件 | | | 借 | |
| 140403 | 燃料 | | | 借 | |
| 140404 | 其他材料 | | | 借 | |
| 1405 | 库存商品 | | | 借 | 899 920 |
| 140501 | A产品 | | | 借 | 198 000 |
| | | | 件 | 借 | 1 000 |
| 140502 | B产品 | | | 借 | 701 920 |
| | | | 件 | 借 | 13 120 |
| 1511 | 长期股权投资 | | | 借 | 100 000 |
| 1512 | 长期股权投资减值准备 | | | 借 | |
| 1601 | 固定资产 | | | 借 | 8 246 640 |
| 1602 | 累计折旧 | | | 贷 | 1 572 361.56 |
| 1603 | 固定资产减值准备 | | | 贷 | |
| 1604 | 在建工程 | | | 借 | 100 000 |
| 1606 | 固定资产清理 | | | 借 | 3 600 |
| 2001 | 短期借款 | | | 贷 | 554 420.88 |
| 2201 | 应付票据 | 供应商往来 | | 贷 | 7 020 |
| 220101 | 光英公司 | 供应商往来 | | 贷 | 7 020 |
| 2202 | 应付账款 | 供应商往来 | | 贷 | |
| 2203 | 预收账款 | 客户往来 | | 贷 | 4 000 |
| 220301 | 凡华公司 | 客户往来 | | 贷 | 4 000 |
| 2211 | 应付职工薪酬 | | | 贷 | 243 500 |
| 221101 | 工资 | | | 贷 | 100 000 |
| 221102 | 职工福利 | | | 贷 | 14 000 |
| 221103 | 工会经费 | | | 贷 | 2 000 |
| 221104 | 职工教育经费 | | | 贷 | 1 500 |
| 221105 | 社会保险费 | | | 贷 | 120 000 |
| 221106 | 住房公积金 | | | 贷 | 6 000 |
| 221107 | 非货币性福利 | | | 贷 | |
| 2221 | 应交税费 | | | 贷 | 54 427.04 |
| 222101 | 应交增值税 | | | 贷 | 22 157.52 |
| 22210101 | 进项税额 | | | 贷 | |
| 22210102 | 销项税额 | | | 贷 | |
| 22210103 | 未交增值税 | | | 贷 | 22 157.52 |
| 222102 | 应交营业税 | | | 贷 | |
| 222103 | 应交城市维护建设税 | | | 贷 | 1 551.03 |

| 科目编码 | 科目名称 | 辅助账类型 | 计量单位 | 余额方向 | 期初余额 |
|---|---|---|---|---|---|
| 222104 | 应交教育费附加 | | | 贷 | 664.73 |
| 222105 | 应交企业所得税 | | | 贷 | 30 053.76 |
| 2501 | 长期借款 | | | 贷 | 244 000 |
| 2701 | 长期应付款 | | | 贷 | 170 000 |
| 4001 | 实收资本 | | | 贷 | 7 000 000 |
| 400101 | 红日公司 | | | 贷 | 4 000 000 |
| 400102 | 蓝天公司 | | | 贷 | 3 000 000 |
| 4002 | 资本公积 | | | 贷 | 84 000 |
| 400201 | 资本溢价 | | | 贷 | 84 000 |
| 4101 | 盈余公积 | | | 贷 | 556 000 |
| 410101 | 法定盈余公积 | | | 贷 | 536 000 |
| 410102 | 任意盈余公积 | | | 贷 | 20 000 |
| 4104 | 利润分配 | | | 贷 | 765 651.66 |
| 410401 | 提取法定盈余公积 | | | 贷 | |
| 410402 | 提取任意盈余公积 | | | 贷 | |
| 410403 | 未分配利润 | | | 贷 | 765 651.66 |
| 5001 | 生产成本 | | | | |
| 500101 | 基本生产成本 | | | | |
| 50010101 | A 产品 | | | | |
| 50010102 | B 产品 | | | | |
| 5101 | 制造费用 | | | | |
| 6001 | 主营业务收入 | | | | |
| 600101 | A 产品 | | | | |
| 600102 | B 产品 | | | | |
| 6401 | 主营业务成本 | | | | |
| 640101 | A 产品 | | | | |
| 640102 | B 产品 | | | | |
| 6602 | 管理费用 | | | | |
| 660201 | 工资 | | | | |
| 660202 | 职工福利 | | | | |
| 660203 | 工会经费 | | | | |
| 660204 | 职工教育经费 | | | | |
| 660205 | 社会保险费 | | | | |
| 660206 | 住房公积金 | | | | |
| 660207 | 办公费 | | | | |
| 660208 | 水电费 | | | | |

| 科目编码 | 科目名称 | 辅助账类型 | 计量单位 | 余额方向 | 期初余额 |
|---|---|---|---|---|---|
| 660209 | 差旅费 | | | | |
| 660210 | 业务招待费 | | | | |
| 660211 | 折旧费 | | | | |
| 660212 | 无形资产摊销 | | | | |
| 660213 | 聘请中介机构费 | | | | |
| 660214 | 房产税 | | | | |

附表 10　辅助核算及存货期初

| 科目名称 | 基本信息 |
|---|---|
| 应收票据 | 奔永公司 2013 年 12 月 10 日赊购 A 产品 220 件，11 5830 元，采购部：李捷风<br>志公司 2013 年 12 月 10 日赊购 B 产品 180 件，31 590 元，采购部：李捷 |
| 应收账款 | 奔永公司 2013 年 12 月 20 日赊购 A 产品 700 件，368 550 元，采购部：李捷<br>风志公司 2013 年 12 月 20 日赊购 B 产品 900 件，157 950 元，采购部：李捷<br>鹏展公司 2013 年 12 月 20 日赊购 B 产品 200 件，35 100 元，采购部：李捷 |
| 其他应收款 | 采购部李捷 2013 年 12 月 20 日借支差旅费 4 710 元 |
| 应付票据 | 2013 年 12 月 25 日向光英公司赊购丙材料 7 020 元（375 千克） |
| 预收账款 | 2013 年 12 月 29 日，凡华公司预付购货款 4 000 元 |
| 原材料 | 甲材料，40 000 千克，单价 2.24 元，总计 89 600 元<br>乙材料，60 000 千克，单价 1.64 元，总计 98 400 元<br>丙材料，30 000 千克，单价 16 元，总计 480 000 元<br>备件，31 000 件，单价 1.4 元，总计 43 400 元 |
| 材料成本差异 | 甲材料，4 385.73 元；<br>乙材料，6 578.59 元；<br>丙材料，10 964.32 元 |
| 库存商品 | A 产品，1 000 件，总计 198 000 元；B 产品，13 120 件，总计 701 920 元 |

附表 11　固定资产明细（至 2013 年 12 月 31 日，金额单位：元）

| 项目 | 原值 | 预计净残值率 | 使用年限 | 已使用 | 累计折旧 | 净值 | 备注 |
|---|---|---|---|---|---|---|---|
| 房屋建筑物 | 5 000 000 | 3% | 20 年 | 3 年 | 727 499.88 | 4 272 500.12 | 楼房 |
| 机器设备 | 2 046 640 | 5% | 10 年 | 2 年 | 388861.68 | 1 657 778.32 | 10 台 |
| 电子设备 | 500 000 | 5% | 5 年 | 2 年 | 190 000.08 | 309 999.92 | 20 台 |

| 项目 | 原值 | 预计净残值率 | 使用年限 | 已使用 | 累计折旧 | 净值 | 备注 |
|---|---|---|---|---|---|---|---|
| 运输设备 | 700 000 | 5% | 5 年 | 2 年 | 265 999.92 | 434 000.08 | 10 台 |
| 其他 | 0 | 5% | 5 年 | 2 年 | 0 | 0 | |
| 合计 | 8 246 640 | | | | 1 572 361.56 | 6 674 278.44 | |
| 备注 | 基本生产车间的折旧费用计入"制造费用"科目,销售部门使用电子设备(2 台)的折旧费用计入"销售费用"科目,其他固定资产的折旧费用计入"管理费用——折旧费"科目 | | | | | | |

附表 12　工资计算公式

| 工资项目 | 计算公式 |
|---|---|
| 缺勤扣款 | 缺勤天数 ×(基本工资 /22) |
| 通信补贴 | iff( 人员类别 =" 管理人员 ",500,300) |
| 应发合计 | 岗位工资 + 通信补贴 + 奖金 |
| 扣款合计 | 社保费 + 个税 + 缺勤扣款 |
| 实发合计 | 应发合计 - 扣款合计 |

附表 13　章成公司工资数据(金额单位:元)

| 员工编码 | 部门名称 | 姓名 | 人员类别 | 岗位工资 | 通信补贴 | 奖金 | 社保费 | 个税 | 缺勤天数 | 实发工资 |
|---|---|---|---|---|---|---|---|---|---|---|
| 10101 | 办公室 | 郝尼 | 管理人员 | 1 000 | 500 | 2 000 | 420 | | 0 | |
| 20101 | 财务部 | 贾沙 | 管理人员 | 1 000 | 500 | 1 500 | 360 | | 0 | |
| 20102 | 财务部 | 信蓝 | 管理人员 | 1 500 | 500 | 2 500 | 540 | | 0 | |
| 20103 | 财务部 | 付豪 | 管理人员 | 1 000 | 500 | 2 000 | 420 | | 1 | |
| 20104 | 财务部 | 康凯 | 管理人员 | 1 000 | 500 | 2 000 | 420 | | 0 | |
| 20105 | 财务部 | 王迪 | 管理人员 | 1 000 | 500 | 3 500 | 600 | | 1 | |
| 30101 | 人力部 | 王琳 | 管理人员 | 1 000 | 500 | 3 500 | 600 | | 0 | |
| 40101 | 销售部 | 费涌 | 管理人员 | 800 | 500 | 3 800 | 588 | | 1 | |
| 40102 | | 汤峰 | 管理人员 | 800 | 500 | 4 000 | 612 | | 0 | |
| 50101 | 采购部 | 吴浩 | 管理人员 | 1 000 | 500 | 2 800 | 516 | | 1 | |
| 50102 | | 李捷 | 管理人员 | 1 000 | 500 | 3 400 | 588 | | 0 | |
| 60101 | 基本生产车间 | 田猛 | 管理人员 | 800 | 500 | 3 500 | 552 | | 0 | |
| 60102 | | 卓非 | 管理人员 | 800 | 500 | 3 400 | 540 | | 0 | |
| 60103 | | 凌涛 | 生产人员 | 1 000 | 300 | 2 000 | 420 | | 0 | |
| 60104 | | 周海 | 生产人员 | 1 000 | 300 | 2 500 | 480 | | 0 | |

| 员工编码 | 部门名称 | 姓名 | 人员类别 | 岗位工资 | 通信补贴 | 奖金 | 社保费 | 个税 | 缺勤天数 | 实发工资 |
|---|---|---|---|---|---|---|---|---|---|---|
| 60105 | | 兰强 | 生产人员 | 1 000 | 300 | 1 800 | 396 | | 0 | |
| 60106 | | 李浩 | 生产人员 | 1 000 | 300 | 1 800 | 396 | | 0 | |
| 60107 | | 何伟岸 | 生产人员 | 1 000 | 300 | 2 000 | 420 | | 0 | |
| 70101 | 供电车间 | 房薄 | 生产人员 | 1 000 | 300 | 3 200 | 450 | | 1 | |
| 70102 | | 肖迪 | 生产人员 | 1 000 | 300 | 2 800 | 410 | | 0 | |
| 80101 | 修配车间 | 保爱民 | 生产人员 | 1 000 | 300 | 1 900 | 320 | | 1 | |
| 80102 | | 束新 | 生产人员 | 1 000 | 300 | 2 500 | 380 | | 0 | |

### 四、操作步骤

在电算化核算中，会计数据是从无到有的，必须新建账套并将各基础数据录入后，才能进行一系列的处理和核算。设置基础数据时可参照以下步骤进行。

（1）新建账套。在计算机中选择【所有程序】/【T3系列管理软件】/【T3】/【系统管理】菜单命令，启动T3软件，在"用户名"文本框中输入"admin"，"密码"文本框保持为空，登录系统用友后打开"账套信息"对话框，按照建账向导建立新账套。

（2）新增操作员。打开"操作员管理"对话框，单击左上方的的增加按钮，打开"增加操作员"对话框，输入操作员信息。

（3）设置资料。登录总账系统，打开"期初余额录入"对话框，单击相应公共档案按钮，设置职员档案、部门档案、会计科目等。

（4）录入期初数据。打开"期初余额录入"对话框，录入各科目的金额。在核算系统中录入库存期初余额，并对采购、销售、库存、核算子系统进行期初记账。启用工资账套，按照部门档案和职员档案录入工资初始数据。启用固定资产系统，录入固定资产原始卡片。

## 实训二　小试身手——处理日常账务

记账凭证是用友T3的关键，它连接了总账与销售、固定资产等系统，它是及时、准确生成会计报表的前提。总账系统是记账凭证的主要来源，其他系统（销售、固定资产、工资等）也可以向总账系统传递凭证。

### 一、实训准备

要填制记账凭证，首先必须认真检查原始凭证，核对无误后才能入账。在具体填写分录时，应明确相关业务涉及的会计科目，根据其性质，按照正确的金额录入。对于从其他系统传递的凭证，例如，出售固定资产凭证，应在数据来源系统中核对数据，并确认转入科目是否正确，然后才能利用数据传递生成凭证。

## 二、实训内容

（1）录入购入材料、固定资产的凭证。

（2）录入领用材料，以及出售商品、固定资产的凭证。

（3）录入分配工资费用的凭证。

（4）修改、审核凭证。

## 三、实训资料

章成公司2014年1月份发生以下经济业务，要求进行相应的会计处理。

（1）1月2日，收到大地公司现金投资500万元。

借：银行存款——工商银行　　　　　　　5 000 000

　　贷：实收资本　　　　　　　　　　　　5 000 000

（2）1月日，从工行提取现金5 000元作为备用金。

借：库存现金　　　　　　　　　　　　　5 000

　　贷：银行存款——工商银行　　　　　　5 000

（3）1月3日，办公室郝尼借款2 000元购买办公用品。

借：其他应收款——办公室郝尼　　　　　2 000

　　贷：库存现金　　　　　　　　　　　　2 000

（4）1月15日，采购部李捷报销差旅费4 800元，其原借款为4710元。

借：管理费用——差旅费　　　　　　　　4 800

　　贷：其他应收款——采购部李捷　　　　4 710

　　　　库存现金　　　　　　　　　　　　　90

（5）1月3日，赊购海潮公司甲材料（数量15 000千克，实际单价2.44元）、乙材料（1 000千克，实际单价1.84元），材料已验收入库。（附件：4）

借：材料采购——甲材料　　　　　　　　　　　36 600

　　　　　　　——乙材料　　　　　　　　　　18 400

　　应交税费——应交增值税（进项税额）　　　9 350

　　贷：应付账款——海潮公司　　　　　　　　64 350

（6）1月3日，购入两台机器设备（15万元/台），以工行存款转账支付。

借：固定资产　　　　　　　　　　　　　　　300 000

　　应交税费——应交增值税（进项税额）　　　51 000

　　贷：银行存款——工商银行　　　　　　　　351 000

（7）1月3日，向鹏展公司销售A产品100件（元/件）、B产品300件（1 500元/件），已开具发票并收到货款，业务员为采购部李捷。

借：银行存款——工商银行　　　　　　　　　105 300

　　贷：主营业务收入——A产品　　　　　　　　45 000

　　　　　　　　　　　——B产品　　　　　　　45 000

应交税费——应交增值税（销项税额） 15 300

（8）1月30日，预提短期借款利息费用2 772.10元（554 420.88×6%/12）。

借：财务费用 2 772.10

    贷：应付利息 2 772.10

（9）1月30日，现金支付员工医药费600元。

借：管理费用——职工福利 600

    贷：应付职工薪酬——福利费 600

借：应付职工薪酬——福利费 600

    贷：库存现金 600

（10）1月30日，分别支付供电车间和销售部办公费2 000元和3 000元。

借：制造费用 2 000

  销售费用 3 000

    贷：银行存款——工商银行 5 000

（11）根据发出材料汇总表的记录，1月甲材料的消耗（计划成本）为：基本生产车间领用67 200元（30 000千克），供电车间领用2 240元（1 000千克），销售部领用8 960元（4 000千克）；乙材料的消耗（计划成本）为：基本生产车间领用49 200元（30 000千克），办公室领用820元（500千克），销售部领用4 920元（3 000千克）；丙材料的消耗（计划成本）为：基本生产车间领用160 000元（10 000千克）。基本生产车间领用的材料在A产品和B产品中按50%分配。

借：管理费用——办公费 820

  制造费用 2 240

  销售费用 13 880

  生产成本——基本生产成本——A产品 138 200

              ——B产品 138 200

    贷：原材料——甲材料 78 400

        ——乙材料 54 940

        ——丙材料 160 000

## 四、操作步骤

在用友T3中对会计数据进行核算需要权责分离，使用不同的账户设置不同的权限，在进行账务处理时，可参照以下步骤进行。

（1）录入凭证。操作员使用自己的账户登录用友T3，在"填制凭证"对话框中依次录入凭证，对于涉及采购、销售、固定资产、工资的凭证，只要业务数据录入正确，则生成的凭证一般不会有误。

（2）修改/删除凭证。及时检查录入的记账凭证，若出现错误，应进行修改，或删除凭证后重新录入；对于总账系统之外的其他系统生成的凭证，应先在其他系统删除该凭证，然后才能在总账系统作废。

（3）出纳对收款凭证、付款凭证签字。以出纳的身份登录账套，对相关凭证签字。

（4）审核凭证。以管理员的身份登录账套，对录入的凭证进行审核。

# 实训三　手到擒来——结转损益和结账

期末，会计人员进行的相关账务处理较多，包括计提借款利息、计提固定资产折旧、减值准备及坏账准备，结转制造费用、销售成本、收入与利得、支出与损失及所得税费用等。

## 一、实训准备

完成实训二的相关账务处理并结账。

## 二、实训内容

（1）计提固定资产折旧。

（2）分配材料成本差异。

（3）结转制造费用、销售成本及营业税金与附加。

（4）结转收入与利得、支出与损失及所得税费用。

（5）对1月账簿进行结账。

## 三、实训资料

会计科目期初余额已核对无误；填制完成业务（1）～（11）的会计凭证。

## 四、操作步骤

本实训需要明确相关操作顺序，否则会导致操作终止或错误。

（1）计提1月折旧后，填制固定资产减少业务的凭证。

（2）分配材料成本差异。

【操作提示】计算本期购入原材料的实际金额与计划成本的差异，按部门结转材料成本差异。

（3）通过设置自定义转账公式，结转本月制造费用、销售成本及营业税金与附加。

【操作提示】结转营业税金及附加时，应先查询流转税（增值税、营业税、消费税）的本期发生额，然后分别按照7%和3%的税率计算城建税和教育费附加。

（4）完成所有业务凭证对账后，结转损益。

【操作提示】打开"期间损益结转设置"对话框，设置本年利润科目，然后打开"转账生成"对话框，分别按照收入、支出两种类型生成结转凭证。

（5）结转制造费用、销售成本及营业税金与附加后，要先对结转凭证记账，然后才能结转损益。

（6）先对损益结转凭证记账，然后生成结转所得税费用的凭证。

（7）对采购、销售、库存子系统结账后，在核算子系统依次进行正常单据记账、月末处理（计算差异率）及月末结账。

【操作提示】按照采购、销售、库存、核算、固定资产和工资子系统的结账顺序，对总账之外的子系统进行结账后，然后才能顺利对总账系统结账。

（8）依次对固定资产、工资及总账系统结账。

# 实训四　游刃有余——填制和分析会计报表

财务报表是财务数据的集中体现，是对企业财务状况、经营能力及管理水平的总结。企业必须在规定时间内编制会计报表，以供报表使用者进行决策和分析。

## 一、实训准备

完成相关账务数据的录入和结账。

## 二、实训内容

（1）启用报表系统并新建报表。

（2）设置报表和数据格式。

（3）表页重算。

（4）财务指标分析和报表分析。

## 三、实训资料

已结账的2014年1月账簿。

## 四、操作步骤

财务报表分为月报、季报、半年报和年报，根据不同的需求，在不同的会计期间结束后进行编制。

（1）启用报表系统后，设置表尺寸、行高及关键字等报表格式。

【操作提示】以账套主管或其他有权限的人员的身份登录系统，单击左侧的"财务报表"选项卡，打开"用友通-财务报表"窗口。

（2）设置报表公式，录入关键字，通过"表页重算"功能生成报表。

【操作提示】在"格式"状态下，设置表尺寸和关键字等，然后按照报表项目填列方法设置取数公式。录入关键字，通过表页重算或正表重算自动取得报表数据。

（3）登录总账系统，单击"财务分析"选项卡，选择分析方法，根据企业的实际情况对相关指标或报表结构进行分析。

# 附录二
# 课后练习参考答案

## 项目一 认识会计电算化和用友T3

1. 单选题：（1）D，（2）A，（3）D，（4）B，（5）B，（6）C
2. 多选题：（1）ABCD，（2）AB，（3）ABC
3. 判断题：（1）×，（2）√，（3）×

## 项目二 建立账套和管理用户

1. 单选题：（1）A，（2）B，（3）C
2. 多选题：（1）AC，（2）ABC
3. 判断题：（1）√，（2）√
4. 操作题：略

## 项目三 设置会计核算基础资料

1. 单选题：（1）B，（2）A
2. 多选题：（1）AB，（2）BC
3. 判断题：（1）×，（2）√
4. 操作题：略

## 项目四 筹集资金

1. 单选题：（1）A，（2）A
2. 多选题：（1）CD，（2）AC
3. 操作题：（1）【操作提示】甲舟公司的出租房屋非主营业务，因此取得的出租收入应计入"其他业务收入"，即借记"银行存款/工商银行25 000"，贷记"贷：其他业务收入25 000"。先增加常用凭证类别"01 收取租金"，然后将该凭证生成为常用凭证。

（2）【操作提示】短期借款月利率＝6%÷12＝0.5%，9月1日应确认的短期借款利息＝200 000×0.5%＝1 000（元），借款利息不采用预提方式，利息在到期付息时直接确认为财务费用。即借记"财务费用1 000"，贷记"银行存款1 000"。

（3）略

## 项目五 管理现金及现金等价物

1. 单选题：（1）B，（2）B

2. 多选题：（1）ACD，（2）AC

3. 判断题：（1）√，（2）√，（3）√，（4）×，（5）√

4. 操作题：（1）【操作提示】借记"应付职工薪酬/工资 173 000"、"应付职工薪酬/职工福利 60 000"、"应付职工薪酬/工会经费 10 000"、"应付职工薪酬/职工教育经费 2 000"、"应付职工薪酬/社会保险费 21 000"、"应付职工薪酬/住房公积金 34 000"，贷记"银行存款/工商银行 312 000"。

（2）【操作提示】借记"应交税费/应交增值税/未交增值税 200 000"，贷记"银行存款/工商银行 200 000"。

（3）略，（4）略

### 项目六　购入生产、管理物资

1. 单选题：（1）C，（2）B

2. 判断题：（1）×，（2）×，（3）√，（4）×，（5）√，（6）√，（7）√

3. 操作题：（1）略

（2）【操作提示】在"期初档案"中先增加"05 生产部"，然后增加固定资产类别"01 机械设备"。

（3）略

### 项目七　核算物资的使用和减少

1. 单选题：（1）D，（2）B

2. 多选题：（1）AC，（2）BD

3. 判断题：（1）√，（2）×，（3）×

4.（1）略，（2）略，（3）略

（4）【操作提示】借记"银行存款/工商银行 49 725"，贷记"应收账款 49 725"。

### 项目八　核算职工薪酬

1. 单选题：（1）A，（2）B，（3）D，（4）C，（5）C

2. 多选题：（1）ABC，（2）ABCD

### 项目九　期末核算损益并结账

1. 单选题：（1）C，（2）B

2. 多选题：（1）BC，（2）ABC，（3）BCD，（4）ABCD，（5）BCD，（6）ABD

3. 判断题：（1）√，（2）×

### 项目十　填制和分析会计报表

1. 单选题：（1）B，（2）B，（3）C，（4）B，（5）B，（6）D，（7）A，（8）A

2. 多选题：（1）ABC，（2）ABCD，（3）ABC，（4）ABC，（5）AB，（6）ABC

3. 判断题：（1）√，（2）×

4. 略